中国方案
中华文化海外推广
基于互联网环境与新媒介

祝力新 ◎ 主编

光明日报出版社

图书在版编目（CIP）数据

中华文化海外推广：基于互联网环境与新媒介 / 祝力新主编． --北京：光明日报出版社，2024.8.
ISBN 978－7－5194－8224－4

Ⅰ．G125

中国国家版本馆 CIP 数据核字第 2024PY5287 号

中华文化海外推广：基于互联网环境与新媒介
ZHONGHUA WENHUA HAIWAI TUIGUANG：JIYU HULIANWANG HUANJING YU XINMEIJIE

主　　编：祝力新	
责任编辑：史　宁	责任校对：许　怡　乔宇佳
封面设计：中联华文	责任印制：曹　净

出版发行：光明日报出版社

地　　址：北京市西城区永安路 106 号，100050

电　　话：010-63169890（咨询），010-63131930（邮购）

传　　真：010-63131930

网　　址：http：//book.gmw.cn

E － mail：gmrbcbs@ gmw.cn

法律顾问：北京市兰台律师事务所龚柳方律师

印　　刷：三河市华东印刷有限公司

装　　订：三河市华东印刷有限公司

本书如有破损、缺页、装订错误，请与本社联系调换，电话：010-63131930

开　　本：170mm×240mm	
字　　数：292 千字	印　　张：16.5
版　　次：2025 年 1 月第 1 版	印　　次：2025 年 1 月第 1 次印刷
书　　号：ISBN 978－7－5194－8224－4	

定　　价：95.00 元

版权所有　　翻印必究

目 录
CONTENTS

第一部分　日方学者观知中国：民族、文化与文字

中国北方鄂伦春族的民族庆典活动中的"传统"意识 …………………… 3

从京都祇园祭看中日交流的历史与中国文化 …………………………… 18

京町家文化再考——探索保存活用的途径 ……………………………… 33

《雁塔圣教序》的左右展开与修正线 …………………………………… 57

第二部分　中方学者观照日本：教育、历史与典籍

作为近代学科的汉文教育在日本的形成与演变 ………………………… 89

1934年藏本英明事件与中日关系的波折 ………………………………… 102

汉籍在海外的流布样态与研究取向 ……………………………………… 117

第三部分　中日文化交流的印记：文学研究的交互

从比较文学的角度重读《罗生门》 ……………………………………… 133

尾崎红叶的"言文一致"文体实验 ……………………………………… 145

比较文学视域下的"空海"形象研究 …………………………………… 158

芥川龙之介《舞会》中的"真相"与"虚妄" ………………………… 170

第四部分　互联网与新媒介环境下的中华文化海外推广

新媒体时代下中国文化类UGC短视频传播力研究 ……………………… 185

中国游戏产品在日本传播效能评价与提升策略 …………… 199
日本漫画在中国的接受与传播 …………………………… 218

参考文献 ……………………………………………………… 238

序 寄语中日青少年海外文化交流

中日交流两千年的轨迹及对今后展望

一

中日之间官方交流肇始的确凿年份，可以追溯到公元57年。《后汉书·东夷列传》中对此有明确的记载，这一年东汉光武帝刘秀接见来觐见的倭国使者并赐给他一枚"汉委（通倭）奴国王"印："建武中元二年（公元57年），倭奴国奉贡朝贺，使人自称大夫，倭国之极南界也。光武赐以印绶。"[1] 18世纪中叶以后，强调从日本本土的文化底层中去寻求日本文化之源的本居宣长等"国学"派的人士，质疑《后汉书》中的记载或许是子虚乌有，恰在此时的1784年，在今天福冈志贺岛上的农民在兴修水利时，从地底下挖出了一枚金印，经官府的审定验证，正是《后汉书》中所记载的那枚印有"汉倭奴国王"的金印。由此进一步证实了中日双方的正式官方交往，差不多始于两千年前。当然，当时的列岛上尚未出现统一的政权，使者大概来自列岛上的某一个部落国家。

而事实上的人员往来和文明传播，还要更早。且不说列岛上最早的居民，在列岛与大陆之间还存在大陆桥的时候，就可能有相当一部分人经朝鲜半岛自东北亚大陆来到了列岛（一般称为的"绳文人"）。经研究表明，在距今大约2311年的列岛上突然出现的稻作文明和金属文明，是由外来的"弥生人"带来的。1884年在今天东京都文京区的弥生发掘出了碳化的米粒，据测定，大约在公元前3至前2世纪，即距今约2311年至2200年，列岛上突然出现了人工栽培稻以及一部分青铜器和铁器。这一现象，不是岛上文明自然演进的结果，而是由外部输入的。那么，稻作文明来自哪里呢？

这里就要涉及徐福东渡的史实与传说了。

---

[1] 范晔. 后汉书·卷八十五东夷列传第七十五·倭 [M]. 北京：中华书局，1973.

《史记·秦始皇本纪》中有如下记载：

> 既已，齐人徐巿（福）等上书，言海中有三神山，名曰蓬莱、方丈、瀛洲，仙人居之。请得斋戒，与童男女求之。于是遣徐巿发童男女数千人，入海求仙人。

《史记·淮南衡山列传》中，这一故事就更加详尽了：

> 昔，秦绝圣人之道……又使徐福入海求神异物，还为伪辞曰："臣见海中大神"。言曰："汝西皇之使耶？"臣答曰："然。""汝何求？"曰："愿请延年益寿药。"神曰："汝秦王之礼薄，得观而不得取。"即从臣东南至蓬莱山，见芝成宫阙，有使者，铜色而龙形，光上照天。于是臣再拜问曰："宜何资以献？"海神曰："以令名男子，若振女与百工之事，即得之矣。"秦始皇帝大说，遣振男女三千人，资之五谷种种百工而行。徐福得平原广泽，止王不来。

但是徐福渡海到底去了哪里？《史记》中没有明言，后来的《后汉书》和《三国志》中说是夷州和澶州，但夷州和澶州究竟地在何处，当时的各种史书也是语焉不详。直至在千余年后明代问世的《日本考》一书中，才将夷、澶两州明确地定为倭国的一部分。16世纪时，在日本纪伊国（今和歌山县）的熊野山下有徐福墓，很多人认为熊野乃徐福的登陆地。那里不仅有徐福的墓碑，还有名为蓬莱山的小山。此后，徐福在日本登陆的故事就广为流传，并且各地都陆续发现了徐福登陆或居住过的遗迹。此时过来的移民，大都自称姓秦，有较大的一支，曾经聚居在今天的京都一带，秦酒公和稻荷信仰最初都与秦人有关。总之，公元前3世纪前后，或直接从中国大陆，或经由朝鲜半岛，稻作或是农耕文明传到了列岛。在后来的魏晋时代，列岛上的邪马台国卑弥呼女王以及后来的"倭五王"等也曾遣使来朝贡。

据日本最早的文献《古事记》（成书于712年）记载，应仁天皇15年时，来自朝鲜半岛百济的五经博士王仁带来了十部《论语》和一部《千字文》，正式将中国的儒学传入列岛。[1] 江户时代1715年成书的《大日本史》（用汉文撰写），对此有更为详细的记载："应神帝十五年，百济使阿直岐来贡良马，帝即命之养焉。阿直岐能通经传，皇太子师之。帝尝问阿直岐曰，汝国博士有贤于

---

[1] 倉野憲司校注. 古事記[M]. 東京：岩波書店，1991.

汝者乎？对曰，有王仁者，是国之秀也。帝即遣荒田别巫别，征之。王仁遂从而来，献论语十卷，千字文一卷。于是皇太子从学焉。"《古事记》一书，半为传说故事半为纪实，应神天皇无生卒年，是否实有其人，存疑。后世史学家认为其有可能是中国南朝《宋书·蛮夷传》所记载的倭王赞，如果是这样的话，就应该是5世纪时的人。然而查《千字文》一书，乃梁朝周兴嗣（？—521）所著，具体成书年月不详，但应该在6世纪初前后完成，如果真有《千字文》一起携来，传入日本也应该在6世纪上半期。

与儒学传入日本具有同等重大意义的，是同时期佛教经朝鲜半岛的百济传入日本。佛教自然不是中国原生的宗教，但后来在半岛和列岛传开的，却是译成汉文的佛经，即多少有些中国化了的大乘佛教。佛教传入日本后，虽也经历了一些波折，但到了7世纪初的圣德太子时代，佛教已在日本站稳脚跟，并陆续出现了四天王寺、法隆寺等佛教寺院。关于佛教传入对于日本文明的意义，历史学家家永三郎曾说过一句意味深长的话：佛寺是大陆文化的培养基，它在建筑、雕塑、绘画和音乐等多个领域，把大陆文化带到了日本。① 同时在另一个意义上，它也成了后来日本文化得以孕育、成长和成熟的温床之一。同时必须强调的是，日本人后来又在这一温床中培育创造出了岛国独特的文化。

二

此后岛上的居民在外来移民的辅弼下，开始研习汉文，并在7世纪初时，逐渐形成了列岛上统一的政权大和朝廷，诞生了圣德太子这样在儒学和佛学上都具有较高造诣的主政者，并派遣使团出使隋王朝，恢复了与中国的交往。需要注意的是，圣德太子派遣的使者小野妹子在607年向隋炀帝递交的国书上出现了"日出处天子致书日没处天子"这样的文字，显示了日本与中国王朝的对等姿态，以后向中国派遣的使者也均称遣唐使，而非朝贡使，也不再接受中原王朝的册封，差不多是东亚第一个有意脱离朝贡体系的国家。尽管如此，唐的灿烂文明还是令日本衷心景仰，他们引入了唐的律令制，仿照长安和洛阳建造了藤原京以及后来的平城京、平安京，日本历史上第一次出现了正式的京城，并形成了"京畿"的概念，此后又学习唐的国子监制度，设立了京城内的"大

---

① 大津透，樱井英治など编集．岩波讲座日本历史：第二卷［M］．东京：岩波书店，1962：323.

学寮"和地方上的"国学",以儒家经典来培养朝廷及地方上的官吏,儒家思想较为普遍地传播到了中上层阶级。

佛教在奈良和平安时期得到了进一步的传播。鉴真和尚及其弟子在经历了五次的艰难航行后终于踏上了日本的土地,通过戒律的传播和受戒仪式的严格执行,极大地整顿了当时较为混乱的日本佛教界,为日后日本佛教的健康发展奠定了良好的基础。随遣唐使到唐去修习佛学的最澄和空海,805年回国后,分别在比叡山和高野山开创了天台宗和真言宗,这两大宗迄今在日本仍然具有巨大的影响。镰仓时代的荣西和道元,又分别自南宋的浙江传来了禅宗的临济宗和曹洞宗,至此,唐代在中国确立的禅宗正式传入日本,此后对日本人的整个信仰体系、日常生活和审美理念产生了巨大的影响。禅空灵幽寂的思想和稍后传入的宋元水墨画对于山水的理解和表现,则催生了日本人独创的枯山水庭园;而由荣西带入的、宋代的抹茶及其所撰写的《吃茶养生记》,则将饮茶的习俗传遍了全日本(9世纪时第一次传入,未及传开旋即湮灭),后又与禅的思想融为一体,在16世纪诞生了日本的茶道。10世纪以后,随着假名的创制与和歌的兴起,国风文化盛行,岛国的特色越发显现和成熟。但是,与假名相对的真名(汉字),依然处于最高的地位,镰仓时代末期至室町时代末期,受中国的影响而在日本兴起的"五山文学",纯然是汉诗汉文的形式,在当时的文坛上独占鳌头。由此可见,当时相对处于文明上游的中国,在遣唐使的派遣停止以后,也依然以各种形式对日本产生着重大的影响。

三

江户时代的17到19世纪中叶,因为朱子学的传入和幕府的倡导,大概是儒家人伦思想在日本传播最为普遍、最为深入的一个时期。

以汉文为媒介的中国思想、中国文化、中国文学得以在日本获得再一次的、大范围的传播和浸渗,主要是因为幕府当局认为新近传入的朱子学,有益于幕府政权的稳定,上层阶级认定以汉文汉籍为媒介的中国传统文化有助于日本民族整体精神(尤其是在伦理道德层面)的提升,虽然在18世纪末至19世纪初也兴起过对汉文、汉学以及佛学等外来文化表示强烈抗拒的所谓"国学",但在整体上并未能阻遏汉文、汉学在日本的影响力的扩张。

这一影响力的强化,主要通过以下三种途径。

一是幕府在林罗山及其后人创建的书院和在弘文馆基础上建立起来的昌平

坂学问所（1797年将这一学问所定名为"昌平黉"），重点培育幕臣和藩士的子弟，是当时日本最高的学问机构。昌平黉的具体学习内容，以宽政七年（1795）为例：8~10岁，是对"四书"的熟读记诵；11~15岁，是对"四书五经"的熟读记诵；15岁以上，是对"四书五经"内容的讲解和理解，尤其是对《论语》和《大学》的讲解和理解，这些合格之后，才接受经义、历史和作文的考试。[1]也就是说，"四书五经"，或者说朱熹的《四书集注》，是弘文馆和昌平黉的主要教材。儒家的经典，是当时日本最高层的青年俊秀们获取精神养分的主要源泉。

二是由藩主主导的各类藩校，最盛期，总数曾多达255所。财政费用由各个藩的藩主或是藩政支出，目的是对藩士的子弟进行文武兼修的教育。这种教育原则上是强制性的，即凡是藩内的士族子弟，都必须入校学习，对象一开始只限于武士阶层，后来有所扩展。在这里必须说明的一点是，日本始终没有采用中国的科举考试制度，因而无论是藩校还是寺子屋的学习，其最终目的都不是考取功名从而进入仕途。藩校教育主要是为了使藩士子弟具备文的教养（包括道德修炼）和武的技能（主要是剑术），具体而言，就是具备较高的阅读和文字应用能力，知晓古今历史，汲取成败的经验和教训，具备较高的人际沟通和交往能力，但并无特别明确的功名目的。也就是说，它更注重的是人格的向上和学养的丰厚，这与同时期中国私塾的特点大相径庭。也就是说，它从一开始就不具有强烈而明确的功利目的，而是要获得较高的修养和能力。[2]藩校的学习是先习文，后习武。文方面，主要以幕府创办的"昌平黉"为范本，就汉学而言，主要是对"四书"（《论语》《孟子》《大学》《中庸》）的记诵和理解。与此同时，中国儒学中的长幼尊卑、注重礼仪的思想也渗透在了藩校的整个学风中，以至于明治时期新渡户稻造所撰写的《武士道》一书中所阐述的武士道的主要思想和道德准则，几乎有大半均来自儒家的伦理。

三是民间的"学塾"。有一些对学问有兴趣的日本人，不仅自己研究著述，还召集一些同道的友人切磋琢磨，再后来就是招徒讲学，但其名称，真正叫书院的还不太多，大多称为"××园"或"××堂"。著名的有"古义堂"和"怀德堂"等，主要讲授"四书五经"和《十八史略》，也讲《日本外史》等，并旁涉医学、兰学、数学、天文学等。每个学塾弟子达数百人甚至上千人。

除了上述的三种形态外，还有一种面向一般民众的"寺子屋"，一开始主要

---

[1] 石川謙．学校の発達［M］．東京：岩崎書店，1953：114.
[2] 春山作樹．日本教育史論［M］．東京：国土社，1979：135.

是由寺院开设，后来社会也多有开设，主要目的在于培养中下层儿童识字、阅读和书写计算的能力。阅读书写方面的教材，用得较多的是中国的《千字文》等，儒学书方面有"四书五经"和明末清初的范鋐所著的《六谕衍义》等；历史书方面除了有日本的《国史略》之外，还有元代曾宪之编撰，又经明人增补整理的《十八史略》等；在古典文学方面，除了日本的《百人一首》《徒然草》之外，还有中国的《唐诗选》。[①] 从中可以看到，即便是比较底层的教育，儒家的经典和中国通俗的史书读本，甚至像《唐诗选》，也被广泛用作教科书。江户时代的民众，就通过这样的教材，一方面习得了本国的文史和日常的读、写、算知识，另一方面也自幼浸染在了中国文化的教养中。因此，日本民众对中国的山川、文史大都不陌生。

综上所述，随着早期中国大陆移民的进入，尤其是6世纪时中国典籍的传入，日本在思想和文化上长期接受中国元素的滋养，到江户时期达到全盛的时代，一直渗透到了底层的民众。

四

所谓交流，也并不总是单向的传播，在14世纪中国的明代和日本的室町时代，日本制作精良的刀具和日本人发明的单面折扇就通过"勘合贸易"传入中国。到了19世纪中叶以后，随着日本主动融入以西方为主体的文明世界，在日本出现了诸多新事新物，尤其是日本人利用汉字组合创制的、表示新文明的新词语，在甲午战争之后的19世纪末期和20世纪初期，随着大量中国学生留学日本以及日本教习来中国授课，即在很短的时期内大量流入中国，并变成了现代汉语的一部分，以至于后来的中国人都误以为这些汉语词汇本来就是中国的，比如，国家、社会、引渡、物理、化学、干部、美学、哲学、美术、共产主义、社会主义、资本主义、帝国主义、共产党等。与这些词汇同时传入的，还有经过日本的、各种西方的概念和观念、思想和思潮等。无政府主义、社会主义、共产主义等思想，最初主要不是直接来自西方，而多半是经由日本传入中国的，陈望道依据日文版翻译的《共产党宣言》就是典型的一例。在20世纪初期，现代的警察制度、司法制度等经由日本传入，清末民初的中国政要长期聘用日本人做顾问，用以指导和制定自己的各项政策和制度，民国以后在中国政坛上叱

---

① 石川松太郎. 藩校と寺子屋 [M]. 東京：教育社，1978.

咤风云的人物，几乎有一半曾有在日本留学的经历。可以说日本在一定程度上影响、改变了中国近代的进程。

近现代以后日本帝国主义的崛起、军国主义的扩张，尤其是对中国的大规模侵略，严重扭曲或是恶化了中日之间的良性互动和交流（近代以前也曾发生过军事冲突，但影响较弱）。战后相当长的一段时期，由于政治上的对峙，两国的交往一直未能恢复到常态，直至1972年邦交正常化，尤其是20世纪70年代末期中国改革开放以后，两国之间无论是在人员往来还是在经济合作和文化交流上，都出现了空前的繁盛景象。经济上，日本的投资和技术极大地促进了中国的发展，日本产品成了中国人人青睐的对象；文化上，日本的电影、电视剧、流行歌曲以及文学作品，在中国受到了普遍的欢迎，在一定程度上成了中国新文艺的催生剂。日本游客的大量涌入、中国学生大量赴日留学加深了彼此的了解，拉近了彼此的情感。

但是事物总是在变化之中。20世纪90年代中期，随着最初冷战格局的解体和世界局势的变化，尤其是在中国迅速崛起之后，两国之间的利益和意识形态上的矛盾开始逐渐放大，尤其是在中国的经济总量超越了日本之后，两国的执政者和民众之间的姿态和心态出现了诸多变化。极端民族主义的情绪在滋生，国家主义的思维在增长，非良性的元素在膨胀——所有这一切，都在两国民众的彼此体认度和好感度上投下了阴影。

回首两千年来的中日交流史，彼此几乎在所有的领域都结下了深厚的渊源。且不说今天在经济上的互相依存关系，仅仅就文化而言，其纽带之深，彼此的联结之广，都是世界上其他国家难以比肩的。日本的电影和文学、建筑和时尚在今天依然受到很高的评价；而中国的儒家伦理和东方智慧，也早已深深浸透在许多日本人的心中。这些都是今天两国合作的、最大的、共同的文化资源。如何活用这些蕴藉丰厚的文化资源，拉近彼此在文化上的亲近感，使其成为两国关系健康推进的润滑剂，是中日两国既有一代以及新生一代的共同使命。

作者：徐静波 复旦大学日本研究中心

第一部分
日方学者观知中国：民族、文化与文字

中国北方鄂伦春族的民族庆典活动中的"传统"意识

——以建旗60周年纪念大会为例

一、问题所在

在考虑中国的"民族"概念之时，最困难的是如何把握"国家认定少数民族"这一概念。中国社会的民族构成，由数量呈现压倒性优势的汉族以及加起来总人数不到一成占比的其他55个少数民族组成。每个人随身携带的身份证件上均有"民族"一栏，记载着这个"认定民族"，所有的中国公民都被分配到了各自的民族之中。

新中国成立以后，中国共产党推行民族政策，一方面是基于对国民党时代极端同化主义政策的批判，另一方面也受到了前行的、社会主义政权苏联民族理论的影响。因此，为了实现确立多民族国家的目标，了解和掌握中国各民族的基本情况和人数，从20世纪50年代初开始，中央向各地派出了访问团，进行了"民族识别工作"，主要调查民族名称、语言、历史、人数等信息。通过这种民族识别工作，中国确立了"有制度保障的民族"。依据民族识别的各"民族"框架，在新中国成立后的70多年中，或者在民族认定以后的岁月中，长期规定与影响着各民族的生活。中国少数民族的生活世界，是以民族认定为前提而存在的。

但是，这样的简单民族识别工作无法充分表达和完全体现各民族集群以及少数群体的全部意愿。人类学家刘正爱指出："当时，自主申报的民族名称有400多个，以斯大林的'共同的地域、语言、经济生活、文化心理要素'的民族定义为方针，展开了国家主导的民族识别工作。然而，在实际工作开展过程中也出现了一些情况，比如，调查工作者的识别标准和判断，与该民族的意识主张之间出现了一些偏差等，因此也有不符合上述基准的情况出现。"① 此外，当时得到了民族识别的一些民族也表示："虽然受到了苏联民族理论的影响，但出于中国的独特性，为了传达民族平等，在称呼上，所有的民族都没有任何差异，均被称为'民族＝nationality'。"② 在当今中国社会中，拥有数亿人口的汉族且不说，对于其他民族仅以人口这一指标来衡量，从数千人、数万人规模到数百万、数千万人规模的多种多样民族，从外在上而言一律被定义为"少数民族"的身份认同。如果将这种状况称为"有制度保障的多民族性"，可以认为建立了这种状况的基础，就在于民族识别工作本身。

如果只是指出"被认定的民族"的制度建构性及其标准的随意性，或许是很容易的。③ 但是，与此相同的情况是，在曾经作为中国民族政策样本的苏俄少数民族研究之中，也有不同的学术观点。从事西伯利亚原住民研究的佐佐木史郎做出了如下阐述。

简单地说，现在，原住民之中，纳奈、乌尔奇和尼夫赫④这些行政规定或称官制化的民族，实现了以民族归属意识为对象的实体化。（中略）换言之，苏联虽然施行了以民族为单位的国民统计政策，但在行政性上重新规定，居民的重新编组以及户籍登记。然后，以保护固有文化为名义，将这种以官方定义民族单位的文化，在学校和其他教育场所推行，并深深地印记在人们的头脑之中。并且，结成集体农庄，将人们固定在特定的村落，在阿穆尔下游流域，以民族为单位将人们集中起来。然后，在此后的三十多年来，随着世代交替的推进，官制民族作为归属集团在人们的意识中固

---

① 劉正愛. 民族生成の歴史人類学：満洲・旗人・満族［M］. 東京：風響社，2006.
② シンジルト. 民族語りの文法：中国青海省モンゴル族の日常・紛争・教育［M］. 東京：風響社，2003.
③ 在日本对中国民族的研究之中，费孝通提出的"中华民族多元一体结构"论经常成为争论的焦点，但这里的"民族"概念本身，并非以什么概念或理论作为核心的本源性探讨，而是作为一个构建性的框架来进行设想的。
④ 译者注：纳奈（赫哲族）是一个小的民族，生活在俄罗斯远东的阿穆尔河畔。属于贝加尔湖民族型，纳奈被认为是西伯利亚和远东地区最古老的土著民族之一。迄今为止，俄罗斯的纳奈人数为12160人。乌尔奇人主要居住在黑龙江下游，是俄罗斯联邦境内一个人口较少的民族。据统计，1980年，乌尔奇人口总数为3200人。1933年成立"乌尔奇区"，中心城镇是勃格洛兹克。尼夫赫人，俄罗斯西伯利亚东部民族，又称吉利亚克人或费雅喀人，属蒙古人种，住在俄罗斯阿穆尔河口地区和附近的萨哈林岛。20世纪晚期约有4400人，讲一种唯一与美洲语言有关的欧亚语言——尼夫赫语。

定了下来。①

一方面，在资本主义社会之中被称为现代化的西方化，往往与民族文化传统相对立。另一方面，在社会主义的现代化之中，出现了与资本主义社会所不同的现代化道路和面貌。进入苏联社会解体后的俄罗斯民族地区进行考察的人类学家做出了如下阐述：

    重要的是，"国家与民族""生产经济与市场、资本主义"等传统人类学知识逐渐积淀下来，与现代性相关的传统和现代二元论观点，在后社会主义圈的分析中并没有起到很大作用。……在进入调查地的村落之时，我的第一感受就是，"现代"凌驾于"传统"之上的生活世界。那个"现代"对我而言并非近在咫尺的亲切感，要用什么来表达的话，只能说"这不西方"。②

无论是俄罗斯还是中国，都有半个多世纪以来的、社会主义体制推行的、社会生活制度的现代化历程。如果在此处将其称为"社会主义的现代"，那么在其社会主义的现代之中，当然并非现代化和传统文化的完全融合。改革开放以前的中国少数民族地区，虽然维持着语言和一定的生计，但其社会变化是显著的。③ 为了解社会主义近代与传统的关系，有必要观察中国社会的"由国家认定的民族"的人们，是如何接受、排斥、改变这些状况的。

在当今的中国，有一种积极振兴的趋势，就是通过将民族身份的要素进行展示与共享，从而将当地的民族文化作为旅游资源来加以活化。④ 在人类学和社会学视角下观光旅游研究的脉络之中，也有研究批判了在发达国家掌握霸权的

---

① 佐々木史郎. ロシア極東地方の先住民のエスニシティと文化表象 [M] // 瀬川昌久. 文化のディスプレイ：東北アジア諸社会における博物館、観光、そして民族文化の再編. 東京：風響社, 2003.
② 高倉浩樹. 序 ポスト社会主義人類学の射程と役割 [M] // 高倉浩樹, 佐々木史郎. 国立民族学博物館調査報告78ポスト社会主義人類学の射程. 大阪：国立民族学博物館, 2008.
③ 坂部晶子. 北方民族オロチョン社会における植民地秩序の崩壊と再編 [M] // 帝国崩壊とひとの再移動：引揚げ、送還、そして残留（アジア遊学145号）. 東京：勉誠出版, 2011.
④ 劉正愛. 民族生成の歴史人類学：満洲・旗人・満族 [M]. 東京：風響社, 2006.

全球化潮流中，民族文化的旅游化成为"被迫的主体性"。① 但是，如果仅停留在这个层面，那么研究观察就会止步于提出中国民族政策的问题性和制度的建构性，而把这些地域社会中人们的动态全部视作"被强迫的主体性"来进行片面分类，就会忽视现在现实层面中人们所生存的、地域社会的种种活动。② 在这种强有力的构造规定性之中，人们进行着怎样的联系、交涉、应对，过着怎样的生活，目前还没有研究能够深入这样具体性的层面。③

本研究通过中国北方少数民族鄂伦春族的民族庆典，分析少数民族自身如何理解和展现自身的民族传统。鄂伦春族是以内蒙古自治区和黑龙江省为中心居住的少数民族，现人口为 8000 人左右，是一个小型民族。大约在 60 年前，他们的生活形态发生了变化，从山中居住的移动型狩猎采集生活，转变为定居村的生活，而作为民族文化象征的"狩猎"也在 20 多年前被禁止。另外关于民族语言，现在 40 岁以下的人几乎没有继承使用民族语言的了，人们开始体会到民

---

① 通过田野考察从事日本地域研究的足立重和，将肯定传统文化进行观光旅行化的观点称为"传统文化的构成主义"，并批评其为"外部强迫的主体性"。引自足立重和. 地域づくりに働く盆踊りのリアリティ：岐阜県郡上市八幡町の郡上おどりの事例から[J]. フォーラム現代社会学，2004（03）：83-95.

② 本论并不否定从外部视角出发指出"文化的被建构性"的意义本身。然而，只强调来自外部的结构规定性，可能会导致无法体察存在于该制度内部的、构成现实生活的诸多细节。这让笔者联想起了在呼伦贝尔鄂温克族自治旗遇到的事。笔者在鄂温克族 30 多岁年轻人的帮助下采访周边地区的牧民，恰逢两个正在日本留学的、同地区出身的其他少数民族年轻人返乡同行。两人从小就是好朋友，似乎也有很多可以分享的话题。留学生对政府的少数民族政策发表了一些个人建议，而他在当地生活的好朋友则表示，他们就是在这样的条件下生活的，并且十分满足。他们当然知道自己处于一定的民族政策之中，但他们并非毫无作为。

③ 日本的中国民族研究多以中国的民族制度为焦点，与此相对，中国的民族研究则多以特定民族的历史研究、历史记录或探寻并记录传统与文化的内涵为目标，开展实体性研究（比如，鄂伦春族研究之中，有：《鄂伦春族简史》编写组. 鄂伦春族简史[M]. 北京：民族出版社，2008.《鄂伦春自治旗概况》修订本编写组. 鄂伦春自治旗概况：修订本[M]. 北京：民族出版社，2009. 关小云. 大兴安岭鄂伦春[M]. 哈尔滨：哈尔滨出版社，2003. 保护与传承：鄂伦春族民族文化研讨会论文集[M] 呼伦贝尔：内蒙古鄂伦春族民族研究会，2008.）。其中比较新的观点是，积极借鉴欧美民族志研究的、何群的鄂伦春族研究成果（坂部晶子. 关于中国少数民族人类学和社会学研究的一个考察[J]. 民族社会学和人类学应用研究，2011（20）：127-136.）。需要特别说明的一点是，何群谈及了中国的民族政策措施对该民族带来了怎样的影响，重点关注了中国的民族制度给鄂伦春族的现代生活带来的一些困境（比如，自治旗制度的问题、饮酒、非自然死亡等社会问题），而并未考虑社会主义国家民族政策的特征（何群. 环境与小民族生存：鄂伦春文化的变迁[M]. 北京：社会科学文献出版社，2006. 何群. 民族社会学和人类学应用研究[M]. 北京：中央民族大学出版社，2009.）。

族文化与传统的危机感。以鄂伦春族为例，2011年9月，在内蒙古自治区呼伦贝尔市鄂伦春自治旗举行的自治旗建旗60周年纪念大会上，举行了三场庆典活动——篝火节、体育比赛开幕式、剧场表演，本研究分析了庆典活动的内容、构成以及在参加者们的意识中对于现在的鄂伦春族而言"传统"意识的诸方面。①

二、三次历史性跨越的脚本——建旗60周年纪念大会

鄂伦春自治旗建旗60周年纪念大会于2011年9月举行，是鄂伦春族地方政府为纪念新中国成立60周年而召开的庆典活动。十年前当地也曾举行过建旗50周年大会，是鄂伦春自治旗人民政府十年一度的大型纪念活动。60周年纪念大会的消息对外不做大型公开发布。主要的外部来宾有内蒙古自治区和呼伦贝尔市的政府人员，以及居住在黑龙江省和北京等自治旗以外地区的鄂伦春族干事和相关研究人员等。这里看不到面向一般游客和访客的宣传海报，除了新闻工作者，参加纪念大会的几乎都是鄂伦春人的亲朋好友们。地方政府主办的庆祝活动色彩浓厚。

在庆典活动中，为纪念建旗60周年，当地政府发布了鄂伦春族发展历程简讯：

> 作为人口较少的民族，实现了社会形态、生活方式、生产方式的三次历史性飞跃。这三次生产生活方式的历史性飞跃，对鄂伦春族的猎民来说是一种思想观念的冲击和变革，在鄂伦春族的发展史上闪耀着光芒。②

这"三次历史性跨越"，具体而言：一是1951年鄂伦春自治旗成立，实现了区域自治；二是1958年鄂伦春族从迁徙狩猎生活转为定居生活；三是1996年鄂伦春自治旗实行禁猎，走上了发展现代工业的道路。这些飞跃发展的进程，

---

① 笔者在2008年夏天第一次来到阿里河镇，直到2011年，每年都会在当地停留几天到十几天。笔者还走访了鄂伦春自治旗内的猎民村以及黑龙江省内的鄂伦春族民族乡黑河市新生乡，塔河县十八站，逊克县新鄂乡，新兴乡等地。当地的氛围与何群所指出的有着明显的不同。（何群.民族社会学和人类学应用研究[M].北京：中央民族大学出版社，2009：33.）此处作为鄂伦春族的民族庆典，自治旗区域内生活的其他猎民村的人们也参与了庆典活动，本研究希望能够通过全貌分析，充分展开分析其差异部分。
② 鄂伦春自治旗人民政府.和谐一甲子、跨越几千年：庆祝鄂伦春自治旗建旗60周年[EB/OL].鄂伦春自治旗人民政府门户网站，2012-12-20.

是鄂伦春族推行主体性所取得的成果，并得到了大力宣传。

鄂伦春族是以中国北方内蒙古自治区东北部和黑龙江省北部为中心居住的通古斯民族之一。在新中国成立以前，鄂伦春人主要是在大、小兴安岭的山地狩猎采集，生活形态为常年在山中迁徙。2000年，中国境内的鄂伦春族人口为8196人，其中居住在内蒙古自治区呼伦贝尔市鄂伦春自治旗的人口为2050人。①

从中国社会的发展史观来看，鄂伦春族是"小民族"，鄂伦春人也是"最后的狩猎者"。前者"根深蒂固，人数又少"②，加上民族表现出"社会发展水平相对较低，传统文化整体比较单纯"③的倾向。而后者则体现出民族完成了从原始公有制到社会主义的"直接过渡"④和"跨越"⑤。在60周年纪念中提出的"三次历史性飞跃"的口号，就是以此为背景的。

三、传统庆典的复兴与民族传统的意识

活动由政府行政部门主办，同时策划方案也充分考虑到了鄂伦春族自身庆典的特色。所举行的主要活动有以下三种，包括9月2日晚的"篝火节"、9月3日上午的"开幕式"以及9月3日晚（大概举行数场）在剧场举行的乌兰牧骑表演。⑥开幕式、篝火节、歌舞表演，这些节目大体上都是遵循并配合篝火节的内容。此外，通常在6月18日举行的、自治旗主办的篝火节，这一年也推迟到同一时间合并举办。

"篝火节"是鄂伦春的传统庆典，只要有喜庆之事，就会燃起篝火，歌舞到深夜，以祭祀火神。现在的庆典形式当然不同于以往的鄂伦春族在山中生活时的形式，根据《鄂伦春自治旗志（2000—2009年）》记载："尊重鄂伦春自治旗民族的传统和人们的愿望，1991年旗委、旗人民政府将每年6月8日定为篝

---

① 鄂伦春自治旗史志编纂委员会. 鄂伦春自治旗志：2000—2009 [M]. 呼伦贝尔：内蒙古文化出版社，2011.
② 费孝通. 中華民族の多元一体構造 [M]. 東京：風響社，2008.
③ 何群. 环境与小民族生存：鄂伦春文化的变迁 [M]. 北京：社会科学文献出版社，2006.
④ 《鄂伦春族简史》编写组. 鄂伦春族简史 [M]. 北京：民族出版社，2008.
⑤ 麻国庆. 狩猟民族の定住と自立 [J]. 人文学報，2003（338）：105-131.
⑥ 当时举办前几天就预定了9月3日晚上举行"篝火节"，原本应在开幕式之后的夜间举办篝火节。但在正式举办的前几天临时通知更改日程，原因不详。9月2日当天小雨，在雨停后举行了篝火节。

火节活动日。"① 在此后的20年间，这些民族活动得以复兴和重建。《鄂伦春自治旗志》中记载，复兴后的篝火节，由开幕式、传统体育比赛和篝火晚会三部分组成。此外，在篝火晚会的前夜，有乌兰牧骑②的民歌舞蹈表演，大家在一起唱歌跳舞。③ 从这些庆典的构成内容来看，2011年的60周年纪念大会减少了体育比赛部分的比重，而扩大了"篝火晚会"部分的规模。

为再现传统庆典而召开的活动对于鄂伦春族所产生的民族文化意义，可以总结为以下两点。第一，能够将鄂伦春族的人们聚拢在一起的体制已经建成。此时的活动已不再仅仅局限于中小学孩子们的参与，而是形成了由居住地自治旗内的鄂伦春族主要人士全体参与的体制。第二，民族的传统文化由专业团队来承担工作。在这里，内蒙古自治区著名的乌兰牧骑文艺团体发挥着重要的作用。

1. 纳入体制的当事者

下面我们就从当天的情况来观察鄂伦春族具体是如何参与活动的。

在开幕式上，相关人员致辞结束后，体育场内的节目开始。在运动场的跑道上设置了小规模的舞台，以朗诵、戏剧和舞蹈重现故事，讲述鄂伦春族所走过的历史。故事线索特别强调了鄂伦春族的三次转型期，表现了从大兴安岭山中的"原始"生活，经过三次历史性跨越，直到现在的发展路径。由4名代表不同年龄段的演员来担任故事的讲述者，在故事之中加入了"戏中戏"，一位老妇人、一个孩子，还有20多名装扮成熊和各种鸟类等动物的扮演者和萨满舞者陆续登场。老妇人是目前居住在阿里河上鄂伦春族中年龄最长者。除此之外，还有由10多名男性组成的骑马队伍，追逐在卡车后面不停疾驰。为了这一天的表演，骑马队伍早在几天前就集合起来，跑在最前面的是鄂伦春族农民之中少见的富有男子。"马"对鄂伦春族来说是一个重要的象征，人们常用"一匹马、

---

① 鄂伦春自治旗史志编纂委员会. 鄂伦春自治旗志：2000—2009 [M]. 呼伦贝尔：内蒙古文化出版社，2011：97. 据《鄂伦春自治旗志》记载，1991年篝火节重开之初曾将举办日期定为6月8日，但由于这一天在防火戒严期内，野外点燃篝火不安全，后来改为6月18日。

② 乌兰牧骑，原蒙古语为"红色树枝"。（シンジルト．オラーンムチル現象にみる内モンゴル・インパクト [M] //小長谷有紀，川口幸大，長沼さやか. 中国における社会主義の近代化：宗教・消費・エスニシティ [M]. 東京：勉誠出版，2010.）鄂伦春自治旗的鄂伦春人之间，蒙古语并非一般性的通用语言，所以援引其发音，读作"乌兰牧骑"。

③ 鄂伦春自治旗史志编纂委员会. 鄂伦春自治旗志：2000—2009 [M]. 呼伦贝尔：内蒙古文化出版社，2011：97.

一支枪"来形容鄂伦春族。与鄂伦春人居住地相邻、拥有相同生活形态的鄂温克人①则不饲养马，而是饲养驯鹿，这也是两族之间明显的区别记号。在此前的彩排预演中，场馆内的鄂伦春老人们一到马匹奔跑的场景就停止讲述，而是全神贯注地看着骑手们的身影。

这个会场的演出者绝大多数是中小学生。所有人都穿着毛皮风格的鄂伦春服装，配合主要故事的展开，像团体操一样四处移动。数百名孩子按照所在学校的团队聚集，在老师们的陪同下，从几天前就开始在这个体育场进行整日的训练。

在这次活动中值得特别记录的出演者，是各个"猎民村"②代表的鄂伦春族人。场内建有六七个天幕，身穿民族服装的鄂伦春人聚集在那里席地而坐。天幕被称为"仙人柱"，是鄂伦春人的传统住所，它用细细的白桦木材做成圆锥形，夏天用白桦树皮覆盖四周，冬天用皮毛覆盖四周。此时，布匹被围成了夏季居住的风格。一块块天幕代表着鄂伦春自治旗内的各个猎民村，二三十名从猎民村请来的代表坐在那里。他们从一周前就开始从自治旗内的各村赶来聚集此地，为此次表演活动做准备。他们演出时没有太大的动作，只是随着整体剧情的推进，有几次围成圆圈跳舞的场景，之后就一直坐在天幕的旁边。此次活动是以自治旗中心地阿里河附近居住的人们的生活为素材创作的，周围村庄居住的鄂伦春人在这个场所聚集的习惯也得以延续了下来（如图1-1所示）。上至耄耋老人，下到20岁左右的年轻人，都被从各村邀请来做代表。

活动将作为当事者的鄂伦春人纳入体制之中，而对建立此种体制发挥了重要作用的是"鄂伦春民族研究会"。它是由对民族文化的研究和保存等感兴趣的人们组成的，其事务局隶属于地方政府，负责接待外部来调查研究的学者和行政机关的视察、支援文化活动等。此外，这个团体还发行了《鄂伦春研究》，刊载鄂伦春的民族文化和社会生活等各种研究报告。鄂伦春民族研究会对居住在该地区的鄂伦春老人们的信息也进行了细致的调研，根据需要联系或召集鄂伦春的族人们。该研究会也有一些来自外部的学者参加，但还是自治旗内的鄂伦春人居多，政府干部、乌兰牧骑的退休工作人员也参与其中。现在，上了年纪

---

① 译者注：鄂温克族（旧称通古斯或索伦）是东北亚地区的一个民族，其意思是"住在大山林中的人们"。主要居住于俄罗斯西伯利亚以及中国内蒙古和黑龙江两省区，蒙古国也有少量分布。在俄罗斯被称为埃文基人。鄂温克族的语言属阿尔泰语系之通古斯语族北语支，在日常生活中，鄂温克人多数使用本民族语言，没有本民族的文字。

② 城市居住者以外的鄂伦春族，在身份证中被分类为"猎民（狩猎民）"。他们的居住村庄，当地叫"猎民村"。

图 1-1 开幕式彩排时聚集的猎民村的人们（笔者拍摄）

的鄂伦春族老人之中，还有很多保留着对过去生活的记忆，继承了民族语言。

在这次活动中，作为开幕式各村落代表以及民族研究会成员参加了乌兰牧骑演出的一名男子这样描述了参加活动的感想。

> 能够参加纪念我们鄂伦春族建旗60周年的演出，我非常激动。为了我们民族的荣誉，我无论如何也要参加啊。(30岁鄂伦春族男性，职员)①

还有一些没有机会参加该活动的年轻人作为志愿者，在篝火节场地旁的酒店工作，或从事巴士导游工作。从几天前就开始反复研习，仪式从早上6点前到晚上11点多，他们穿着民族服装担任向导，始终保持站立姿态工作，对他们而言这也是一次难得的参加活动的机会。

2. 专业化的"民族文化"

为配合60周年纪念大会，阿里河新建了剧场。在可坐数百人的剧场里，在内蒙古自治区各地活跃的剧团开始演出了。此次演出的演员以该剧团成员为主，编剧和导演则从北京聘请，一个多月前就开始筹备了。鄂伦春自治旗的乌兰牧骑之中，分为舞蹈队、歌唱队及乐器队，各自均有专属队员。在此次纪念演出中，除了队员以外，还有2~3名鄂伦春族的儿童队员、10多名来自鄂伦春民族研究会的中老年鄂伦春人、舞台表演的临时演员等参加。

实际的演出从9月3日晚上的公演开始，几场演出都是以应邀前来的干部

---

① 引自2011年的采访资料。

为对象进行表演。剧场实行门票制，一般人很难买到正规演出的门票。但是，在开幕前几天，演出人员就要开始穿着服装反复彩排（如图1-2所示），附近的居民和队员家属等可以借此机会来观看。

图1-2　乌兰牧骑队员的排练

乌兰牧骑是20世纪50年代诞生于内蒙古的业余文艺团体，区别于具有专业性、制度性、权威性的文工团和歌舞团，最初成立时以群众性为主要特点，是内地文化馆在牧区的发展形式。对于不在特定地区居住的牧民，剧团自身以马或马车为交通工具，到有牧民游牧的地区去巡回表演。其主要工作为演出、宣传、指导和服务，为了机动灵活，剧团规模小、人数少，除了表演舞蹈和歌曲外，还为当地提供生活支持。

20世纪60年代早期，根据毛泽东对文艺界的批评指示，乌兰牧骑的活动规模得以扩大。1964年，在全国少数民族业余文艺比赛中内蒙古乌兰牧骑的演出得到了高度评价。[1] 此后，内蒙古自治区内各地均开始设立乌兰牧骑。

鄂伦春自治旗乌兰牧骑成立于1963年3月17日。最初只有15名队员，以表演为主，从事放映幻灯片、流动展览、宣传卫生、流动图书销售、文艺指导等活动。一位曾在乌兰牧骑工作过的鄂伦春族女性说，乌兰牧骑曾经奔赴山中狩猎的鄂伦春族居住地，从交通到舞台制作，从事演出和其他杂七杂八的工作，还给山中生活的鄂伦春族人们提供生活帮助，"什么工作都做过了"。

---

[1] シンジルト. オラーンムチル現象にみる内モンゴル・インパクト［M］//小長谷有紀，川口幸大，長沼さやか. 中国における社会主義的近代化：宗教・消費・エスニシティ［M］. 東京：勉誠出版，2010.

鄂伦春族现在的乌兰牧骑，是一个类似地域职业艺术家群体的存在。现在舞蹈队、乐器队、歌唱队有队员91人，队员的民族也有很多，包括鄂伦春族、鄂温克族、达斡尔族①、蒙古族、汉族等。当初，有人仅以擅长歌唱而入团，并没有其他才艺，成为队员以后开始接触各种工作、承担不同角色。而现在的年轻队员中95%都是来自舞蹈学校和音乐学校的毕业生。舞蹈队员从17岁到21岁入团，在乌兰牧骑一直工作到35岁，然后就开始从事演员、教师、文化馆员等其他工作。歌唱队的队员们则会一直工作到50岁左右，在乌兰牧骑的职业生涯略长一些。

在这次60周年纪念活动中，乌兰牧骑的公演节目是"勇敢的鄂伦春"音乐剧，编舞和剧本由外部专业人士指导，但演员主要是乌兰牧骑的队员，从一个多月前就开始反复排练。演出内容展示了生活在大兴安岭山中的鄂伦春人一年四季的生活，包括狩猎的喜悦、与熊搏斗、萨满舞蹈、鄂伦春语言的演唱等内容。还有篝火节上的歌手，开幕式上负责指导群众演员舞蹈和动作的人员，都是乌兰牧骑的队员。他们作为歌舞专业团体在本地活跃。

乌兰牧骑的活动主要是以当地的文艺团体事业为中心，乌兰牧骑的队员，也意识到了传承自古以来的民族歌舞的重要性。比如，现在的歌手之中年龄最大的一位鄂伦春族女性是这样回忆的：

> （40年前）为什么有必要去创建乌兰牧骑呢？是为了把我们的民族文化传承下去。如果没有乌兰牧骑，民族文化一定无法传播和弘扬，也不会有现在的盛况了，对吧？和日本一样，你们的民族文化一直流传至今，那也是因为你们为传承付出的努力。（58岁鄂伦春族女性，歌手）②

鄂伦春自治旗的乌兰牧骑并非全部由鄂伦春人组成，但在其他地区，并没有如此可观规模的、能够代表鄂伦春民族的演艺团体。上述女性的阐述充分表明了鄂伦春人的立场与自豪感。现在，在鄂伦春自治旗的年轻人中，会说民族语言的人正在大量减少。40多岁的鄂伦春人可能是在日常生活中仍使用民族语的最后一代人，在这一代的鄂伦春族歌手之中，有人坚持用鄂伦春族语言来

---

① 达斡尔族主要分布于内蒙古自治区莫力达瓦达斡尔族自治旗、黑龙江省齐齐哈尔市梅里斯达斡尔族区、鄂温克族自治旗一带；少数居住在新疆塔城、辽宁省等地。达斡尔族有自己的语言，原文字已丢失，现使用拉丁字母为基础的文字，现在达斡尔族基本上通晓汉语并会书写汉文，与蒙古族杂居的达斡尔族，大部分通晓蒙古语。

② 引自2011年的采访资料。

演唱。

> 前任领导对我说，你和别的队员不一样，因为你是鄂伦春人，你有自己的语言，你也会说自己的语言。你要把你的民族的民歌和文化传播出去。你应该去从事并完成这项工作，去教更多学生，特别是鄂伦春族的学生。他对我的影响很大。(40岁鄂伦春族女性，歌手)[1]

她还亲自参与为鄂伦春族的孩子们进行民族语言教学的志愿者活动。除了一些本就掌握民族语言的中老年鄂伦春人，鄂伦春族的民歌正是在这样的情形下，通过乌兰牧骑的专业歌手得以传承了下来。

3. 所谓的"被迫的主体性"下的人们生活

鄂伦春族的民族文化中心，是与狩猎和迁徙生活相关的生活文化。作为一个没有文字的民族，古老的传说（"赞达温"[2]）、萨满教、白桦树皮和毛皮等加工品、将野菜和动物制作成食物的相关知识、民歌和舞蹈等都是其文化的代表内容。其中，由老一辈鄂伦春人掌握的"赞达温"和萨满教的文化，除了其中的部分知识之外，并没有能够传承给下一代。使用白桦树皮来制作生活用具的技艺，能够制作船等大型物件的族人也有限。艺术学校的毕业生们承担了主要的传承工作，通过"专业艺术化"的形式，鄂伦春族的歌舞作为民族文化得到了积极的继承和维系。隶属于艺术团体乌兰牧骑的鄂伦春族年轻人讲道：

> 对于这个（艺术）团的将来，我非常期待。现在，领导层面对这样的文化事业、传统民族艺术的保存和保护，也越来越关注。今后我们会得到多方领导的支持，再加上我们每个队员的努力，我认为我们的前景是很好的。(24岁鄂伦春族男性，舞蹈演员)[3]

但是，这种民族舞蹈的模式，并不一定只存在于鄂伦春族的民族文化之中。同属乌兰牧骑的另一位年轻达斡尔族舞蹈演员表示，对原住民文化整体都非常感兴趣：

---

[1] 引自2011年的采访资料。
[2] 译者注：鄂伦春族的音乐以"赞达温"山歌曲调为主，高亢清透，伴有延长音和颤音，优美动听。"赞达温"的歌词即兴添加，语言朴实，感情浓烈。
[3] 引自2011年的采访资料。

我也想去其他地方学习。不仅仅是鄂伦春族,还有其他民族,比如,达斡尔族和鄂温克族。我想去外国,试着去了解各种民族。我个人喜欢印第安人,并非常憧憬,觉得他们很神秘。(28岁达斡尔族男性,舞蹈演员)①

这种民族文化传播和专业分化的情况,与鄂伦春族生活形态的变化有很大关系。在贯穿60周年纪念大会上的各种活动口号——"三次历史性飞跃"的剧本中,除了20世纪50年代曾有过的两次飞跃外,1996年的"禁猎"被列为第三次飞跃。对现在的鄂伦春人来说,20世纪90年代"禁猎"的措施冲击很大。一位40岁的鄂伦春族人为60周年纪念写了一篇稿子,其中写道:

"禁猎"是一个中性词,等同于"禁止狩猎"。但是,在此基础上再加上一个"被"字,意思自然就扩展开来了。1996年鄂伦春猎民主动放下猎枪,或者说是"被主动放弃"猎枪的,这是鄂伦春族民族文化发展的分水岭。(40岁鄂伦春族男性)②

鄂伦春自治旗人民政府实施的"禁猎"政策,通常被描述为"鄂伦春族出于自己的意愿,放弃了猎枪"。但是,从上述文稿中可见,鄂伦春族的主体性仍有"被迫"的因素,关于这一点鄂伦春人自身也很清楚。

然而,鄂伦春人同时也意识到,即使传统文化在外部的影响下被不断选择、不断碎片化,能够将与之相关的文化传承下去,对鄂伦春人来说也是一种生活上的机遇。除了来自鄂伦春民族研究会和乌兰牧骑的年轻队员等活动主要人员之外,来自鄂伦春民族乡的各乡代表,也表达了他们来参加大会的感想:

我很荣幸能参加鄂伦春的60周年纪念活动。这可不是谁都能来的。(20岁左右的鄂伦春族男性,来自民族乡)③

这是一位从鄂伦春民族乡赶来的年轻人,他在开幕式上围坐在露天帐篷旁参与了活动。自治旗有阿里河、托扎敏(木圭、希日特奇)、乌鲁布铁、多布库

---

① 引自2011年的采访资料。
② 由受访者本人供稿。
③ 引自2011年的采访资料。

尔、诺敏、古里等鄂伦春猎民村，每个村都有30人左右被召集前来。参与者从20岁左右的年轻人到60多岁的老人，年龄参差不齐。一周前就开始在体育场馆进行反复排练，各村的代表们一整天围坐在为每个村庄准备的据点（用树皮覆盖白桦树树干的圆锥形建筑）。当被问道"彩排等准备期间的工作，再加上表演，是不是很辛苦？"时，另一名小伙子回答道："平时在家也没啥嘛。"① 在他们的身后聚拢起来的，是那些没有得到机会参加此次活动的人们。

60周年纪念仪式或许只是展现民族文化的一个现代活动，但是通过这种形式，民族文化得以高度宣扬，人们从不同的立场和角度出发都积极参与了活动。

四、结语

目前，40~60岁的鄂伦春人，是积极传播和继承民族文化的主要人群。如前文所述，鄂伦春族民族文化是与狩猎和迁徙生活相关的一种生活文化。而支撑这种生活文化的，则是他们的生活方式和民族语言。40~60岁的鄂伦春人，是经历过在山中全年迁徙型狩猎采集生活的、鄂伦春传统生活方式的最后一代人。60多岁的鄂伦春人中有相当一部分是在山野里出生的，他们经历过从孩提时代开始就和父母一起在山中迁徙的生活。40岁左右的鄂伦春人，偶尔会被家长带去山野体验传统生活，也是对周围成年人的过去生活方式耳濡目染的一代人。此外，只有40岁及以上的鄂伦春人能够流畅使用鄂伦春语。

考虑到鄂伦春人生活方式的变化，约半个世纪前推行的村庄定居化，对鄂伦春人的影响很大。② 即使父母继续在山上打猎，孩子们也要在村里上学。定居村虽然是山间的小规模村落，但村落得到了政府的援助，建立了永久性的房屋，还引进了医疗和教育等设施。以此为契机，在一直以来进行狩猎采集迁徙型生活的鄂伦春人的世界之中，被注入了现代生活方式的活力。另外，孩子们接受学校教育，在没有文字的鄂伦春语的世界，也被引入汉语。③ 在定居前后的20~30年中出生的鄂伦春人，大多数人能够同时掌握两种语言，能够流利地使用鄂伦春语和汉语，但此后更年轻的鄂伦春人则很少能继承鄂伦春语了。

---

① 引自2011年的采访资料。
② 坂部晶子. 北方民族オロチョン社会における植民地秩序の崩壊と再編［M］//作者帝国崩壊とひとの再移動：引揚げ、送還、そして残留（アジア遊学145号）東京：勉誠出版，2011.
③ 在此之前，鄂伦春人也并非完全不掌握其他语言和文字。曾经也有会读写满文的鄂伦春族长老，也有鄂伦春人掌握汉语、俄语、达斡尔语。然而，能够通晓其他语言的鄂伦春人只有极少一部分，20世纪50年代以后出生的鄂伦春人并非都能够掌握各种语言。

在这个意义上，中国的社会主义现代化在鄂伦春人的生活世界中发挥了双重作用。一方面，社会主义时代最早的措施，给他们的生活赋予了一定的现代性机制，如医疗、教育等。许多人通过接受学校教育，从而接触到更广阔的社会，固定房屋的建设和医疗体制的完善也直接改善了鄂伦春人的生活条件。从新中国成立到20世纪80年代左右，现代化政策的中心并没有推翻鄂伦春人的核心生计。鄂伦春人仍和从前一样进行狩猎，并且从事山林管理等与传统生活形态息息相关的工作。另一方面，进入20世纪90年代后，禁猎措施和对语言消失的危机意识，让从前的条件分崩离析。鄂伦春人开始意识到"传统文化"实际上是依赖于他们的传统生活和语言的。从这个意义上而言，正如前文所述的鄂伦春干部所感慨的那样，特别是禁止猎枪狩猎的政策，成为支撑民族文化的环境本身逐渐消失的一个转折点。

市场经济化后的社会转型，以资源为基础的竞争取代了从前以社会制度为保障的生活。在这样的情形下，无论是汉族还是其他民族，都必须在中国的社会之中去开辟生存之道。虽然有以中小学生为对象的民族语言教育，但民族语言特别班很难形成一种普遍情况。在竞争社会之中，民族性可以作为一种资源加以利用。正是在这样的潮流之中，具有民族色彩的景色和以生活文化为卖点的观光村等建筑被一一建设了起来。无论是政府举办的民族活动，还是经过专家论证的民族舞蹈的复兴，都是弘扬鄂伦春人自身民族文化的一种有意识的行为。

位于大兴安岭地带的鄂伦春自治旗，在内蒙古自治区呼伦贝尔市最边缘的地区。从海拉尔、哈尔滨这样有机场的大城市出发，每天有一两趟火车，乘坐一整晚才能抵达鄂伦春自治旗。本次活动距离民族文化的、成熟的观光化和商业化模式还有很大的距离，但在本文中所看到的鄂伦春人自发做出的对维持和传承民族文化的尝试，也从侧面反映出了人们为了应对宏观社会变化而做出的微观实践和努力。

作者：坂部晶子　名古屋大学
翻译：祝力新　中国传媒大学

从京都祇园祭看中日交流的历史与中国文化

一、前言

2016年3月，日本文化厅正式决定迁往京都。日本文化厅强调，京都是一座拥有众多有形和无形文化遗产的城市，同时也是一座真正继承了日本历史、传统、文化和精神的城市，并以此作为迁址的理由。①

祇园祭②是京都代表性的祭典活动，与东京的神田祭、大阪的天神祭并称为日本三大祭典。每年7月，在八坂神社的氏子区域③举行为期一个月的活动，其中最有名的是7月17日（前祭）和7月24日（后祭）举行的山鉾巡行。④ 在京都祇园祭中举行的山鉾巡行，于2009年被认定为日本的代表性祭典活动，并被列入联合国教科文组织非物质文化遗产名录。鲜为人知的是，在祇园祭中巡行的35辆山鉾游行花车之中，有一辆是由14世纪日本室町时代一位从中国来日的华人创建的。

中日两国一衣带水，有着深厚的、文化交流的历史渊源。从汉字、干支、

---

① 京都市情報館. 文化庁の京都移転決定 [EB/OL]. 京都市公式ウェブサイト，2021-11-11.
② 译者注：祇园祭，明治时代之前又称祇园御灵会，是日本京都东山区每年7月举行的节庆。整个祇园祭长达一个月，祇园祭主要分为八坂神社和各山鉾町主办的两种，其中各山鉾町主办的祇园祭山鉾巡行是日本重要的无形民俗文化财产。
③ 译者注：氏子是日本神道教的专有名词。指祭祀信奉某一地区氏族祖先神或镇守神（保护神）、地方神的居民，被认为是这些神的子孙、后代，每一氏族神社把管区的居民统称为氏子。而氏子区域是指日本地方每个神社所对应护持的地区，神社护佑氏子区域的人们和与土地的安宁。
④ 译者注：山鉾巡行即装饰华丽的花轿进行巡游，参加祭奠的这些华丽的花轿被称为"鉾"。在神舆驾临之前，先以山鉾来巡行街道，发挥类似用露水来清洁街区和马路的作用。路线主要经由四条街、河原町街、御池街等，前祭和后祭的游行路线顺序完全相反。前祭以"长刀鉾"先行，共23辆山鉾游行花车完成巡行；后祭则以"桥弁庆山"首发，共11辆山鉾。

历法、围棋到饺子、拉面、珍珠奶茶，日本社会中的许多东西都源于中国。一方面，这是千年来中日两国民间长期交流的结果，以中国为中心的东亚文化的影响渗透到日本日常生活的方方面面，构成了日本社会和文化的基础。另一方面，由于渗透范围之广，现在许多事物已经被默认为日本"固有的"，常常遗忘其真正的由来。

令人记忆犹新的是，日本官方正式宣布新年号"令和"首次出自日本古籍《万叶集》时，人们对《万叶集》是否为日本"本土"的资料产生疑问。"令和"的出处源自8世纪日本的和歌，而这些和歌则以中国的《兰亭集序》为创作背景。早在4世纪的中国浙江省绍兴市，王羲之就已写下《兰亭集序》。对编纂《万叶集》的日本贵族而言，学习《兰亭集序》是当时必备的教养。

在古代日本，贵族阶层的人们学习儒教等中国思想，以及文选中收录的李白、杜甫等的中国诗词文学是必备的教养。"令和"年号的争议，是由于这一文化背景被部分人所遗忘，因此便有人质疑《万叶集》不是日本本土的作品。

品田悦一[1]提出，《万叶集》的作者来源广泛，上至天皇下至平民，这一说法是明治中期为配合"建设国民国家的日本"的国策而人为制造的假象。品田指出，《万叶集》被当作一种文化装置，为推行战争"宣扬国威"加以利用。至少在明治时期，在日本文人之间，对于文明发达的中国思想和文化，始终怀有敬意和崇拜。

除此之外，中国的思想、教养与文化如何传播到日本？其传播路线和媒介如何作为历史被明确记载并植根日本社会，代表日本文化与传统被传播到日本各地，跨越时代并历久弥新地得到传承？能够得到证实的案例寥寥无几。由于本文介绍的祇园祭有丰富的历史记录留存，因此具有实证可行性。

在许多前人的研究之中[2]，都论及了祇园祭深受中国文化的影响。实际上，在本应无法与中国直接交往的日本江户时代，仍创作出了山鉾装饰，并留存至今。如果仔细观察，会发现出自当时"国宝级"工匠之手的龙和四神的图样蕴含着异国情调和鲜明的中国特色，就能够理解中国之美是如何和谐地融入日本审美意识之中。

本文主要通过14世纪从中国赴日的文化传播者及其子孙们的活动，重新认

---

[1] 品田悦一. 万葉集の発明—国民国家と文化装置としての古典［M］. 東京：新曜社, 2019.
　品田悦一. 万葉ポピュリズムを斬る［M］. 東京：短歌研究社, 2020.
[2] 玉村禎郎. 祇園祭の山鉾に見る外国文化受容の2類型［J］. 杏林大学外国語学部紀要, 2018（30）：111-121.

识中日两国长期交流中所蕴含的文化,突破日本文化的局限性,以延续至今的跨文化视角展开论述。通过仔细考察文化传播和跨越境界(国境)的过程,跳出日本文化的固有模式,才可谈论"脱文化主义"。

祭典也被称为"歌舞奉神"。美好、令人愉快的事物很容易引起人们的"共振、共鸣、共情",轻松自然地"越境"。祇园信仰和祭祀活动共同传播到日本各地,时至今日,日本各地仍有以"祇园"为名的祭祀活动,如博多祇园山笠祭。与此同时,被称为"小京都"的地区也在日本各地兴起,成为新的旅游资源并得以活用。由美好、愉快的事物所产生的"共振、共鸣、共情",跨越国界传播开来,为不同的国家或地区增添新的本土风情,开拓创新,成为振兴地区的文化资源。本文的案例研究,不仅再次印证了延续至今的东亚的文化越境,也为探索新型区域旅游资源的开发提供了契机。

二、祇园信仰、京都町众和装饰品

1. 祇园祭的起源和京都的町众

祇园祭(祇园御灵会)的起源可以追溯到 8 世纪的日本平安时代。贞观十一年(869),日本全国暴发瘟疫,按照当时日本国内藩国的数量搭建了 66 辆鉾,并举行了驱除疾厄的祭祀典礼,据说这就是祇园御灵会的起源。[1] 后来,京都成为人员往来频繁的都市,祇园祭则作为祈求驱除外来人带来的未知传染病的祭祀活动,在此后的岁月之中固定了下来,并广泛地凝聚起了人们的信仰。祇园祭本来是祭祀海外渡来之神"牛头天王"的八坂神社的忌神活动。而山鉾巡礼则是从室町时代开始,以町[2]为单位,作为街坊百姓的民间祭祀和附属祭祀而开展的。其基本形式形成于室町时代,并一直保留、传承至今。

拥有山鉾的町被称为山鉾町,负责祭祀活动的人被称为町众。[3] 所谓町众,原本是指 15—16 世纪在街区中生活着的没落公家[4],是对从事商业和手工业者的总称。然而,町众受到公家丰富教养的影响,与公家共同组织地域集体生活,在街区之中形成了兼具经济性与文化性的人群。16 世纪中叶,天文年间[5]之后,

---

[1] 近年,有预测认为,以东日本大地震为开端,日本东北地区即将发生千年难遇的"贞观地震",人们为应对震灾开展了祈福活动。
[2] 译者注:町为日本的街道单位。
[3] 1964 年,京都大学文学部史学科教授林屋辰三郎在"町众"的相关研究中,将其称为 chousyu。而事实上,京都地区的人们更广泛地使用 chousyu 这一读法。
[4] 译者注:公家,日本古代贵族阶级的代称。
[5] 译者注:天文是日本后奈良天皇的第四个年号,自 1532—1555 年。

上层町众逐渐成为特权商人,上层的房屋持有者与租房人群之间阶层分化严重。在上层町众之中,产生了与三井家族等财团有联系的商家,到了江户时代,来自日本地方的藩邸也在山鉾町内购置宅邸,赞助山鉾祭祀活动,成为祇园祭的中坚力量。

对居住在山鉾町的人来说,山鉾祭祀活动是一项重要的祭神仪式;居住在山鉾町对京都人来说,就意味着有义务承担祭礼,这本身也是一种荣誉和声望。

参加京都祇园祭山鉾巡行被正式认可,是在应仁之乱(1467—1477)以后,也就是时隔1500年后重办的祇园祭山鉾巡行。如今共有35辆花车,每辆有明确的名称(如何称呼该花车)、町籍(归哪个町所有)和样式(花车的典故及装饰),并由各町的保存协会独立管理。200年来,因大火或洪水等原因无法参加巡行的山鉾,作为"休眠山鉾"仍保留参加巡行的资格,并寻找合适的时机作为本町的山鉾重新亮相,坚定守护着山鉾町的荣耀。

祇园祭的山鉾,目前网罗了日本各地祭礼中所能见到的各式山、鉾和屋台的样式。[①] 祈祷瘟疫退散和祭祀牛头天王的祇园信仰传播开来,冠以"祇园"的神社和祭祀活动也遍布日本各地,其文化影响无法估量。

2. 山鉾町与挂饰物

一年一度的山鉾巡行,豪华绚烂、点缀以独具匠心挂饰物的山鉾纷纷亮相舞台。祭祀典礼则是各山鉾町的町众同人炫财力、拉关系、比眼光、比品味的场所。日本国内"闭关锁国"时期,京都的富商们竞相购买海外生产的挂毯及饰品。这些珍贵的物品绝不是花钱就能买到的。此外,在明治维新之前,天皇一直居住在京都,那里聚集了为皇室和宫廷贵族制作美术工艺、染色、刺绣、纺织品和金属饰品的一流工匠。如果到了现代日本,这些就是国宝级的名匠。对工匠来说,能为祇园祭制作装饰品是一种荣誉,他们相信在自己离世后,这些倾注了心血的作品会留存于世,因此甘为祇园祭奉献自身力量。居住在山鉾町的町民共同承担保管山鉾装饰品的责任,并在发生大火时优先搬移,以守护镇町之宝。

点缀山鉾的挂饰物是当时的名匠凝聚巧思创作出的。虽然当时的人们并不清楚这些挂饰物设计的具体含义,但这些挂饰物因其设计精美、迎合了町众的审美观而得到了认同和使用。

现存的山鉾上的悬挂染织品,主要是在16世纪后传入日本或在日本生产的。其中包括来自中国大陆文化圈、朝鲜半岛、印度、中东和欧洲等地舶来的

---

① 植木行宣. 山・鉾・屋台の祭り [M]. 東京:白水社,2001.

染织品，以及在京都特别定制的织锦、缀织和友禅染上刺绣而成的装饰物。用于装饰祇园祭山鉾的挂饰物，都是堪称世界瑰宝的一流艺术品。例如，自江户时代以来一直装饰着南观音山山鉾的印度更纱，是纽约、多伦多和荷兰的美术馆中藏品级别的宝物。此外，这些装饰品还使用了伊斯法罕织造的地毯，据说是莫卧儿王朝时期印度和波斯鼎盛时期的珍品，现存于世的已寥寥无几。因此，世界各地美术馆的艺术人员和研究人员都会在祇园祭期间来到日本进行考察。祇园祭山鉾巡行因其奢华绚烂，也被称为"移动的美术馆和博物馆"。

三、祇园祭折射的中国影响与螳螂山

（一）山鉾风格之中的中国文化

京都祇园祭是八坂神社的祭神仪式，但山鉾巡行始自京都町众的民间祭祀（祭神仪式），后来演变为町固有的、本土的祇园信仰。每个山鉾町都有自己的固定风格，且各具特色。山鉾的风格大多源自日本能乐和歌谣曲目之中的故事，祇园祭的35辆山鉾中，有9辆的风格源自中国典故和传说。

表1-1是关于京都祇园祭山鉾风格中所见的中国文化典故的汇总。

表1-1 祇园祭山鉾风格之中的中国文化典故

	山鉾名称	源自中国的典故与人物
1	函谷鉾	齐国公族孟尝君
2	菊水鉾	枕慈童（侍奉周穆王的童子，菊水是童子献上的药水）
3	鸡鉾	尧鼓舜木（尧、舜为中国古代传说中的圣天子）
4	孟宗山	元朝郭居业编二十四孝之一，孟宗
5	郭巨山	元朝郭居业编二十四孝之一，郭巨
6	伯牙山	周朝古琴名家伯牙
7	白乐天山	唐朝诗人白乐天（白居易）
8	鲤山	登龙门（龙门是黄河中游险峻峡谷中瀑布的名字）
9	螳螂山	梁朝昭明太子萧统编写的诗文集《文选》中的传说"螳螂怒其臂以当车辙"

资料来源：摘自祇园祭官方宣传册。

如上所述，据说山鉾巡行起源于日本室町时代。本文中举例的螳螂山山鉾创立于14世纪后半期。表1-1中列出的其他山鉾，据说是在同时期或更早时候就参加了山鉾巡行。

螳螂山的风格源自中国梁朝昭明太子萧统编写的诗文集《文选》中，西汉初年《淮南子·人间训》中记载的"螳螂怒其臂以当车辙"的传说。齐庄公去打猎时，一只螳螂扬起前肢，欲阻挡车轮。庄公询问是什么昆虫，随从回答："这是一种名叫螳螂的昆虫，只知前进，从不后退。不惜一切与对手抗衡。"庄公认为："此虫若为人，必能得天下。"于是避开螳螂，移驾而去。这是对于如螳螂一样英勇无畏、与当时强权抗争的四条隆资①的赞颂。其后，流传着京都的町众不畏强权的传说。遗憾的是，"螳臂搏轮"往往被后世解读为"鲁莽"或"不自量力"之义。

祇园祭之中的中国影响不仅限于其风格。挂饰物的织物、金属配件、栏杆设计，山鉾上随处可见的四神兽、穿中国服装的孩子等图案也无不展示着中国元素运用的痕迹。

（二）从山鉾的挂饰物看中国文化

祇园祭山鉾的挂饰物之中，可以看到大量引用中国典故的主题图案，使用明清时期中国制作的纺织品，以及中国常见的、带有吉祥图案的装饰品，如寓意儿孙满堂的唐子游图。②

以螳螂山的挂饰物为例。螳螂山在1788年天明大火③中被烧毁后又得以重建，最早的螳螂山制作于江户时代中期。当时，日本和中国之间的贸易往来只允许在日本长崎港口进行。因此，京都的工匠与中国之间没有直接的文化交流。1802年，日本工匠们制作的螳螂山御所车④以红色为基调，具有中国特色（如

---

① 译者注：四条隆资（1293—1352），日本南北朝时期的重要人物，为后醍醐天皇讨伐北条氏，实现中兴的计划尽心竭力。日本南北朝分裂后，他又忠心耿耿地辅佐后醍醐天皇及后村上两代天皇。
② 译者注：效仿中国的清代百子图，日本画家鸟居清长于1780年创作了浮世绘《唐子游》。
③ 译者注：天明大火是日本古代京都历史上最严重的火灾。根据江户幕府在灾后公布的记录，这次火灾烧毁了36797间房屋、201间寺庙、37间神社。
④ 译者注：御所车，日本古代的交通工具，在京都御所的周边被使用的、贵族的乘车工具，其样式是四周无遮挡、上面有遮挡，并且上面还有既古典又优雅的图案来代表威严。

图 1-3 和 1-4 所示）。唐破风①式屋顶的御所车把手上装饰有木雕的龙，基座上有四神兽——青龙、白虎、朱雀、玄武的造型。在日本被广泛采用的御所车的形状，以及源自中国的四神兽的图案和红色的装饰，真正体现了中日文化的融合。

图 1-3　螳螂山的御所车和装置的螳螂

图 1-4　江户时代 1802 年制作的御所车底座的龙

（摄于第九代玉屋庄兵卫　2017 年作者拍摄）

---

① 译者注：唐破风是日本传统建筑中常见的装饰部件，外形类似中国古代的抱厦，日本传统建筑中常见的正门屋顶装饰部件，为两侧凹陷、中央凸出成弓形的，类似遮雨棚的建筑。

螳螂山山鉾的螳螂装置和御所车的车轮可以转动，这是祇园祭中唯一设置有机关的山鉾。螳螂山山鉾在江户末期的大火中被烧毁，1981年（昭和五十六年），时隔110年后才重新恢复山鉾巡行。现存的还有江户时代制造的机关螳螂，由江户时代从京都搬到名古屋的第七代玉屋庄兵卫制作螳螂，目前第九代玉屋庄兵卫率领玉屋工房的员工们参加巡行并操作螳螂机关。

　　螳螂是一个精巧的木制机关，左右两臂、面部和翅膀、御所车的车轮都是可以活动的机械，内部由3人共同操作机械。如今巡行时，外面有1人担任指挥官，通过手机向螳螂山车内部发出动作指令。由于巡行是在夏季，天气异常炎热，近几年气温甚至高达35℃以上，车内极其闷热，在移动的山鉾上需要一直保持身体向上的姿势，3人相互配合运转装置，整个过程异常艰苦。在人们看不见之处，如何默契配合让山鉾优雅地运转，工匠们煞费苦心，让人由衷地敬佩。

　　大多数山鉾的挂饰物都是海外制造舶来日本的，在螳螂山重建的同一年（1981），另一辆山鉾霰天神山上新增了在中国苏州制作的、名为"凤凰游戏图"的正面装饰。设计和材料由日本提供，而工艺和刺绣则是由中国苏州的织工们完成的，最终呈现出华丽的凤凰刺绣。在众多外国的挂饰物之中，这是在祇园祭的悠久历史中，首次由日本自主采购的，是祇园祭的悠久历史中的首次，作为"中日友好的见证"而引发了诸多热议。巡行直播中，崔东秀（中国纺织品进出口总公司总经理）接受了NHK的采访：

　　主持人：听说霰天神山的刺绣，是拜托中国制作，历经3年之久最终才赶上了本次祭典活动。

　　崔东秀：是的。按照时间推算，确实耗费了3年时间。实际上本次工作是中国苏州的4位知名绣娘花了1年时间完成的。因此，尽管其间遇到了各种困难，但日本相关人士付出了极大的努力，通过相互交流，最终得以顺利完成。所以我认为这是中日两国共同努力的结果。

　　主持人：这是用60种有色丝线制作的精美纺织品。在祇园祭中本来就有许多来自中国的古代纺织品。因此，两国之间有着深厚的渊源。

　　崔东秀：是的。历史上从18世纪开始，中国的刺绣纺织品就出口到日本，用于日本的祭祀庆典。此外，丝绸之路伊始，中国的纺织品已在日本备受欢迎。

　　主持人：白居易等中国诗人的形象也曾在山鉾上登场，中日两国渊源很深。您看了祇园祭后有什么印象呢？

崔东秀：这次我是受京都的老朋友吉村纺织会社的邀请第一次来到这里，感觉很棒。我切身感受到日本人民非常重视这些传统庆典，所以说百闻不如一见，只有亲眼所见，才能真正体会到它的内涵。

从1972年中日邦交正常化开始，纵观祇园祭的悠久历史，作为中日两国首次协同合作的作品，凤凰游戏图至今仍作为霰天神山的町内的珍宝留存于世，在一年一度的庆典之时向来访游客们展示。①

四、螳螂山的历史与文化传播

（一）螳螂山的历史

据记载，螳螂山第一次参与山鉾巡行是在1376年。当时，四条隆资居住在四条西洞院上（今螳螂山町内），他在日本的南北朝战争中归属于南朝，死于八幡男山的一场激战。在四条隆资的25周年忌日，由于元朝灭亡而来到日本的陈外郎大年宗奇②，作为施主为其举行了祭奠仪式，从四条家购买了御所车，并在车上放置了一个大型的螳螂模型，参加了山鉾巡行。如上文所述，螳螂取自《文选》中的故事"螳臂当车"，螳螂被制作成了活动的机关。

江户时代，久留米藩有马家的京都府邸位于螳螂町西侧，是螳螂山山鉾的重要赞助商。到了元禄年间，肥前国平户松浦藩的大名——松浦壱岐守清的宅邸也在东侧町内，但松浦藩主迁出之后，其宅邸的一侧就由町民居住了。

江户末期，久留米藩的财政状况变得十分艰难，19世纪50年代后期开始，螳螂山经常不参加巡行。大约从1860年开始，山鉾的挂饰物被卖给了大津祭月宫殿山、龙门山以及祇园祭的白乐天山。③ 幕府时期，螳螂山在1864年的蛤御门之变④中遭到破坏，存放在有马家仓库中的一部分挂饰物和山鉾的部件被烧毁。明治维新后，根据抽签的结果，祭祀活动时有时无，1872年之后就不再举行祭祀活动了。到了明治时期，久留米藩主府搬迁，螳螂山失去了依托，看不

---

① NHK番組アーカイブス学術利用トライアル視聴番組. 木曜チャンネル祇園祭宵山 [Z]. NHK, 1981 (7).
② 译者注：外郎为中国古代官职名称，没有固定职务的散郎称外郎，中国六朝以来，亦称员外郎。陈外郎大年宗奇，即姓氏为陈，名为大年，字宗奇，官职名称为外郎。
③ 松田元編画. 祇園祭細見 [M]. 京都：京を語る会, 1977.
④ 译者注：即禁门之变，是1864年8月20日（元治元年7月19日）发生在日本京都的武力冲突事件，又被称为蛤御门之变、元治之变、元治甲子之变。政变中长州藩及尊皇攘夷派势力被逐出京都后，长州藩以排除会津藩主、京都守护职松平容保等人为目标，派兵进入京都，在京都市区内与幕府联军进行激烈的巷战。

到重建的希望,在火灾中幸存的挂饰物,除了御所车和大螳螂被用作了座席装饰品,其余均被变卖了。从幕末到明治初期,许多町民离散,当时赞成变卖的人们或染病而死,或下落不明,由于害怕邪物作祟,町民们在1876年用锡重新制作了神酒的酒瓶,并开始了祭祀活动。①

其后,许多山鉾陆续得到修复并重返巡行队伍,但螳螂山只提供山鉾用于祭祀,并不实际参与巡行。在此期间,螳螂山曾多次尝试恢复巡行,但均以失败告终,直到110年后的1981年,螳螂山的山鉾巡行才得以真正恢复。除了御所车与上一代的机关螳螂以及其他一些残存的挂饰物之外,大部分物品都是在昭和重建时期得以重新制作的。如今已成为暗渠的西洞院河,曾流经螳螂山町,因其水质优良,吸引了许多染色工匠前来定居。在螳螂山重建时期,由日本国宝级工匠羽田登喜男在此制作了一系列胴挂②和水引③,螳螂山因此得名为"日本平成年代的友禅山"④。下文将详细说明螳螂山的由来。

(二) 四条隆资与男山之战

螳螂山最初由四条隆资创建。四条宫是下级贵族,位于四条西洞院上,人才辈出,坐拥如今的螳螂山町一带。四条隆资(1293—1352)在南北朝时代的正中之变⑤(1324)中与日野资朝等人一起参与倒幕计划,之后以笠置山为据点,侍奉后醍醐天皇。日本南北朝分裂后,四条隆资追随南朝的后醍醐天皇前往吉野,在男山八幡与足利义诠⑥的军队交战,最终壮烈牺牲。

在四条隆资逝世后,赴日的中国人陈宗奇被室町幕府召到京都,定居在四条西洞院上,在四条隆资逝世25周年时,陈宗奇作为施主为其举行法事,并在山鉾巡行时,将螳螂模型放置在从四条家购置来的、带有贵族八叶家纹的御所车上参与巡行,据说这就是螳螂山的起源。借用西汉时期《淮南子·人间训》中记载的"螳臂当车"的典故,隆资的英勇战死便与螳螂的形象一致了。

---

① 日本昭和时代,津田菊太朗对螳螂山的复兴做出了贡献,曾在其总结的文件中有相应记录。
② 译者注:胴挂原意是指日本的三味线侧面垫手的小垫子,这里指山鉾挂饰物之中侧面的装饰。
③ 译者注:水引(Mizuhiki),日本祇园祭的山鉾的装饰物中的一种,被悬挂在山鉾的檐下,装饰于车身或前身等上部。
④ 译者注:友禅是日本的一种印染技法,友禅山则是日本京都纺织印染等工艺发达聚集之地。
⑤ 译者注:正中元年(1324),京都的后醍醐天皇策动地方豪族起来讨幕以倾覆幕府,后因六波罗探题得知倒幕计划,幕府立即派使者到京都,逮捕日野朝资、俊基等主谋,并送至镰仓,此事是为正中之变。
⑥ 译者注:足利义诠(1330—1367),足利尊的第三子、嫡长子,室町幕府第二代将军。

现在的螳螂山也没有明确作为圣物得以传承。但是，螳螂是四条隆资的化身，因此螳螂山承载着对四条隆资的守护和愿其安息的深刻意义。

即使有时被视为无谋之战，人们也有必须捍卫的信念，有时也必须去为之战斗。因为正好是都城，所以京都市民一直受到掌权者的影响。螳螂山的传说，是不畏权贵、勇敢而战的町众的精气神的具象化，也是赋予他们勇气和力量的故事。

近年来，京都府八幡市的市民团体，发现了一座祭祀四条隆资及其家臣的坟墓，它们的存在已被遗忘，坟墓荒芜得如同丛林一般。这里正是四条隆资在男山之战中战死的地方。此后，有热心市民成立了四条隆资研究会，并举行了悼念仪式，加深了与螳螂山保存会之间的交流。

（三）中国台州籍来日人士、从陈宗奇和陈延祐到第 25 代传人——外郎藤右卫门

螳螂山是宋朝末年来到日本的中国人陈宗奇创建的。陈宗奇来自台州（今中国浙江省台州市），据说陈氏家族是一个在台州有着 1400 多年历史传承的贵族家庭。

陈宗奇的父亲陈延祐（讳名宗敬）是第一代赴日者，他的医术超群，在元代顺宗皇帝在位时被朝廷任命赴任大都，官至礼部员外郎。[①] 明朝派兵围剿、元朝灭亡之际，陈延祐以仕奉两朝为耻，于是在 1368 年，陈延祐和陈龙父子，携家眷抵达日本博多。

1370 年，陈延祐在崇福寺无方和尚处受戒，此后，他改名为台山宗敬，陈龙则改称为陈外郎大年宗奇。陈延祐因精通医术和卜卦而受到日本重用，被当时的最高权力者室町幕府将军足利义满邀请至京都。1373 年，其子陈宗奇迁居京都，定居在四条西洞院东北角，作为室町幕府典医、外国信使接待和各项制度的顾问而活跃。

当时，祇园会已有 500 多年的历史。在室町时代，人们已经开始举行热闹的山鉾巡行。山鉾以町为单位持有和运营，当时陈宗奇所居住的町内并没有山鉾。1376 年，陈宗奇作为施主，主持了四条隆资逝世 25 周年祭奠仪式，并从四条宫家购买了御所车，将螳螂的模型置于其上，以表达哀悼之意，并首次参加了山鉾巡行。该町后来被称为螳螂山町，创始人陈宗奇的故事在町内一直流传至今。

---

① 员外郎这个官职在当时隶属礼部，是负责仪式和教育的官员，负责接待外国客人、照顾留学生。员外郎在官职中属于四品高官。

从 1467 年开始的应仁之乱①起，日本进入了战国时代，京都城内满目疮痍。陈家在日本以其祖上在元朝时代的职务——外郎作为姓氏（其读音也模仿汉语发音为 uirou）。1504 年，第 5 代子孙外郎定治受邀于当时实力强大的战国武将北条氏，迁居至小田原（今日本神奈川县小田原市）。如今已传至第 25 代子孙外郎藤右卫门承袭家业，在小田原销售家传秘方的药品和"外郎点心"。

至于外郎家的历史，以山名美和子创作的小说《外郎物语》为契机，得知祖先陈外郎创立了螳螂山，外郎家第 25 代传人外郎武于 2005 年访问了螳螂山町。外郎家的历史在螳螂山町中广为流传。时任保存会会长的町众，首次与外郎家族的后人见面时，"外郎先生来了"的亲切感油然而生。之后，外郎家和螳螂山的交流重启，外郎家为维护螳螂山运营以及推动山鉾巡行做出了巨大贡献。

（四）小结：近代的螳螂山与传播图

图 1-5 是迄今为止的文化传播图示化。14 世纪，陈外郎大年宗奇从中国大陆来到日本，创立了螳螂山，15 世纪时又由陈外郎的后人将其传播至远州森町，16 世纪久留米藩的有马家将文化传播至久留米。现在，在久留米，祇园会几乎不复存在，然而在远州森町，螳螂之舞仍然得到了传承。除了久留米之外，京都螳螂山的人文交流仍在持续。通过这种方式，螳螂山的"超越时空的地缘"就显而易见了。

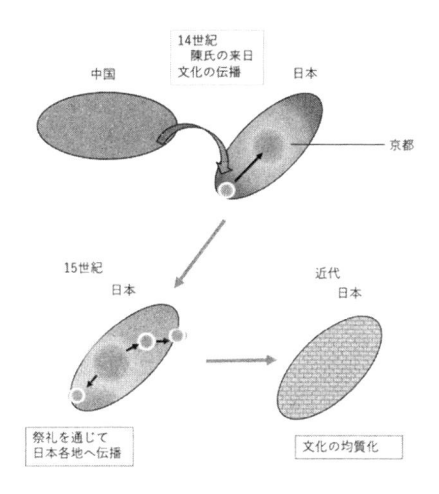

图 1-5　祇园祭与螳螂山文化传播的模式图②

---

① 译者注：应仁之乱（1467—1477），在日本室町幕府时代，在八代将军足利义政任期内幕府管领的细川胜元和山名持丰等守护大名之间发生争斗而引发的内乱。
② 本图为笔者所作。

众所周知，日本明治时期以后的近代教育使国民均质化，并固定了国民与国家的界限。实际上，通过文化中介者，各种元素超越时空彼此影响。尽管如此，在国民国家的旗帜下，存在着一种力量，试图清晰地界定文化的"所属"，并将日本固有的文化视作自身原有的存在。如果仔细考察祇园祭就会发现，日本这个岛国是通过成功吸纳外来文化并将其与本土文化相联系而构建起来的。

五、结论：环流的文化与跨文化交流

从20世纪后半期到21世纪，全球化和IT技术的发展使中日两国的信息得以即时同步（如图1-6所示）。《知日》①是一本中国的以日本为主题的杂志。该杂志以"It is Japan."为噱头，是中国年轻人站在中国人的角度，为中国人打造的"日本专门杂志"。每期特辑的主题包括机械、日本文具"手帐"、日本清酒和禅，以及山口组、铁路之旅和萌文化、笑点等，每期都囊括了严肃与轻松的主题，深入挖掘并传播日本文化。

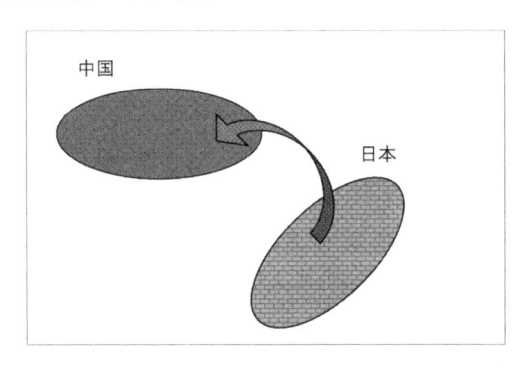

图1-6　21世纪、SNS时代的文化传播模式图②

上文提到《知日》的"禅"专辑之中，阐述了以下内容：

> 自20世纪80年代以来，中国人重新认识了儒家、道家、佛教和禅宗思想。其中许多思想被"重新引进"。当我们（中国人）意识到这些思想对日本和美国产生了巨大影响之时，才开始关注并重视起来。这样，我们又再度开始编织起贯穿华夏民族数千年的文化血脉。③

---

① 《知日》是中国首本专门以日本为主题的特刊杂志，每期销售量达5万至10万册。主编及大部分编辑都是对现代日本文化深感兴趣的20世纪80年代以后出生的年轻人。
② 本图为笔者所作。
③ 笔者译，见《知日》2017年版第67页。

<<< 第一部分　日方学者观知中国：民族、文化与文字

中、日、韩三国到处都存在令人怀念的事物。日本观光厅在2017年"关于访日外国人游客访日次数与消费动向的关系"的统计调查中显示①，结合游客访日期间的行动，他们下一次访日时对历史和传统文化体验的期望，从首次访日者的16%增加到了访日后的24%。

日本作为与中国隔海相望的岛国，曾有像遣隋使小野妹子等这样的优秀人才，冒着生命危险远航来到中国，克服艰难困苦，学习中国先进的思想、文化和技术。中国也有像陈延祐这样的人才，因种种原因来到日本，在日本社会发挥了积极作用，为中国文化的传播做出了巨大贡献。这些文化媒介者的存在给日本带来了中国的无穷智慧与美。

在本文的案例中，透过14世纪从中国来到日本的一位文化媒介者及其子孙的贡献，可见中日之间绵延不断的交流中蕴含的中国文化。文化以祭礼的形式传播到日本各地。然后，这些文化与日本各地的风土和本土信仰相融合，并作为新的日本"独特"的传统文化得以创新，尽管在一些地区可能已经消失，但仍被传承至今。重新认识文化，打破日本文化的固化，并提出与当代相连接的文化越境的视点（如图1-7所示），这是本文所探讨的一个有趣的案例，即超越日本文化固化，从跨文化交流角度做出探讨。

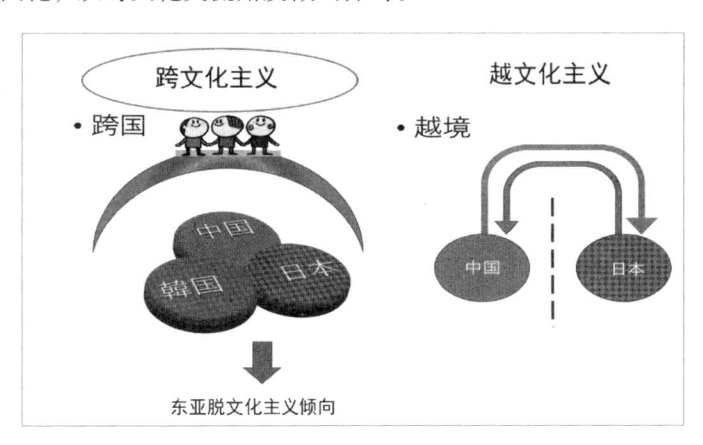

图1-7　东亚脱文化主义倾向的模式图②

以祇园祭螳螂山为轴心，通过考察14世纪作为文化媒介者的存在的陈延祐和陈大年及其子孙的活跃与文化传播，本文提供了新的视点，即打破日本文化

---

① 日本観光庁. 訪日外国人旅行者の訪日回数と消費動向の関係について」[EB/OL]. 日本観光庁公式アウェブサイト，2021-11-14.
② 本图为笔者所作。

31

的固化、与当代相连的文化的越境出发的融合,也就成为了一种可能。(标黄部分保留,请以此部分文字为准。)

作者:中村圭　岛根县立大学
翻译:刘雯　中国传媒大学
校订:祝力新　中国传媒大学

京町家文化再考——探索保存活用的途径

一、前言

日本的古都京都有1200年的历史,据传扎根于此的京町人家至少也有1000年的历史了。现在的町家的形态,是在江户时代中期以后确立的,但是要将普通百姓居住的町家建设起来,作为其基础的京都的形成是不可或缺的。因此,在日本被誉为最早的中世纪城市的平安京时代,"小屋"这一被视作现在京町家原型的居住兼营生的设施,鳞次栉比地建立起来。于是,町家林立的街道成了京都的代表性风景之一。然而,从20世纪70年代开始,京町家在现代化浪潮的冲击下,由于种种原因一直在减少。被拆除的房屋后面是高楼林立的水泥建筑,街道变得与京都的城市形象格格不入。在这种情况下,京町家作为具有极高历史和文化价值的建筑被人们重新发现,从20世纪90年代开始,京町家的保存和再生潮流开始活跃了起来。

平成十二年(2000),京都市发表了"京町家再生计划"。根据平成七年至十年(1995—1998)对保留在京都市内的、具有京都传统风格的木制建筑所实施的全面调查①,总结并推行了一项支持措施,京町家作为京都街道的历史文化的象征,至今仍在支持着众多京都市民的城市生活,通过评估其现代性功能、促进其再生,来支援个性化京都的生活、空间、街道建设的继承和发展。②

平成十六年(2004)三月,京都市对上述调查又开展了后续跟踪调查。这次的调查对象地区与上次不同,仅限于中京区及下京区的一部分,以上次调查的数据为基础,对调查地区内存留的约7000栋"京町家"实施了外观调查及问

---

① 该调查在京都市内二战前的街道化地域内,以带有传统结构、外观、户型格局、空间构成等特征的木造建筑为调研对象,根据此时期的调查,大约有2800栋"京町家"存留。此后的政策和调查,京都市交通局制作的"町家地图"(京都府立大学出版、宗田好史编修)就是在上述调查数据的基础之上展开的。

② 京町家再生プラン[Z]. 京都市都市計画局企画部都市づくり推進課, 2000.

卷调查。调查的其中一个项目以"京町家"的居住者（或者从业者）为对象，包含了对现在居住（或者作为商业所使用）的建筑物印象的问询。调查结果如图1-8所示。

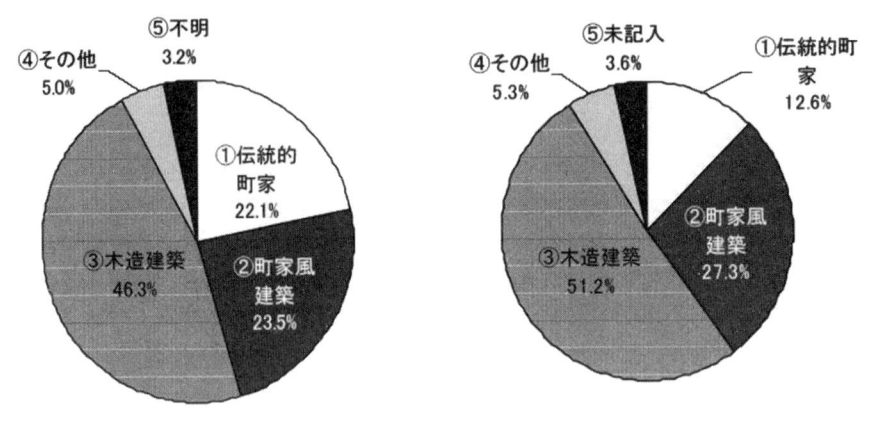

【平成十五年度调查】　　　　　　　　【平成七、八年度市民调查】

图1-8　京町家居住者等的建筑印象

出处：平成十六年（2004）三月京都市城市规划局《平成十五年度京町家城市建设调查报告书》。①

问卷回答的选项包括："①传统的町家""②町家风格建筑""③木结构建筑""④其他"。两次调查问卷都进行了同样的询问。结果显示，在平成七、八年度（1995、1996）的调查中，回答"传统的町家"的只有12.6%；而在平成十六年度（2004），选择①或②，认为自己居住（或从业）的建筑物是"町家"的不到一半，为45.6%，回答是木制建筑的虽然比前次调查略有减少，但仍是接近半数的46.3%，包括"町家风格建筑"的回答在内，认同自己居住在"町家"的人数上涨了0.7%。

在京都市以"京町家"建筑作为对象展开的调查之中，为何居住者（或者从业者）自身却并没有意识到"町家"这一事实呢？平成十一年（1999）的调查报告说明，这种现象是出于"居住者自身认为只有相当古老、规模巨大、外

---

① 京都市都市計画局. 平成十五年度京町家まちづくり調査報告書［Z］. 京都市都市計画局，2004：5.

观宏伟且至今还能维持商业形态的才是京町家"①，同时分析了"越是保存状态良好、规模大的京町家，对于京町家的自我认识的比例就越高。特别是外观保存状态良好的京町家自我认知比例高，居住者对京町家进行精心维护和管理的意识高"②。如此看来，如果认真思考"町家'风格'建筑"的话，反而会产生一些不自然的表达，这样的事实便可以接受了。

此外，在平成十六年（2004）的调查之中，与前次调查相比较，得知了仅此次调查对象地域内就有 927 栋京町家被拆除，占总数的 13%。换言之，事实上"京町家"每年都在持续减少。实际的"京町家"通过即将在后文所述的平成元年（1989）以后的扎实的市民活动，京町家所具有的文化和经济价值得以重新被审视。近年来，随着社会对町家的关注高涨，引发了超越以往町家功能的"町家热"现象，町家受到了来自日本全国的关注，现在被列为京都的观光胜地之一。如今，"京町家"以町家餐厅、町家画廊、町家咖啡馆等多种形式得以再生和利用。这不仅仅是一个建筑物的再生活用现象，实际上伴随着"京町家"的数量减少的同时，也暗示着京都的"町家"——"京町家"这一原有的语言意义和与其附带的"京町家文化"本身已经发生了变化。

本文回顾京町家的历史，同时探讨京町家保存活用的现状，在厘清"京町家热"来龙去脉的基础上，对京町家文化进行了重新考察。

二、"京町家"的建设经过与历史

现在，被称为"京町家"的建筑群，曾因谈及方式而导致其地域边界略显模糊，但大部分都是从明治初期到第二次世界大战前后，在过去被称为"洛中"地方所建造的木造建筑。如今，"京町家"的外表特征以木格子和虫笼窗③等为标志，其原型是在江户中期以后形成的，当时栈瓦④已经普及到一般百姓家中。京都在江户时代遭受了几次大型火灾，所以产生了同一时期建设大量住宅的必要性，为保障量产供给，将榻榻米、家具建材等进行规格化和标准化就成了其

---

① 京都市都市計畫局. 京町家まちづくり調查集計結果 [Z]. 京都市都市計畫局，1999：9.
② 京都市都市計畫局. 京町家まちづくり調查集計結果 [Z]. 京都市都市計畫局，1999：16.
③ 译者注：虫笼窗是町屋外观的特征之一，一般位于二楼，有木条间距较宽的窗口，形状类似养虫子的笼子，因此被称为虫笼窗。每一家的虫笼窗还会有不同的形状花边设计。虫笼窗不仅有町屋装饰作用，还可以让二楼的空间保持通风以及充分采光。
④ 译者注：横截面为波状的瓦片。单片瓦铺贴可以兼做平面瓦和圆形瓦。在日本江户中期制造，此后常被用于一般住宅。

显著特点。即使迁移了住宅，在下一个迁入地也可以重复使用门窗隔扇类，作为旧木材也更容易流通。另外，由于"京町家"是城市的商工人员密集、商住一体式的住居建筑，所以除了一部分被称为"仕舞屋"的、带有外墙的居住专用建筑以外，建筑的入口和外墙都是直接面向街道，与旁边的建筑紧密相连的。在京都，沿街形成了小同行街道，邻里相互之间有着密切的联系，相关行业聚居的倾向明显。在彼此竞争激烈的街道内，一家三代人要想持续经营下去，需要付出相当大的努力。居民的人员更迭颇多，仅以约定俗成无法维持社区和谐，为此"町组（街道协会）"制定了公共规则，除了日常生活和防灾方面的规则外，还对醒目的房屋建筑、出格子的规制以及广告牌等建筑相关方面也进行了限制。①

江户末期的元治元年（1864年）的禁门（蛤御门）之变②中，堺町御门附近起火蔓延成大火，3天之内将京都街道烧毁殆尽。这场被称为"大火烧（或称铁炮烧）"的大火烧毁了北起御所周边，南至御土居竹薮周边，东起寺町，西至堀川，约800个街道和27517座房屋。③ 1868年明治维新，次年迁都东京，大批日本贵族"公家"和一般市民工商业者与天皇一起从京都迁出，环绕京都皇宫的"公家町"也随之消失。如此一来，从幕末到明治初期，京都经历了大规模的混乱，明治维新后再从"大火烧"中完全再生变得极其困难，但从江户时代延续下来的"町组"成为包括工商业振兴在内的都市再生的引导力量。从现存的明治初期的照片来看，各个房屋的外观并没有发生大幅度变化，而是形成了均质相连的街道，可见逐渐再生的样子。当时，最早再生、至今现存规模最大的是在绫小路通新町西入、经营绸缎屋的杉本家，该建筑于明治三年（1870）重建，拥有以虫笼窗为特征的中二层建筑，完整地继承了江户以来大店格局的"表屋造"④，展示出了大规模商家结构的典型，无论是技术性还是设计

---

① 京町家作事组. 町家再生の技と知恵：京町家のしくみと改修のてびき-［M］. 東京：学芸出版社，2002：16.
② 译者注：禁门之变是1864年8月20日（元治元年7月19日）发生在日本京都的武力冲突事件，又被称为蛤御门之变。政变中长州藩及尊皇攘夷派势力被逐出京都后，长州藩以排除会津藩主、京都守护职松平容保等人为目标，派兵进入京都，在京都市区内与幕府联军进行激烈的巷战的事件。
③ 高橋康夫，中川理. 京・まちづくり史［M］. 長崎：昭和堂，2003：51.
④ 一种18世纪为提升和充实町家的居住性能的方案。这是一种住居结构，"店栋"面街，与此区别的是背面的"居住栋"，将"店栋"和"居住栋"连接起来的是"玄关栋"。现存的町家大店全部是这种形式。（杉本秀太郎，中村利则. 京の町家［M］. 東京：淡交社，1992：183.）

性都十分优越（如图 1-9 所示）。

图 1-9　绫小路新町西入 杉本家

明治四年（1871），京都府颁布了"三层四层建筑之义也可随意行事"的布告，自此以后，传统的中二层建筑的虫笼窗外观发生了变化。明治初期，部分用于经营的商户开始与洋房毗邻而建，并在临街添加了煤气灯等西方风格的装饰，一般的带有虫笼窗的江户时代风格却几乎没有发生变化（如图 1-10 所示）。

图 1-10　煤气灯

此后，随着时代的变迁，过去商住一体的形式开始被打破，建筑风格和使用方法也逐渐发生明显变化。到了明治后期，把表二层加高变成本二层的木造建筑开始不断加盖。位于新町六角下的吉田家建于明治四十二年（1909），在加高了的二楼表面用千本格子代替了土涂的虫笼窗。祇园祭之时，为了使人们能够从真正的居室化的二楼来观赏山鉾巡行而采用的精心设计。另外，二层设置了用于表演等的舞台，可以窥见町人大众的风雅生活（如图1-11、1-12所示）。

图1-11　新町六角下 吉田家外观

图1-12　二层的夏季装潢

这个时期，建筑外观上出现了变化，不再做生意后，专为居住而建的住宅被称为"仕舞屋"，这种建筑沿街建起高墙，进门后隔着前院设置主屋，建成了大墙围合的样式（如图1-13所示），建筑风格逐渐多样化。此外，商业信息的西洋风格木造建筑与红砖造成的牢固西式建筑，也开始增多了。[①]

---

① 大場修.近世近代町家建築史論［M］.東京：中央公論美術出版，2004.

图 1-13　町家的几种房屋类型①

大正九年（1920），《城市街道建筑法》和《城市规划法》颁布，外墙和屋檐后面有可能被火灾波及的部分受到防火结构的限制，木栅等传统施工方法开始受限。② 至此，店铺结构变成近代化风格，店面用花岗岩铺贴腰线，其上嵌入黄铜管子的格子，建筑样式整体开始产生变化。这种建造于大正末期到昭和初期的建筑，是"京町家"的最后一种建筑风格。

以上是外观上的历史变迁。这些建筑物剧增的原因，在于第一次世界大战后，日本经济发展，京都开始城市化进程，地方人口涌入京都。从大正末期到昭和初期，住宅建设向京都的东部和北部扩展，作为富裕阶层的地主们开始以10~20户的中等规模单位来建设和经营房屋租赁。③ 地主们在自己的土地上修建从大街通往里面的小路，把土地细分拆割，建造了大量的租房，为日益增多的城市工人提供住所。④ 在这些长屋建筑的出租房里，主要居住的是工匠和在附近商户工作的劳动者。所谓长屋建筑，主要是将一栋建筑用墙壁隔开，作为一个

---

① 京町家作事組. 町家再生の技と知恵：京町家のしくみと改修のてびき［M］. 東京：学芸出版社，2002.
② 上田篤，土屋敦夫. 町家・共同研究［M］. 東京：鹿島出版会，1975：376.
③ 上田篤，土屋敦夫. 町家・共同研究［M］. 東京：鹿島出版会，1975：375.
④ 日本京都的五条坂、清水街道、二年坂等紧密排列的、同样形式的木造建筑群，就是这样建造起来的。

单独的住所，以较为简易的住宅居多。① 另外，在表屋造的商家中，从图上看正好是虫笼窗部分的临街二层部分，成为晚上从地方出来住在东家里的佣工们的卧室。通过笔者本次走访调查的实际取例可以得知，中京的大规模商家每户有数十名佣工居住。在西阵地区的典型的织屋建筑中，在明治时代，此处也是作为7~10人的佣工共同起居的场所而使用的。

除此之外，由于明治时期以后西阵织②产业的发展，西阵地区"京町家"的建设与中京区、下京区的商业地区拥有了不同的历史推移和空间展开路径。明治维新后不久，由于迁都东京，西阵生产的高级纺织品的主要客户——天皇、贵族和有权势的商人离开京都，西阵陷入了严重的衰退危机。因此，为了使京都恢复为近代工业城市，京都府对西阵采取了积极的举措，派遣西阵的工人到法国里昂等地工作，积极学习西方技术、谋求生产革新。此后，工人们将提花机和织机③等手持机和力织机等的生产技术带回日本，极大地提高了西阵的纺织品生产能力。明治十三年（1880），在西阵的个体户工人之中，首次引入提花机。从明治维新开始，日本经济长期不景气，曾经规模较小的个体户，大部分从织造源头和工厂主那里获得原料，成为织造的代工者，阶级分化的加剧和分工确立了生产体制。有实力的个体户想要留住更多的手艺好的织造代工，就需要去租房、拥有织布机、采购原材料。一台织布机约宽2米、长5~6米、高3~5米，因此，为了能够在室内放置数台机器，建造了大量与居住部分不同的、具有开阔空间的木结构建筑，这种建筑被称为织屋建。明治后半期，由于经济复苏，西阵织的生产量扩大了，织屋建筑的户数也在急剧增长。

在织屋的建筑物的工作场所，为了稳定地设置大型力织机，将机器绑在被称作"太鼓梁"的房屋大梁上，利用原木大梁自然形成的弓形来吊装滑轮，可以吸收力织机运动时的振动。另外，由于有的织物需要适当的湿气，很多情况下都是在土坯房中设置并使用这些机械。虽然天花板有几个采光的窗户，但内部仍有些昏暗。然而这种采光对避免织物被晒伤来说则是适合的，对于织物制作是一个很好的功能性设计。

另外，参与西阵织的织造以外的其他工序的人，虽然不需要很大的空间来放置织布机，但由于传统技法是通过学徒制度传授的，师傅在自己家目光所及

---

① 面向街道的"表屋造"的木制建筑，乍一看是连在一起的，实际上是一栋一栋独立的居住形式，其建筑方法各不相同。
② 译者注：西阵织，织物名，日本国宝级的传统工艺品，在织品界享有盛名，以多品种和少量生产方式为其特色，因其出产于日本京都的西阵地区而得名。
③ 这里指法国人Jacquard发明的提花机和英国人John Key发明的织机。

的范围内有一间较小规模的长屋租房，正面由师傅居住，租屋则由弟子居住。在这种聚居的环境背景下，从西阵的生产方式来看，存在着一种阶层规定的关系，与城镇格局的形成过程密切相关。在街道之中，几家有权势的织造屋来轮流担任街道内的职务，面向正面的房子和建在背面的房子所缴纳的街道费也有所差别。[1]

除了少数例外，这些"京町家"的新建样式持续到昭和十年（1935）左右。第二次世界大战后，日本在昭和二十五年（1950）制定了新的建筑基准法，由于防灾等原因，"京町家"被列为既存不合格建筑。因此，在京都市内去建造全新的"京町家"，实际上已经不再可能了。[2]

三、京町家的特征

上节中介绍了京町家在外观上的历史变迁，本节将以京町家典型的表屋造为例，介绍京町家的主要特征，即外观和内部结构。

（一）外观

出格子：表屋造一般以商家居多，采用职住一体的并用住宅。出格子的形式，可以使过往的顾客可以对店铺做什么生意一目了然。例如，有煤铺格子、酒铺格子、米铺格子等。图1-14是线屋格子，经常被用于丝线店、纽扣店、和服店等与纤维行业有关的商店中。

图1-14 线屋格子

---

[1] 二战后，日本国内逐渐实行租房和自有房屋化，街道内的运作方式也不再区别正屋和背屋，街道委员需有人来承担相关工作，会费的差别也消失了。住生活研究所. 甦る都市：職人のまち西陣から新しい市民のまちへ [M]. 東京：学芸出版社. 1995：23-24.
[2] 京町家作事組. 町家再生の技と知恵：京町家のしくみと改修のてびき [M]. 東京：学芸出版社，2002：17-18.

此外，在京都的城镇中，道路与道路之间形成一个"町"的街区。即两侧街。穿插在町家之间的道路，也可以说是公共场所。格子有一个特点，从里往外看得清楚，而从外往里则看不见。这就像法国思想家米歇尔·福柯所说的"全景效应"。也就是说，这种仿若被无视又仿若被关注的格子，使得来自格子对面的视线在起到防止犯罪效果的同时，也具有敦促人们保持被观察的意识而产生自我规制的功能。

虫笼窗：因外形像虫笼，故称"虫笼窗"（如图1-15所示）。这是一种用漆涂装的窗户，多见于厨房二楼。在火灾频发的江户时代，作为防火手段被广泛使用。

图1-15 虫笼窗

上节中提到，虫笼窗的高度随着时代的变化而升高（如图1-16所示）。

图1-16 京町家的外观的变迁：江户时期、明治时期至大正时期、昭和初期

(二) 内部构造

图 1-17　町家房屋平面图（笔者绘制）

图 1-17 是一般的京町家的平面图。作为京町家的房屋，其建筑特性有很多，但其特征基本上是"店间、厨间、里间"的三室结构。商店和厨房是町家职住一体性的体现，在一个房屋中，作为工作场所的商店和作为生活场所的厨房共同存在。店间深处是作为私密空间入口的玄关，还设置了作为迎客场所的里间。与其并列的连庭（店庭、廊庭）随之相连，前面则多设有内院。整体而言，京町家的门面窄、纵深长，被称为"鳗鱼的寝室"。连庭（如图 1-18 所示）由店庭和廊庭组成。从玄关进去马上就是商店的房间。一般性的客人接待和商业买卖即在此处进行。店庭的深处有一间厨房，那里是家人和亲戚吃饭的地方，最里面的内客厅（如图 1-19 所示）只有重要的客人和与家人极其亲近的人才能进入。内客厅的后面有一个内庭花园（如图 1-20 所示）。此外，店庭和廊庭之间，用一块门帘隔开（如图 1-21 所示）。门帘的里面意味着私人空间，

43

由此将公共空间和私人空间清楚分开。其房屋结构体现出了当时的人际关系和交往方式。

　　日本的町家的布局是假定继承家业的家主夫妇居住的，所以采用了不均等的房间安排形式。相比之下，在中国，"房"基本是均等的（兄弟之间对等），所以中国四合院的布局采取的是均等布局的形式。

图 1-18　连庭

图 1-19　内客厅

图 1-20　内庭

图 1-21　用门帘隔开的公共空间和私人空间

四、"京町家热潮"的到来

战后，由于日本法律法规的限制，"京町家"不再新建，因而在不断减少。另外，在经济高速增长和现代化的社会背景下，作为"京町家"硬件部分的建筑的外观与内部，被反复不断重新装修改造，作为软件部分的生活方式也逐渐发生了变化。

但是，"京町家"作为学术研究对象开始受到关注是在 1965 年左右。当时正值日本国内经济高速增长时期，随着高楼大厦相继建设，在日本国内对景观的呼声渐高。日本在全国范围内开展了民居紧急调查工作，其调查结果显示，具有历史价值的民居被指定为重要文化财产,越来越多人意识到,"不仅是寺院佛阁等,民居也是珍贵的文化财产之一"。受到这些潮流的影响,"町家"的学术性研究的兴起从建筑学的切入点开始,"京町家"作为"京都的町家"成为研究的对象。建筑系出身的学者三村浩史、上田笃、岛村升、铃鹿幸雄等人,从"京町家"的功能性和街道社区的关系等角度出发,扩大了研究视野,在这种情况下,学术界提出了各种关于"町家"的定义①,从学术角度出发的、以建筑学为中心的"京町家"的研究内涵得以固定下来。

日本进入平成时期后,"京町家"开始迅速受到关注。平成二年(1990),黑竹株式会社的黑竹节人社长将新町街的老旧传统町家改造成了京都的日本料亭"百足屋"(如图1-22所示)。该商店开业以后,NHK、各大报社和杂志等媒体纷纷进行报道,"京町家"受到了人们的关注,"使用町家来做生意"的构想,在从事餐饮业和零售行业的商家之中逐渐普及。②

图1-22 日本料亭"百足屋"

平成三年(1991)以后,京町家的商业利用,特别是作为饮食店和零售业的使用急剧增加。

平成四年(1992),随着日本泡沫经济进程的加深,在经济价值优先的情况下,出于对传统町家和历史性街道消失的忧虑,许多建筑家、知识分子、工匠和町家的居住者聚集在一起,成立了京町家再生研究会(现为NPO法人),并

---

① 上田和土屋(1975)对町家的定义是"临街、鳞次栉比的城市独栋住宅"。此外,关于町家和町屋的表述区别,大体上一般都写着"商家",定义没有严格的区别。大场(2004)认为:"在城市史研究中,根据文献史料,多使用'町屋',但按照笔者的惯例,使用'町家'。"
② 黑竹節人.よみがえる京町家くろちく[M].京都:光村推古书院,2004:24.

展开了活动。平成七年（1995）一月十七日，日本阪神淡路大地震发生时，京都也发生了五级的地震，对当地造成了相当大的影响。当时，京町家再生研究会正在着手重振中京区的大规模传统町家。地震发生当天，有的町家的墙壁掉落，仅剩房屋的木结构。有关人员在地震后心怀忧虑最先赶到现场。然而，当看到仿佛没有经历过地震一般、仍坐落于此的町家建筑群，人们更加坚信了町家由于取自天然树木的房梁的柔韧性而具有可靠的强度和抗震性。① 地震之后，得以重建的町家餐饮店盛大开张，销售额远远超出了当初的预期，被杂志和媒体频繁报道，取得了巨大的成功，成为拉动"町家热"的重要牵引力之一。从平成六年（1994）到七年（1995），以京都大学和京都府立大学的研究人员、京町家再生研究会为中心，由丰田财团资助，开展了在本文开头所述的、关于现在"京町家"基础数据的全面调查。

此外在西阵，几乎与此同时，"町家俱乐部人际网"也开展了活动。摄影师K先生，曾决心"入住町家"，他拿着西阵地区住宅地图，用了大约两个半月的时间，开始寻找适合的、可以居住的空房子。据说他有时还会被住在附近的人当成可疑人士并报警，受到警察的盘问。他挨家挨户寻找空房，走访房主，足迹遍布100多家民宅，一位西阵妙莲寺的僧侣朋友给K先生介绍了"京町家"空房，K先生开始修缮该町家，作为工作场所兼住所使用。报纸等媒体报道了这一消息后，收到了很多想同样使用"京町家"的人们的咨询，K先生家中连续一周内，每天接到六七十个电话。K先生想，与其如此，不如直接将感兴趣的人召集到一起，向他们介绍自己的经验，于是他便举办了聚会，果然聚集来了六七十人之众。平成八年（1996），根据先前的经验，有两位热心市民发现西阵有很多町家的空房子，便开始作为介绍人，在房主和希望居住在町家的租房人之间斡旋，坚持不懈地与房主交涉，并成功促成了约130家"京町家"的租赁合约。据悉，租方大多是年轻的"艺术家"。K先生将"艺术家"定义为"通过从事自己感兴趣的工作，从零开始创造事物，拥有自己的品牌，拥有艺术生活方式的人们"，其中包括小说家、网络设计师、自己收集零件并自行制作很酷的自行车的年轻人。对他们而言，之所以居住在"京町家"，是因为这里可以创作、展示并销售他们自己的作品，租金比起普通租屋更便宜，而且房子空间开阔，便于作品的创作和展示。西阵自古以来就有工匠们的器械之声回荡，即使发出一些声音，也是能够被温暖的土壤地面吸收回音，这里是能够包容并培养创作的地区，艺术家可以全身心地投入创作中；即便将来成功后设立公司，

---

① 根据平成十六年（2004）5月24日笔者的走访调查整理而成。

也不会像一般公寓那样受到限制，这里可以自由进行法人登记；因为置身于城市之中，方便获取创作所需的原材料，作品的寄送等方面也很方便。町家不仅拒绝被各种各样的功能性绑架，在"京町家"的生活之中，也能够敏感地感受到四季的变化。在建筑物的维护和修理上花费时间和精力所造就的环境，能够刺激艺术家对创作的感性情绪，很多人都因此认为这里十分具有魅力。① 于是，住在西阵的艺术家逐渐增多，自然而然地建立起了活动团体。媒体也将西阵作为"艺术家之街"频繁报道，从事相关活动、表达支持的人也开始逐渐增多。在活动开始大约4年后的平成十一年（1999），支持有效使用町家的团体"町家俱乐部人际网"成立。该团体还与美国纽约州皮克斯基尔市（Peekskill）促成了友好关系，并发展成市民层面的国际交流。

　　同年（1999）四月，京町家再生研究会的实践部门以町家维修改造为目的，成立了京町家工作小组，以共享町家意识认同为目的的京町家友会也成立了。平成十四年（2002）成立了京町家专门以房地产流通为目的的房地产信息中心，同年11月，这些活动的母体——京町家再生研究会获得了NPO法人的资格认可。各个组织的活动相互协作，形成有机的联系，便于进行细致的应对。平成十七年（2005）六月，以这些市民团体为中心，在京都进行了为期两天的全国町家再生交流会。在交流会上，除了来自日本全国各地致力于町家再生和继承的市民活动团体和普通参加者之外，也有很多研究人员和行政负责人参加，通过这些草根市民活动，向日本全国宣讲了传统木结构房屋的重振方案。现在，不仅在日本国内，印度、尼泊尔等世界各国也都有考察团前来参观，可见其活动开展之广泛。

　　随着热心市民团体活动的开展，围绕"京町家"的系列工作开始活跃起来，政府行政方面也着手开展调查工作。但是，据相关人士透露，对大多数的普通京都市民而言，"京町家的保存与再生的活动"被广泛认可，是从平成九年（1997）京都市"京町家城市建设调查"开始的。这项调查开始之际招募了市民志愿者，与当初的预想相反，约有600人报名。由于这是一次难得的机会，所以全体人员都参加了数次调查中的具体环节。在每个开展调查的地区，不管是不是"京町家"的居住者，都在街道内传阅板报，让居民事先知道"京町家全面调查"的概要与调查的时间。在调查实施当天，许多戴着统一袖标的志愿

---

① 根据平成十六年（2004）10月18日笔者对町家俱乐部小针刚先生的采访整理而成。小针刚先生的故事是他本人长年走访西阵地区的故事集合，非常有趣。本文的前半部分关于西阵地区的概要，大部分是根据小针刚先生的故事生成的。

者一起在同条街道内整日进行外观调查,在同一地区步行开展调查,声势浩大、反响热烈。

平成十二年(2000),京都市以此调查数据为基础,制订了本文开篇所述的"京町家再生计划"。另外,全国区级的大众媒体也频繁地制作了关于"京町家"的特集①,呈现出了所谓的"京町家热潮"。对町家的再生活动也变得多样化,除了画廊、餐饮、零售之外,老人日间看护中心、儿童保护设施、选举事务所等事业用途也得到了开发。近年来,日本政府开始采取保护"京町家"的措施但并非仅针对"京町家"进行特殊保护,而是适用于全国城市残存的历史性木制建筑的整体方针。日本以国土交通省为中心,正式开始扩充"京町家"的保护政策。2001年,政府的城市再生总部决定,"对于以京町家为代表的城市中心街区的建筑物,应在谋求继承传统外观和提高居住性能的同时,强化其再生和活用的措施"。2003年和2004年,日本的建筑基准法做出了部分修改,对以前的传统施工方法的抗震防火性进行了重新评估。2004年12月27日,日本发布了《城镇房屋的再生和利用指南》,提出:"利用传统建筑方法,如城镇房屋的再生和利用建成的木造建筑物,有效建设良好景观,振兴地域。"不仅是一栋栋建筑物的改造,而且是利用町家来重造城市街道。② 二战以后,作为既存的不合格建筑而逐渐消失的"京町家",出现了保存和再生的新动向,从以京町家再生研究会为代表的草根市民活动开始,最终对日本的国家政策产生了巨大影响。

五、"京町家"的现代意义

那么,在经历了这股"京町家热潮"后,进行了多种再生利用直至如今,"京町家"一词所具有的意义究竟发生了怎样的变化呢?在回答这个问题之前,让我们先来分析一下本文开头所述问卷调查中的一个问题:"传统的町家"到底指的是什么样的町家。如前文所述,平成十年(1998)的调查结果显示:"人们认为,只有相当古老的、规模大的、外观雄伟、至今还能从事商业经营的才是

---

① 平成十六年(2004)七月,同志社大学社会调查实习"京町家研究"的6名学生,经西阵町家的南进一郎先生介绍,随行《读卖新闻》的"西阵观光特集"节目的采访。据当时的记者报道,"町家热潮在两三年前(平成十三至十四年)达到顶峰,现在可能稍有下降"。理由是,京町家特集在两三年前是全国报纸的特集,而如今则变成了地方报纸的内容。

② 《京都新聞》晨刊2005年1月13日报道。

京町家"①,"保存状态良好、规模大的京町家,对自身是京町家的自我认同比例越高。特别是从外观保存得越好的京町家认同占比越高可以得知,一直精心维护管理的京町家的居住者的意识很高。"② 但是,这种将采用传统施工方法建造的木制建筑全部称为"京町家"的做法,遭到了自古以来在京都居住的人们的抵触。随笔作家麻生圭子也是"京町家"的居住者,在她所著的《在东京长大的人的京町家生活》的开篇部分,讲述了她在平成十至十一年(1998—1999)期间,寻找居住用的"京町家",在中京区发现了一间有格子结构的空房子,并直接向屋主请求租借房子,他们当时有如下的对话:

  房东:町家,是什么?
  麻生:嗯,那个嘛,因为听说您就是那间空房子的房东。
  房东:我是不是房东,这无所谓。我想问你什么是町家。
  麻生:啊?那个,就是在那样的老街区里,门面带有过去的格子的民家……
  房东:民家?咱不知道是民宅还是町家,像你们这种外来人呀,擅作主张地随意取名吧。我们京都本地人可不会那么说。

  上述对话的发生距今已有一段时间,得益于全国区级的"京町家热潮",经报纸等媒体以及各城市的宣传,"京町家"这个词,只要是住在京都的人们多少都会听到几次。在这次我们的调查中,京都出身的信息提供者,仍偶有一些人对"京町家"这一词语表达表示不能接受。本来,对京都人来说,"町家"是指生意成功后搬到气派的"表屋造"并开设店铺的人,常出现"那个人,搬到町家去住了呢,真是勤劳致富"诸如此类的表达。举个通俗易懂的例子,在明治时代,乡下的少年来到京都这样的大城市,在大规模的商家做起了寄宿学徒佣工,这是一种普遍的就业模式。学工在那里拼命地学习,长时间地工作,且勤奋努力向上,就可以从主家另立门户。于是,学工终于拥有了自己的店铺,在同行聚居的附近地区租下店铺开始创业。随着生意的兴隆和规模的扩大,佣工也越来越多,房子变得拥挤,于是需要再找一个价格适中、稍大一点的店铺

---

 ① 参见平成十一年(1999)六月京都市城市规划局发布的《京町家街道调查统计结果》第9页。
 ② 参见平成十一年(1999)六月京都市城市规划局发布的《京町家街道调查统计结果》第16页。

搬迁，如此反复来扩张生意规模。① 也就是说，对在中京区等地经营和服生意的人来说，终有一天搬去室町街或新町街是其奋斗目标。而对西阵的生意人而言，拥有千两辻的房子才能被称为"町家"。总之，拥有表屋造结构的传统町家、职住一体型的店铺，才是他们的终极梦想和奋斗目标。也就是说，住在"町家"对京都的商人来说是成功的最终形态，从这个意义上而言，"町家"又是一个暗含着过去残留的等级制度的词语。以一系列的保存和再生利用为目的，京都市等城市将战前市区内所有具有传统风格的木造住宅均定义为"京町家"，并制订了"京町家再生计划"。大众媒体趁此热潮纷纷报道"京町家"的精妙之处。即使如此，对于"'京町家'就是'京都的町家'"与"'町家'有着同样含义的'京町家'"等语言表述方式，至今仍有部分京都市民感到不满。那些阴暗、陈旧、脏乱、随处可见的老旧建筑，不知什么时候突然华丽转身成为"京町家"漂亮品牌名称，似乎使人感觉极不合适。町家回归现象出现，町家成为将原本分散的家人重新聚拢在一起，这样的例子很多。在本文开篇所述的图1-8的问卷调查中，回答自家房子是"③木造建筑"的人，对"京町家"这一表述方式最为抵触和疑虑。宗田②（2002）认为，"对京都人而言，京町家仿佛是一种近乡情怯"，"不管是否愿意，生活在传统中的他们，正因为传统就在身边，所以感到沉重而厌恶，但是，同时又有一种无法言说的、发自内心的喜欢，无法割舍。'京町家'正是折射了京都人对传统文化的内心想法"。然而，在京都人中，虽然有人在顽固地抵制此前从未被冠以称呼的老建筑为"京町家"这一表述，但在事实上，由于他们自己的房产被定义为"京町家"，很多人开始重新认识到其作为文化遗产的价值，同时热烈欢迎以租客和游客为中心的更多商业机会。实际上，在本文开篇所述的平成十五年度（2003）的追踪调查问卷中，填选"①传统町家""②町家风格建筑"、对自身居住（或使用）的木造房屋有"町家"认知的人，与填选"③木造建筑""④其他"、没有"町家"认知的人进行比较，可以发现后者认同土地资产价值的人较多，而前者则更希望未来能够积极地维修保养老建筑。重要的是，五年来认同"传统町家"的人增加了9.5%（9.5%的具体构成尚待进一步分析），可以认为"京町家"命名带动了对建筑的维护和保存的意识的逐渐渗透。③

---

① 小島正子，木島始，小島徳造，等．ある京町家の100年［M］．東京：透土社，1999．
② 宗田好史．京町家の再生とまちづくり［J］．造景，2002（35）：27-33．
③ 参见平成十六年（2004）三月京都市城市规划局发布的《平成十五年度京町家街区建设调查报告书》第18页。

如此一来，一方面，由于草根市民活动和行政的介入，通过"京町家热潮"的现象，"町家"一词原有的意义发生了改变。为包含新意，将"町家"冠之以"京"，形成了"京町家"这个词语，衍生为一个新品牌，并得到了日本全国的认可。另一方面，虽然京都本地人仍心怀着抗拒和疑惑种种复杂情绪，但作为京都的"町家"的"京町家"被新的"资本"裹挟其中，加之京都以外的多方力量的介入，最终成为一股新的浪潮，共同汇聚成创造新"京町家文化"的原动力。

六、京町家的再生利用创造地域文化

随着"京町家"品牌的创立，如今居住在此的人都希望通过一点一滴地重建腐朽老化的空房来获得乐趣。对那些住在现代社会同质化城市中的人、因工作调动而没有特定故乡的人而言，不管他们是否曾有在"京町家"居住的个人体验，"京町家"都让他们感受到了思乡的情怀，"京町家"便具有了"幻想中的故乡"的功能。每一栋"京町家"都蕴含着每家每户的历史，包括曾经居住在那里的人们的故事以及包容着"京町家"的街坊邻里。特别是对"京町家"有热衷情结、新迁居到此的人们，兴高采烈地讲述他们入住的"京町家"的过往，怀想曾经住在这里的人们的生活，甚至谙熟"京町家"面向的街道社区的历史，仿佛新的"老家"诞生了。他们异口同声地串联起了"历史"的碎片，亲手编织着全新的"故事"。现代社会之中被切断的人与人之间的羁绊、个体的孤独赋予了"京町家"再生的机能，可以从中发现各种各样的"连续性"。被称为"艺术家"的"现代的数寄者们"，正在创造当下的、全新的"京町家"文化、历史与故事。

图 1-23 织屋建餐厅

图 1-24　友禅染工房町家画廊

于是，曾经冷眼旁观町家华丽重生的近邻们的意识也开始一点点地发生变化，两者之间的关系也开始产生了缓慢的变化。西阵的千两辻地区历史悠久、商家林立，重建的町家"町家 de Ho""京町家照相馆""吉村塾"就成了催化剂。它们与该地区代代相传的世家"木村卯兵卫家""富田屋"等一起，于2003年9月23日举办了第一届"传统文化节西阵千两辻"。虽然该活动是小型手工祭典，其参加者都是住在以大宫路为中心的三个街区内的20多家小店，但瞄准了平时不对外开放参观的传统町家和庭园，超过5000名游客来此观光（如图1-23、1-24所示）。以"京町家"为中心，不仅作为经济复兴的支点，作为推广面的社区活性化成功事例，也引起了政府行政部门和观光行业的关注。平成十八年（2006）三月，京都市上京区为"传统文化节西阵千两辻执行委员会"颁发了奖状。"传统文化节西阵千两辻"延续至今，成了该地区的新"传统"。

七、京町家的文化转型

在讨论"京町家"的文化转型之前，首先要对京都的传统町家流传的文化作简要说明。关于传统的町家文化，从受到茶道浓厚影响的"数寄町家""数寄文化"[①] 的角度出发，以建筑史、文化史的见解，涌现出了大量研究成果，这也是至今仍吸引着很多人的"京町家"所附带的巨大魅力之一。传统的町家建

---

① 译者注："数寄"是日本审美意识的一种，其内涵随着时代发展有不同的变化。到了日本江户时期，"数寄"是日本茶道的固定用语。明治时期将实业家型茶道家称之为"数寄者"。

筑的特征之一，是坪庭和茶室等凝聚了数寄和禅等要素的空间。

传统的町家，用来做生意的"表屋"建造得相对简朴，但越往内部走，往往建造得越奢华。比如，明治二十年（1887）建造的、位于西阵千两辻的北原家建筑，走廊用松木做成黄莺装饰，里屋客厅的地板则用了整张的榉木板，在书院样式的错落架、地板柱和地板槛上，奢侈地使用沉重的黑柿木和黑檀，好几个大板门使用了整张的吉野杉，木纹整齐排布，体现出了统一感。不仅是材料本身价格昂贵，在设计上也凝聚了独特的匠心，极尽奢侈的布置仿佛昭示着明治后期京都西阵的繁荣景象。有一个词叫"普请道乐"，意思是家中触手可及之处，皆采用珍品材料、凝聚独特匠心、投入大量财力，以满足人们的"道乐"趣味，创造出"传统的町家"。当时，中京区和西阵对"传统町家"的嗜好略有不同，西阵的町家更注重外观华丽的设计和材料。在大正时代，町家的主人购置了比日本当地木材更昂贵的美国松木，用于里屋客厅的装饰；从当时的台湾买下树龄超过千年的台湾扁柏，用于家装的奢侈享用。这些都是在今天无论耗费多少金钱都很难寻觅的珍贵材料，因此，人们一直呼吁"京町家"硬件部分有巨大的文化财产价值和保存价值。然而，真正存留和传承的，并非是有了明显变化的硬件部分，而是传统町家在日常生活中的生活方式和日常习惯等软件的部分。京都被群山与河流包围的地形，让人感觉离自然更近。随着二十四节气的变换，各种各样的生活惯例、传承行事、风俗习惯存在于普通的"京町家"的生活之中。家中供奉有多个神明，如生意兴隆之神、岁德之神、厨房的布袋神等，这些神明的祭祀活动，过去曾经是作为一家之主的男性来做的。现在家中的敬神规矩被保留下来，家人们细致地遵守着这些规矩，通过有意识地守护而将其继承下来。曾经日常的风景变成了特别的仪式，在现在被公开展示，衍变为有观赏价值的文化。

高桥的分析指出："京町家的内部空间，采用与正面道路远近相适宜的层序构造（正面—内部—深处·背面），这是基于居住空间形成的原理。""相对于临街的'生意空间＝正面'，对应的是'居住空间＝内部'，更引人注目的是对背面空间的利用，这成为内租屋、里客厅、数寄的草案等场所。町家的深处构造，折射出了'町'的社会结构，背面构造则反映出了'町'的文化结构。"[1]

平成二年（1990），自称传统建筑家的黑竹节人先生在重建"百足屋"时提到了这种文化模式："在几乎从不让客人进入的传统町家的内客厅，以主人的心情喝上一杯，晚饭吃京都家常菜，再搭配上副食。"如图1-25、1-26所示，

---

[1] 高橋康夫，中川理．京·まちづくり史［M］．京都：昭和堂，2003：151.

从"百足屋"的内客厅和"店之间"的使用情况来看,曾经铺装昂贵的京町家,如今普通人也能享受到。这是由于京町家曾经拥有的文化作为资产被商品化了,传统的"京町家"的文化构造发展成文化消费的形式。

图 1-25　内客厅的使用

图 1-26　"店之间"的使用

另外,在硬件部分中,收敛为过去的一种形式,且升华为究极之美的"虫笼窗"和"线屋格子"等,也作为部件被单独摘出,再次作为设计来重新构筑,成为如今也通用的一种审美,在现代建筑中作为设计元素来使用。这些在二战后曾被认定为不合格建筑物而被遗弃的"京町家"得到了重生,正在新的浪潮中复兴。

八、结语

如上所述,"京町家"的样式,是在日本平安迁都之后经过1000年的历史中形成的,在江户时代成为一种形式后,不断汲取同时代的各种要素,再附加上各种功能性,始终处于发展变化之中。举例来说,明治初期以煤气灯为原型,汲取了西洋元素的样式,到了明治后期则变成本二层的建筑,以花岗岩镶嵌外墙腰线护板，町家的外观不断变迁至今。在现代，"京町家文化"在探索各种各样的再生形式的过程中，吸收了现代的房屋功能和审美，在保持与过去设计的协调平衡的同时，不仅是房屋的硬件部分，房屋的软件部分也在保持流动性的同时，始终以旺盛的生命力谱写人与自然的和谐。

正如我们所见，进入平成时代以后，围绕京町家再生的各种动向，给日本社会的方方面面都带来了影响。首先，超越了以往存在的"町家"这个词的概念，"京町家"这个品牌诞生了。其次，京町家房屋结构中的扁平化的空间，模糊了京都的阶层性。最后，通过对京町家的再生利用，"京町家"作为文化资产得以商品化，成了可以被消费的对象。

回顾京町家的历史，每一次大的变动期，都要伴随着外部和内部结构的变化，生活文化也随之发生转型。那是人们在适应自然环境和社会环境的同时所创造出的文化。如今，京町家正面临着"现代化"浪潮的冲击，面临着不断减少的危机。但是，人们为了继承传统文化，不断地贡献智慧，付出脚踏实地的努力，不断开展各种活动。如果按照时代的发展来表达江户的京町家文化、明治的京町家文化、昭和的京町家文化、平成的京町家文化，那么今天的日本令和时代的京町家文化，可以说正处于创造的进程之中。

作者：逢军　琵琶湖学院大学
中村圭　岛根县立大学
翻译：祝力新　中国传媒大学

《雁塔圣教序》的左右展开与修正线

《雁塔圣教序》，是永徽四年（653）褚遂良楷书之作。石碑嵌于西安慈恩寺大雁塔南门左右两侧所造壁龛内，左龛有《雁塔圣教序》（下文简称"序"），右龛有《雁塔圣教序记》（下文简称"序记"）。通常，《雁塔圣教序》作为"序"和"序记"的统称使用。"序"为太宗撰文，"序记"则是高宗为皇太子时撰文。关于修正线的诞生，与贞观到永徽年间的历史变迁有很大关系。现在分为两碑的《雁塔圣教序》在最初的计划之中仅是一座石碑，这种学术观点的可能性是不可否认的，本文为论证该观点开展了第一阶段的工作。下文将探讨《雁塔圣教序》的左右展开与修正线的关系。

一、修正线的发现与修正线的相关研究

1971年，《书学院本·〈雁塔圣教序〉》出版。其拓片上共标注了金点和红点350个。据发行者比田井南谷介绍，这是比田井天来（1872—1939年）和松田南（1860—1929）的研究成果，但关于其意义却并不明确。[①] 此后，直到20世纪末，该问题也一直没有得到阐释。1992年10月，荒金大琳对《雁塔圣教序》提出了"石刻之物应为以前挥毫的正文补写"的观点。[②] 1993年《墨》第105期，荒金大琳在《〈雁塔圣教序〉建立的经过与思考——纠正"序·序记"两碑位置的误记》[③] 一文中，提到了补笔的存在，该文的重点是纠正其位置关系，因为当时很多书籍都错误地标注了序碑与序记碑的位置关系。在同刊

[①] 《书学院本·〈雁塔圣教序〉》，1971年由日本书学院出版部出版。发行者是比田井南谷，在其后记中，记载了"关于这一点，遗憾的是什么都无从得知"。
[②] 荒金信治．雁塔聖教序建立の経緯[J]．別府大学紀要，1993（34）：14. 在该文的文末记录了"于平成四年十月五日受理"。
[③] 荒金大琳．雁塔聖教序建立の経緯と思考：「序·序記」両碑の位置の誤記を正す[J]．墨，1993（105）：60-63.

同期之中，在伊藤滋的撰文《追寻〈雁塔圣教序〉的书法史定位和背景》① 中，论证的第三点为"《雁塔圣教序》中的不可思议笔画"。通过拓片的比较，可以窥见"不可思议的笔画"已经受到了学术界的关注。此外，同期刊登的堀久雄《从展大手本学习〈雁塔圣教序〉的文字形态、笔法的要点》一文之中，提出"也有补笔之说"，一方面承认有补笔的部分，另一方面也加入了"笔裂""笔尖的跳跃""俯仰法"以及"笔的动作和笔管倾斜角度的变化"等说明。② 1995年，贞政研司曾用"截笔"一词来形容。在"有意识的""刻之时""拓之际"等可能性中，贞政认为是"褚遂良有意为之"③。

关于原碑石的照片，从1997年开始，荒金大琳对《雁塔圣教序》原碑石进行了拍摄，其实际情况得以验明。天来和南溟在拓本上记载的点和被称为"修正线"的线是一致的。当然，这一数字远远超过了350个。④ 当时，指出修正线的目的主要是"从行书式表达到楷书式表达"。后来，《关于〈雁塔圣教序〉的记录》等书出版，公开了碑文照片，引起了学术界的广泛关注。⑤

其照片公开后，也涌现出了一些学术研究。这些研究大致可以分为两种：一种承认修正线，另一种则不承认修正线。

在承认修正线的研究之中，在承认修正线的基础之上，学者们又抒发了各自的学术见解。李梦媛在《褚遂良〈雁塔圣教序〉补笔修正考》之中，并不赞同荒金大琳提出的"最重要修改目的是将行书性表达修改为楷书性表达"的意见，但承认修改前的石碑文字存在行书笔意。⑥ 并且将修正线分为"强调主笔""修正结构""终笔强化""方圆结合""行意的楷书化""其他"等进行考察。

---

① 伊藤滋.『雁塔聖教序』その書道史的位置づけと背景を追う［J］.墨，1993（105）：64-74.
② 堀久雄.展大手本から『雁塔聖教序』の文字形態・筆法のポイントを学ぶ［J］.墨，1993（105）：26-37.
③ 貞政研司.雁塔聖教序の「切筆」［J］.鶴見大学紀要，1995（32）：451-472.
④ 荒金大琳.关于《雁塔圣教序》建立经过的一点思考［C］//法门寺唐文化国际学术讨论会论文集.西安：陕西人民出版社，2000：96-100.详见，荒金大琳.雁塔聖教序の線に関する考察：非正書体（行書の表現）から正書体（楷書的表現）への修正線として［Z］.第11回別府大学書道部書道選抜展，別府大学書道部，1999.
⑤ 迄今为止，公开原石碑照片的出版物有《雁塔聖教序に関する記録》（荒金大琳，啓照SHO出版部，2003年）、《唐褚遂良书雁塔聖教序》（荒金大琳著，荒金治整理，文物出版社，2007年）、《褚遂良 雁塔聖教序 原石・拓片・程志宏临本・赵世骏临本》《褚遂良 雁塔聖教序記 原石・拓片・程志宏临本》（程志宏，荒金大琳，赵帅，河南美术出版社，2017年）。
⑥ 参见李梦媛.褚遂良《雁塔圣教序》补笔修正考［J］.南京艺术学院学报（美术与设计版），2014（06）：37.

在明显可视作修正线的地方,将修正前和修正后的情况与现在的照片、拓片进行比较考察。① 其中,着眼于修正前和修正后的情况是怎样形式的观点,具有重要价值。

池田绘理香的论文《〈《雁塔圣教序》记碑〉中所见的复杂刻线的考察》②,对这项工作进行了更加详细的研究。池田绘里香承认修正这一事实的存在,而关于修正线的理由,则集中于"为保持文字的均衡而补充粗细和强度""在极具装饰性的意识下进行了加笔",又将之分类为"部分的补笔""大范围的改写",进而将其分为确定性的和可能性的两种情形进行考察。在池田绘里香的论文中,在原石碑的照片旁,又补充了补笔部分的放大照片,通俗易懂地传达了该部分的补笔、修正的状况。在池田绘里香的研究之中,特别值得注意的是,他捕捉到了"分阶段多次书写的可能性"和"大范围改写"这两个文字整体的修正样态。

在本文中,修正线不是线的问题,而是考虑到修正文字整体。换言之,如果一个字中只有一处修正线的情况,就无法达成该目的。被称为修正线的修正,是通过几处修正同时进行才能够成立的。

除此之外,也有很多研究持不承认修正线的学术见解。对此,李梦媛认为其原因是被称为"唐之广大教化主"褚遂良自身无法接受修改自己写的字。③

然而,持"不承认修正线"学术主张的学者,也考虑到应该对修正线进行更严谨的考证。每个不同的学术主张,都应在充分考证修正线的基础之上,开拓出有价值的研究视角。

其一是赵宏指出的"败笔"说。这是种归因为"笔裂"的见解,其实早在《雁塔圣教序》原石碑的照片公开之前就已经被指出了诸多问题。拓本上也能清晰辨认的"形"之第3画等处,书法家们往往将之理解成为笔锋裂开的原因。④

其二是白鹤指出的"锥拓失当"⑤说。拓本被取得过多,造成石面磨损,篆刻过程的石碑部分就显现出来。此种见解,也可以引导人们去理解当时的刻石技法,这对于修正线的考察也是必须时刻铭记的重要信息。

---

① 参见李梦媛. 褚遂良《雁塔圣教序》补笔修正考 [J]. 南京艺术学院学报(美术与设计版),2014(06):37-41.
② 池田絵里香.「雁塔聖教序記碑」に見える複雑な刻線の考察 [J]. 書学書道史研究,2020(30):39-53.
③ 参见李梦媛. 褚遂良《雁塔圣教序》补笔修正考 [J]. 南京艺术学院学报(美术与设计版),2014(06):36-37.
④ 冯玉春. 雁塔笔画异常现象管窥 [J]. 青少年书法报,2010(19):21-25.
⑤ 白鹤. 书艺珍品赏析:褚遂良 [M]. 长沙:湖南美术出版社,2007.

其三是"伪命题"①说,刘正成认为,修正行为本身不应被纳入考虑范畴。当初,修正线在拓本上几乎无法发现,只有通过将照片放大才能发现,但即使进行了这么多的修正,至今为止也没有人注意到这个现象。从这一事实出发,这个见解也许是历史性的见解,褚遂良本人或许也希望后人能够有所发现。即使站在原石碑面前仔细观察,碑上的刻字,要想发现修正线也是极其困难的。

如上所述,持"不承认修正线"观点的学者,可以说是秉持对书法史传统继承的责任去考量的。承认存在修正线的学者,同样也必须时刻不忘面对历史的端正姿态,对修正线加以考察。

那么,在持"承认修正线"观点的论文之中,并不是所有的论文都将"修正线"称为"修正线",因为"修正线"这个词本身就相当于承认了"修正"。在此,将其相关名称做如下梳理(如表1-2所示)。仅从其名称一项,就可以看出各位学者对待修正线的研究方法。

表1-2 有关修正线的论文名称

名称	作者	论文名称(或著作中的章节名称)	时间
修正线	荒金大琳	关于《雁塔圣教序》线条的考察——作为从非书体(行书性表达)到正书体(楷书性表达)的修正线	1999年
	荒金治	《雁塔圣教序》的修正线	2008年
	日向雅之	关于《雁塔圣教序》修正线的考察	2017年
	曹梦真	《雁塔圣教序》及其《序记》中"修正"现象浅析	2021年
补笔修正	李梦媛	褚遂良《雁塔圣教序》补笔修正考	2014年
不可思议的笔画	伊藤滋	《雁塔圣教序》中的不可思议的笔画②	1993年
不可思议的刻线	荒金大琳	探寻《雁塔圣教序》的不可思议的刻线	2002年
复杂的刻线	池田绘理香	《〈雁塔圣教序〉记碑》中所见复杂刻线的观察	2020年
异常线	李峰	再议《雁塔圣教序》及《序记》的异常线问题	2017年

---

① 参见《书谱》期刊的总第101期、2010年夏季刊《十家论坛·褚体书法研究》的《刘正成访谈》一文,刘正成在接受书谱社采访时,认为"褚遂良自身做出的二次修改"为"伪命题"。

② 1993年的时候,照片还没有公布,但通过拓片的比较,伊藤滋已经注意到了这些不可思议的笔画。对于这种不可思议的笔画,伊藤滋提出:"为什么会出现这种情况呢?显然这并非是在立碑后,后世的人进行了修改。因为这些点和线条与碑文的文字有着完全相同的笔势。"[伊藤滋.『雁塔聖教序』その書道史の位置づけと背景を追う検証:其三:『雁塔聖教序』に見られる不思議な筆画[J].墨,1993(105):68-69.]

续表

名称	作者	论文名称（或著作中的章节名称）	时间
异常现象	程诺	《雁塔圣教序》书刻异常现象献疑	2019 年

如上所述，虽然对于修正线的研究有各种各样的学术见解，但可以说修正线的存在本身还不能成为定论。关于修正线的研究，可以说目前仍处于分析修正线的初期阶段。正如池田绘里香在研究中所述的"大范围的修正"，换言之，一个字中发现了多处修正，修正处加以放大特写，就意味着关于修正线的研究进入了下一个阶段。即"修正线"修正的不是"线"，而是"文字"。为此，关于修正的目的，也有必要重新做出考察。

正如那些对修正线持有异议的学者所考虑的，以褚遂良的书法水准而言，毫无必要对挥毫后的文字做出任何修改。因此，"为了提高完善度"[1]"力图文字的均衡""为了文字的美观"等想法，对书法大家褚遂良是有失恭谨的。褚遂良必然有不得不进行修改的理由。2008 年，笔者对"异"字的修正线进行了分析，提出了"为调整文字大小"[2]的观点，但当时并没有针对修正线做出整体性考察。此后，自 2008 年开始，笔者开始关注将文字放大，逐字进行研究观察，发现几乎所有修正线的目的都是一致的。2012 年，笔者与别府大学书法研究室的团队成员们一道，开始着手对其修正线的数量进行整理。当时还未能计算出修正线的合计数值，仅保留了存在修正线的每一个字的原始资料，本次整理了修正线的详细数据。于是，修正线总量出现了惊人的数值。当时在研究室开展了讨论，依据荒金大琳认为不能将其全部认定为修正线的学术见解，并没有将统计数值马上公布。但 10 年时间过去后，再回头去看当年的资料，又能重新发现它们的价值与意义。在涉及将"文字放大"来作为研究的方法手段时，这些都是不可或缺的宝贵资料。关于统计数值，从严谨的意义上而言，虽不能将其严格量化，但别府大学书法研究室的团队成员统计而成的结果，希望可以将其作为研究的参考依据。该数值在下文中会有所涉及。

本文的基本观点是承认修正线的存在，并通过对修正线的进一步详细分析，关注"文字放大"，从而去探寻"将原本的一块石碑一分为二"的历史可能性。

---

[1] 日向雅之在《关于〈雁塔圣教序〉修正线的考察》提出："为了提高完成度而对原稿进行修正，在刻碑的时候进行调整，这种方法不如说是合理的想法。"日向雅之. 雁塔聖教序修正線についての一考察 [J]. 東洋通信, 2017 (54)：26.

[2] 荒金治.《雁塔圣教序》的修正线 [J]. 青少年书法, 2008 (04)：19.

二、着眼于文字放大的建立过程

三藏法师玄奘出行到印度去寻找佛经典籍。贞观十九年（645），玄奘归国之时，是这座《圣教序》石碑建立的开端。收到玄奘的上奏后，太宗皇帝于贞观二十二年（648）八月撰成了《圣教序》。第二天，当时的皇太子李治撰成了《圣教序》记。关于撰此两文的时期，史料中有记载，如《集字圣教序》① 和《慈恩寺三藏法师传》② 等，时间在贞观二十二年是没有问题的。那时，在记载下这两段文字的时候，先有"序"后有"记"，无论是从时间上还是从内容上而言，都是自然的。这一点从后来竖立的几块石碑上③可以得到验证。进一步考虑到撰者二人是太宗皇帝和皇太子的关系，更能够印证此事。

除此之外，众所周知，太宗皇帝钟爱王羲之的书法，从全中国各地搜集王羲之的笔迹，尤其对《兰亭集序》情有独钟。文献中可见，如今已散轶的王羲之的《兰亭集序》就埋在昭陵。④ 太宗皇帝对王羲之书法的厚爱之深可见一斑。根据其后的唐人的记述，可以发现唐朝的一些为纪念《兰亭集序》而开展的活动。⑤ 此处可以做一个大胆的推测：太宗皇帝打算在贞观二十七年（653），以某种形式来庆祝《兰亭集序》诞生约三百年后的癸丑之年。⑥ 不知是单纯的巧

---

① 《集字圣教序》中记载了"贞观廿二年八月三日内出"。
译者注：《圣教序》全名为《大唐三藏圣教序》，原文由唐太宗撰写。最早由唐初四大书法家之一的褚遂良所书，称为《雁塔圣教序》；其后由沙门怀仁从王羲之书法中集字，刻制成碑文，称《唐集右军圣教序并记》，或《怀仁集王羲之书圣教序》，因碑首横刻有七尊佛像，又名《七佛圣教序》。日本学者在研究《圣教序》时，由于沙门怀仁是从王羲之的书法之中集字而成，并非王羲之亲自书写，因此将《怀仁集王羲之书圣教序》称为《集字圣教序》。

② 慧立，彦悰. 大慈恩寺三藏法师传：释迦方志［M］. 孙毓棠、谢方、范祥雍点校. 北京：中华书局，2000. 在卷七的开头写着"二十二年夏六月"，8月为谬误。在第140页注中，介绍了陈垣指出六月无"庚辰"日。根据该注解，《玄奘法师行状》之中，太宗撰写《大唐三藏圣教序》是在八月四日，玄奘谢表的日期和时间，在《法师表启》中是八月五日。（第142~145页）

③ 显庆二年（657年）《招提寺圣教序》（王行满）、龙朔三年（663）《同州圣教序》、咸亨三年（672年）《集字圣教序》（即《怀仁集王羲之书圣教序》）。其相关性，见拙稿《四种教序的背景》。荒金治. 四教序的背景［J］. 青少年书法，2006（09）：26.

④ 宋代钱易的《南部新书》中记载："至贞观二十三年，褚遂良请入昭陵。后但得其摹本耳。"（钱易. 南部新书［M］. 黄寿成，点校. 北京：中华书局，2002：50.）

⑤ 荒金大琳，荒金治. 唐褚遂良书《雁塔圣教序》［M］. 北京：文物出版社，2007：8-9.

⑥ 据《西溪丛语》卷上"兰亭会"（第33页）记载，苏东坡诗云"再游兰亭、默数永和"，大历八年（773）癸丑之年，为纪念王羲之的《兰亭集序》而举行的纪念会。

合，还是恰逢其时，《雁塔圣教序》与《兰亭集序》一样，出现于癸丑之年①。其完成形式与《集字圣教序》同样，因此无法否定其与王羲之的书法之间存在的直接关系。但由于《集字圣教序》在文章内容中也同样包含了这两句话，可以揣测其作为《圣教序》的石碑的诸多背景。② 因此，可以判断褚遂良在此时期挥毫写下了这两句话。③

其后，太宗驾崩，褚遂良被贬至同州。④ 在同州贬谪之时，有改制二碑的计划，故在褚遂良不在场的情况之下，排列了石碑文字。⑤ 褚遂良在见到石碑之后，发觉文字较小，于是对其进行了修改。这是因为石碑上的文字已经被预先排列了，无法再次移动位置，所以将文字放大的刻碑工程，就与修正线相关。而且，如果当时石碑上的文字已经刻好了，就意味着要在刻好的文字上进行修改，成了二次雕刻。这样去假设的话，修正线的存在也就不足为奇了。

三、对修改后文字的考察

在本节中，在关注修正线的表达的基础上，整理被称为明拓的东京国立博物馆所藏⑥拓本的文字大小，分析其实际情况，以测量文字大小时最右侧、最左侧的组合为横线—横线、左撇—右捺的文字为对象，观察其修正线的状况。本次以其对象作为基准，推测第一次挥毫时的文字大小，判断其原本是一块石碑的可能性的残存信息之一。

拓本资料使用了日本出版社二玄社的中国书法选第 34 册《雁塔圣教序》作为原始版本。使用带有方格的标尺，在可确认的范围内，辨别其上下左右最突出的部分，测量上下高度和左右宽度。由于修正线在拓片中也有能够确认的部分和不能确认的部分，所以无法得出包含修正线表达的正确数值，但作为标准

---

① 译者注：《兰亭集序》书于公元 353 年，即癸丑之年，开篇为"永和九年，岁在癸丑，暮春之初，会于会稽山阴之兰亭，修禊事也"。唐人为纪念《兰亭集序》而举行的活动往往在癸丑年，贞观二十七年（653 年）也是癸丑年。
② 荒金治. 四种《圣教序》的背景［J］. 青少年书法，2006（09）：26.
③ 荒金信治. 雁塔圣教序建立的经纬［J］. 别府大学纪要，1993（34）：11. 在《〈雁塔圣教序〉的原始面貌》一文中，描述了"用两张纸作稿"和"用一张纸作稿"的不同。当然，在推测范围之内，双方文章的方向都是从右向左写的。
④ 关于褚遂良第一次贬谪同州，参见《关于〈雁塔圣教序〉的几个问题》（荒金大琳，荒金治. 唐褚遂良书《雁塔圣教序》［M］. 北京：文物出版社，2007：4-8.）
⑤ 关于该时间的考察，由于还有诸多问题尚未解明，将在另一篇文章中进行讨论。
⑥ 伊藤滋认为，原帖的题签上标记了"北宋本"，但缺少"灵"字的则是明拓本。［伊藤滋.『雁塔聖教序』その書道史の位置づけと背景を追う［J］. 墨，1993（105）：65-67.］

数字则此种测量是充分的。顺便一提，误差应考虑为 0.1 mm。比如，第一个字"大"（如图 1-27 所示）。

图 1-27 序 1 "大"

在上下测量中，从第 2 画的最上面开始，测量第 3 画的右捺的最下面的部分。在左右测定中，从第 1 画的起笔部分开始到第 3 画的收笔部分。长为 1.95cm，宽为 2.5cm。测量序碑的 821 个字和序记碑的 642 个字，合计 1463 个字。其平均值如表 1-3 所示（四舍五入到小数点后第 2 位）。

表 1-3 《雁塔圣教序》中字的高度与宽度的平均值

	长	宽
序碑	2.22cm	2.34cm
序记碑	2.37cm	2.54cm
全文字	2.29cm	2.43cm

也有序记多一行的情况，序记的平均值大约大 0.20cm。表 1-4 介绍了《雁塔圣教序》中高度、宽度与面积最大的 10 个字。

表 1-4 《雁塔圣教序》中高度、宽度与面积最大的 10 个字

序号	高	宽	面积
1	序记 565 "声"	序记 157 "庆"	序记 565 "声"
	3.7cm	3.5cm	11.47cm^2

续表

序号	高	宽	面积
2	序记339"义"	序记208"与"	序766"识"
	3.5cm	3.5cm	10.88cm²
3	序记115"蓟"	序816"令"	序记157"庆"
	3.5cm	3.44cm	10.5cm²
4	序记182"鹭"	序766"识"	序记31"能"
	3.45cm	3.4cm	10.17cm²
5	序记594"年"	序记31"能"	序记182"鹭"
	3.41cm	3.4cm	10.00cm²
6	序记382"华"	序记26"微"	序记534"齐"
	3.35cm	3.4cm	9.98cm²

续表

序号	高	宽	面积
7	序693"譬" 3.3cm	序记234"敛" 3.4cm	序记64"精" 9.92cm²
8	序记279"嵩" 3.3cm	序记39"教" 3.35cm	序记526"斯" 9.90cm²
9	序记526"斯" 3.3cm	序644"教" 3.32cm	序记333"会" 9.79cm²
10	序记343"实" 3.29cm 序记127"教" 3.3cm	序95"征" 3.3cm 序记212"合" 3.3cm	序记124"度" 9.77cm² 序记554"论" 3.3cm²

从上表中可见，从高度、宽度和面积大小来看这10个字，序记之中这10个字占比更多。此外，从《雁塔圣教序》的拓片上来看文字框的幅度，序碑是3.3cm~3.5cm，序记碑是3.4cm~3.5cm。即使是很大的文字，也刚好不会超出

该框线的范围。如前所述，在《雁塔圣教序》中，这样的大字也很醒目，但其中的小字也很多。以 0.5cm 为单位来区分，其字数如表 1-5、图 1-28、图 1-29 所示。

表 1-5　碑文的高度与宽度

高度（cm）	字数	宽度（cm）	字数
0.5	2	0.5	0
1	8	1	0
1.5	68	1.5	14
2	315	2	178
2.5	624	2.5	701
3	377	3	504
3.5	67	3.5	65
4	1	4	0

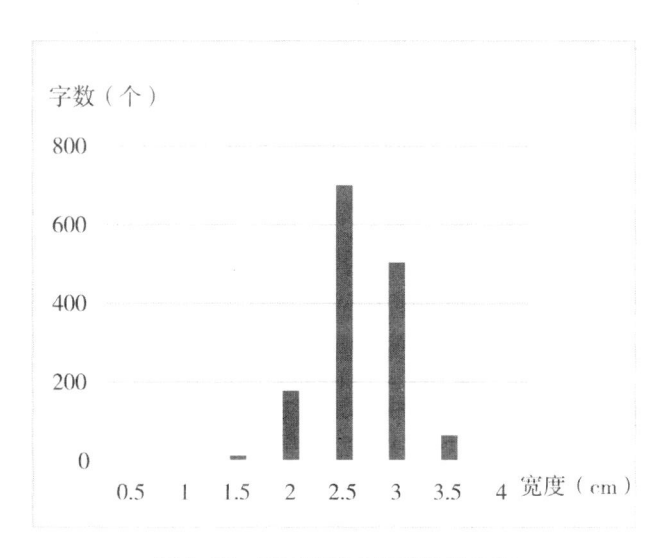

图 1-28　不同宽度文字的数量分布

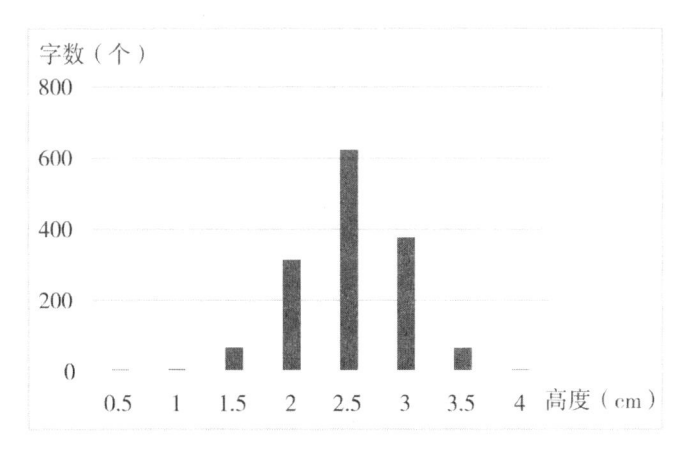

图 1-29　不同高度文字的数量分布

从表 1-5 中可见，高度和宽度都超过 3.0cm 的分别只有 68 字（占总文字数量的 4.6%）和 65 字（4.4%）。加上超过 2.5cm 的字，分别为 445 字（30.4%）和 569 字（38.9%）。为了验证二者原本的样态是收录在同一块石碑上的，对于较大的文字，有必要确认其原本的形态是小一号的。

观察《雁塔圣教序》的石碑全拓就会发现，字整体越往下越宽，呈现出逐渐扩大的样子。于是，文字是否越往下越大，就成了一个问题。而相对于序的 21 行，序记只有 20 行。此处可见序碑和序记碑的大小差异，这又与修正线有何联系呢？

首先，来观察其大小的实际情况（如图 1-30、图 1-31 所示）。

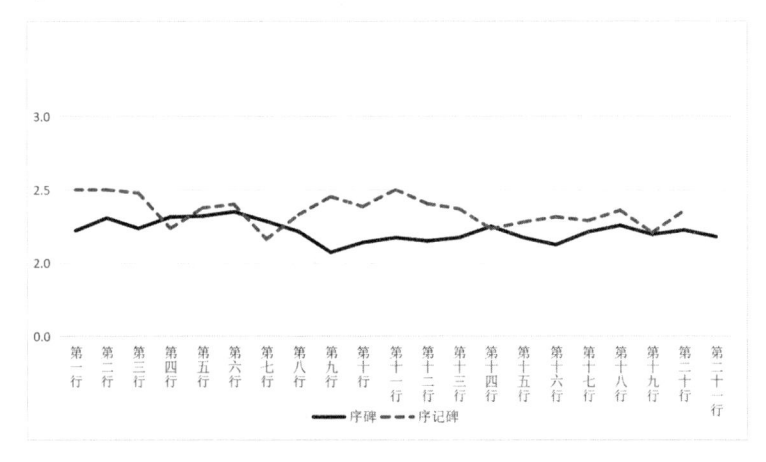

图 1-30　每行文字高度平均值的比较

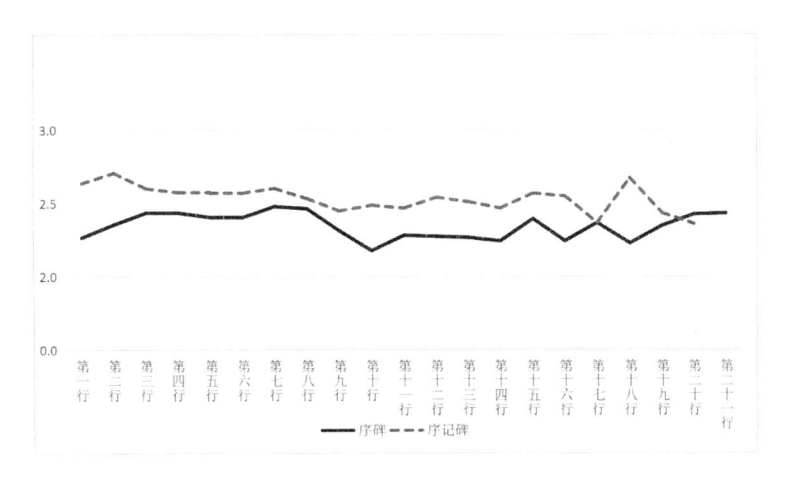

图 1-31　每行文字宽度平均值的比较

从图 1-30 和图 1-31 中可见，总体上序记碑的文字显然更大。因为行数少了 1 行，所以导致了这个现象，事先确认这一点是很重要的。

接下来，将每行的第 1 个字到第 42 个字（序记碑到第 40 个字）的大小绘制折线图（如图 1-32、图 1-33 所示）。

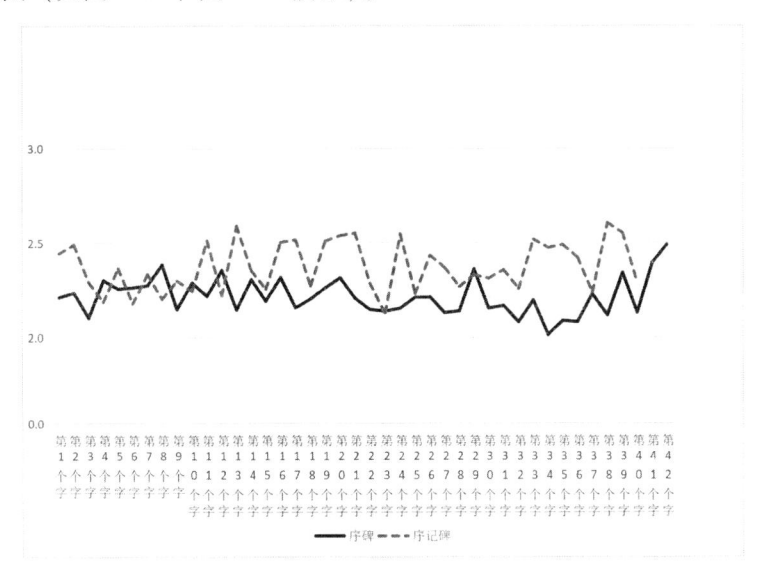

图 1-32　第 1 个字到第 42 个字的文字高度平均值比较

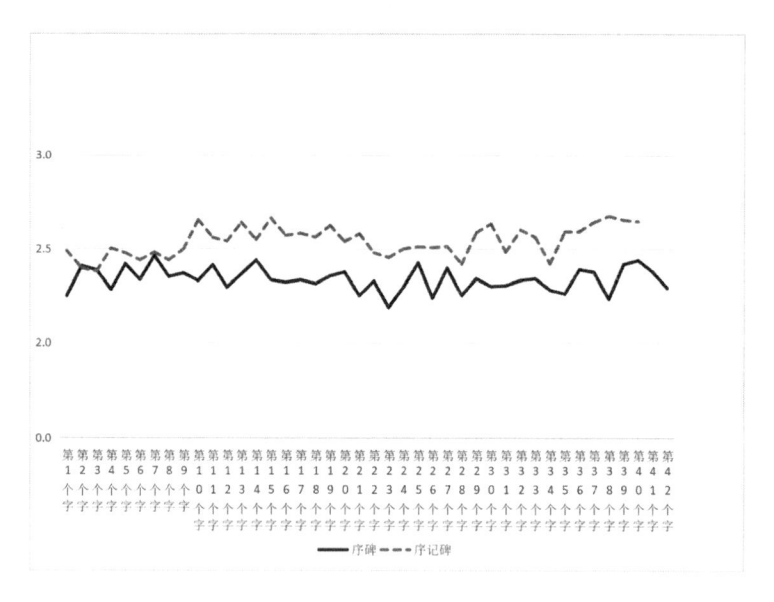

图 1-33　第 1 个字到第 42 个字的文字宽度平均值的比较

序记碑的文字更大，这一点是明确的，就纵向文字的高度而言，可以观察到若干个后半部分的文字略大一些，但就横向宽度而言，可以明显观察到其特点。序碑的文字宽度平均不超过 2.5cm，文字始终保持相同大小。与此相对，序记碑的文字越向下，宽度越大。从第 10 个字到第 20 个字的文字宽度来看，除了第 34 个字，后半部分明显变得越来越宽。

四、关于修正线的数量

在形形色色的研究中，使用原石碑的照片开展了多样化的研究工作，但是关于修改位置和修正线的数量，现状依然是原封不动地使用最初的数据，即荒金大琳于 1998 年在筑波大学召开的书学书法史学会上发表的数据（如表 1-6、

表1-7、表1-8所示）。①

表1-6　序碑修改字数与个数

	修改1个	修改2个	修改3个	修改4个	修改5个	修改文字	无修改字	序碑字数
修改字数	347	157	51	9	2	566	255	821
	×1	×2	×3	×4	×5			
修改个数	347	314	153	36	10	860		

表1-7　序记碑修改字数与个数

	修改1个	修改2个	修改3个	修改4个	修改5个	修改文字	无修改字	序碑字数
修改字数	251	118	29	12	2	412	230	642
	×1	×2	×3	×4	×5			
修改个数	251	236	87	48	10	632		

表1-8　修正数合计表

	修改文字	修正个数
序碑	566	860
序记碑	412	632
合计	978	1492

如上文所述，该数字仅可视作参考值。当时就关于哪条线是修正线这一问

---

① 荒金大琳. 雁塔聖教序の線に関する考察：非正書体（行書的表現）から正書体（楷書的表現）への修正線として［Z］. 第11回別府大学書道部書道選抜展，別府大学書道部，1999：3. 此后，笔者也曾在2005年撰写的《唐初的书法与政治》（北京大学硕士学位论文）、2007年出版的《唐褚遂良〈雁塔圣教序〉》（文物出版社）、2008年撰写的《〈雁塔圣教序〉的修改线》等研究成果之中对此加以引用。另外，由于至今为止的相关研究中只存这组数据，其他研究者也同样援引使用这组数字，这种情况一直持续到现在。比如，李梦媛的《褚遂良〈雁塔圣教序〉补笔修正考》（2014）、李峰《再议〈雁塔圣教序〉及〈序记〉的异常线问题》（2017）、程诺的《〈雁塔圣教序〉书刻异常现象献疑》（2019）等。

题开展了多次讨论，该数值选取是依据最保守的判断计算而出的。换言之，这978个字与1492处的修改，是无论任何人都不得不承认、无论任何人观察都可以判断曾修改过的明确数字。当然，将其判断为修正线或是其他情况，迄今为止仍是众说纷纭，但从"异常的""不可思议的"等表达方式被大量使用的情况来判断，确实有必要对此提出疑问。

笔者自2008年左右就开始对该原有数值持疑。在观察放大照片的过程中，仿佛陷入了将不可见之物视作可见的错觉之中。这种感受到底是幻觉还是真实，10余年来不断反复探讨，也开展了各种考证工作，始终未能公开发表的理由是担心这组新数值一经公开发表，其中或许会潜藏着一切发生重大变化的可能性。比如，在2008年11月17日至20日记下的笔记中的一页，笔者这样标记（如图1-34所示）。

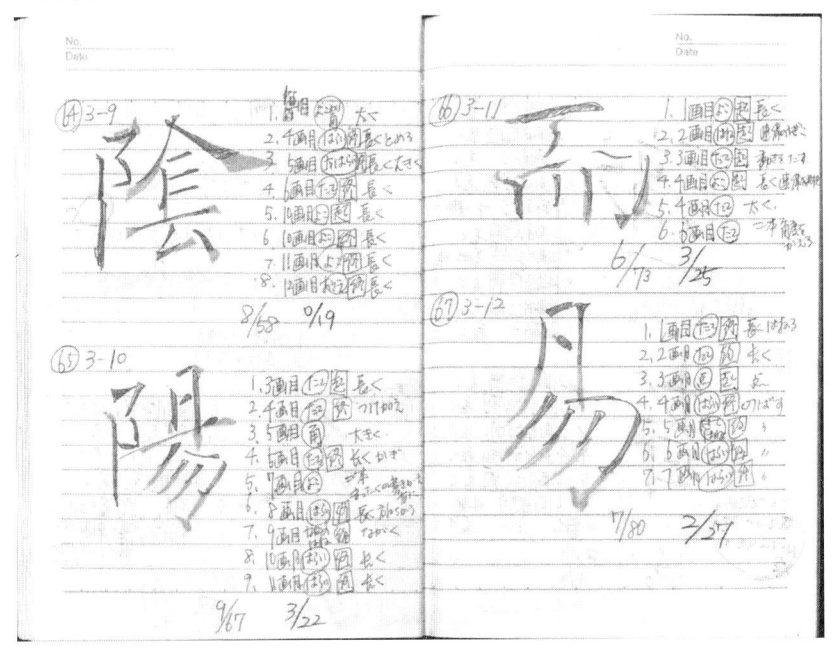

图 1-34　笔者笔记，2008 年 11 月 17 日至 20 日

上述笔记之中，笔者对文字一笔一画地进行修正。"阴"的右捺和"阳"的横线，是特别容易伸长之处。另外，"阳""易"的三个左撇，俨然如双生一般被拉长。如今再看一遍的话，其起笔部分也需要加以记录。这样，线条的前端仿佛生物一样，看起来像要不断向外延伸。即使是不可能向外扩展的"而"字，在第三笔的起笔部分，也是从左侧进入的。这样的表达，最终作为《雁塔圣教序》的特征之一，被学术界所关注。①

再看序碑 65 的"阳"字的放大照片（如图 1-35 所示），可以发现笔记上的颜色区分均是修改部分。关于左撇的起笔部分，也可以确认两处起笔（可能会有对类似部分持否定态度的学者）。如果继续这样观察下去，修改处的总数量就会变成一个异常惊人的数字。随着修正线的不断发现，将会有越来越多的学者认识到修正线的存在，与此同时，对该现象持反对意见的人也有可能增加。

图 1-35 序 65 "阳"字原石碑照片

1996 年，笔者毕业于日本别府大学，自 2010—2012 年在别府大学担任兼职讲师。其间，笔者曾向荒金大琳及书法研究室的学生说明了这一点，并说服他们处于同样的角度出发考虑，估算了修正线的数量。当时的资料虽有完整保存，但在那时是否马上公布这些数据，仍然尚待考量。因此，这些资料就此被埋没至今。如今重新审视这些资料，重新认识到其资料的价值，尝试做出了统计，其结果如表 1-9、表 1-10 所示。

表 1-9 2012 年统计数据

	文字数	笔画	（磨损）	修改笔画	修改数
序	821	7542	34	6607	10087
序记	642	5962	0	5337	8319
全文	1463	13504	34	11944	18406

---

① 本次关注的横向扩展的显著表现——横线、左撇、右捺，对于这种现象，将在别稿中详细展开分析。

表 1-10　与此前的数值进行比较

	修改文字		修改个数	
	1998 年	2012 年	1998 年	2012 年
序碑	566	821	860	10087
序记碑	412	642	632	8319
合计	978	1463	1492	18406

如此，被修改的文字就变成了所有的文字，修改处也变成了远超 10 倍的数值（序碑 11.73 倍，序记碑 13.16 倍，整体 12.34 倍）。关于修改之处，对 1 个文字进行了多少次修改的数据统计也是十分必要的，一个笔画之中又进行了多少处修改的数据统计更能显示实际情况。以上统计，如表 1-11 所示。

表 1-11　修改数与字画、笔数的关系

	修改笔画/字数	修改数/字数	修改笔画/笔画	修改数/修改笔画
序碑	8.048	12.286	0.876	1.527
序记碑	8.313	12.958	0.895	1.559
合计	8.164	12.581	0.884	1.541

第一，关于一个字中有多少修改过的笔画。统计数据显示，平均为 8 画。但作为文字，8 画以下的文字也应包含在其中，因此平均 8 画这一数据就有失客观了。第二，关于数字。一个文字之中有几个修改的统计数据，表 1-11 中显示有 12 处以上。根据 1998 年荒金大琳的统计数据表格，最多修改的文字也只有 5 处，本次统计结果远超荒金大琳的统计，平均值达到了 12 处之多。此外，在表 1-11 统计中，数量最多的是序记 305"显"字，24 画全部进行了修改，共有 33 处有修改（如图 1-36 所示）。

图1-36 序记305"显"字原石碑照片

初见之下仿佛无法看到任何修改的痕迹，但仔细辨认的话，就会接连不断地发现修正线的存在。确认修正线数量的工作，至今仍让人感到触目惊心。在反复自问自答，这是不是修正线？是否不算是修正线？在这样反复地自问自答之中，终于进展到了必须确认数量以便进入下一研究阶段。修正线的争议之处确有存疑，这与文字的尺寸观察密切相关。尝试将文字延长就能够确认修正线的存在，而文字的扩大究竟存在着哪种程度的意义？需要今后继续加以考证。

然而，第二个数值与第一个数值一样，有笔画少的文字，也有笔画多的文字，根据文字笔画的不同，只能抓取印象上的数字。第三个数值和第四个数值是关键性数值。第三个数值，呈现出了一个笔画中存在多少修改的痕迹。其中序碑为87.6%，序记碑为89.5%，二者平均88.4%。可以说，该数值反映了《雁塔圣教序》修改的真实写照。并且，在这个统计中，对于一画的修改，包括起笔部分、终笔部分、在一画书写的中途进行修改以及对整体做出修改。统计其数量，就需要细数在一画之中做了几处修改。因此，计算出的数值，就是修正笔画中的修改部分数值。几乎可以认定，如同1.5处修改数值一样，在所有修改的笔画中，反复进行多次修改的情况比较多。总结而言，88%的笔画均进行了修改，而修改后的笔画中，平均有1.5处修改痕迹。统计"修改个数/笔画"和"修改个数/修改笔画"，最大的数值都是3。其文字主要有：序134"力"、序690"人"、序260"及"、序602"口"、序记252"及"。也就是说2画之中有6处修改，3画之中有9处修改。至于"及"，其中一画是转折，所以这个结果也就不足为奇了（如表1-12所示）。

表 1-12　1 个笔画中 3 处修正的字例

序 134 "力"	序 690 "人"
序 602 "口"	
序记 252 "及"	序 260 "及"

针对上述考证，荒金大琳也曾提及，有的资料将每个刻字放大到 A4 打印纸张的大小，并对其进行观察。与此相比，本文所涉及的文字扩大程度仍达不到精密程度，在迄今为止的出版物之中，由于篇幅和印刷所限，对研究开展是十分不利的。

本次对于修改数据的统计，并非提出全新的学术观点。关于本次统计数值，经历过 10 年前因踟蹰不决而未能马上公开发表，至今更加审慎严谨。因参与统计的成员每个人的判断不同，从严格意义上而言其判断标准也并非固定，这种基于个人的判断，累计成为数值以后，就能够观察到其发生变化的理由，因此将其视作暂定的数值较为稳妥。不过，这一数值潜藏着迄今为止的学术见解发生巨大变化的可能性。希望无论是赞成修正线的学者还是反对修正线的学者，都能够关注这一数据，其结果可能会改变学术界对修正线的思考方式。

本文也没有对该数值进行其他处理，而是考虑在如此多的笔画进行了修改的基础上，展开以下的考证。

五、本次涉及的556个字的情况

接下来，本文将关注文字的大小。修正线关注的是左右文字大小的修改部分。据此，本研究在1463个文字中，以特别具有向左右扩展倾向的文字为中心，观察修改前和修改后的样态，探寻其横向宽度的变化。横向扩展的表现，指的是左右前端为横的文字和左前端为左撇、右前端为右捺的文字，本次观察除去因磨损而看不见的文字，主要集中在556个文字上，统计结果如表1-13所示。

表1-13 556个字的平均大小

	文字数（个）	平均纵向长度（cm）	平均横向宽度（cm）	平均面积（cm²）
序碑	318	2.26	2.46	5.55
序记碑	238	2.39	2.67	6.39
合计	556	2.31	2.55	5.91

将该数字与碑文整体进行比较，纵向分别增加0.2cm，横向增加1.2cm~1.3cm不等。换言之，在文字的筛选中，纵向上与整体状况基本没有变化，与此相对，则能够筛选出特别具有横向扩展倾向的文字。由于本次考证主要观察横向扩展的文字，因此这样的选择可以视作为恰当的。其高度和宽度分布如表1-14所示。

表1-14 556个字的高度与宽度

高度（cm）	字数（个）	宽度（cm）	字数（个）
0.5	2	0.5	0
1	4	1	0
1.5	25	1.5	2

续表

高度（cm）	字数（个）	宽度（cm）	字数（个）
2	111	2	33
2.5	220	2.5	232
3	168	3	243
3.5	25	3.5	46
4	1	4	0

在此，与整体数字进行比较，如图 1-37 和图 1-38 所示。

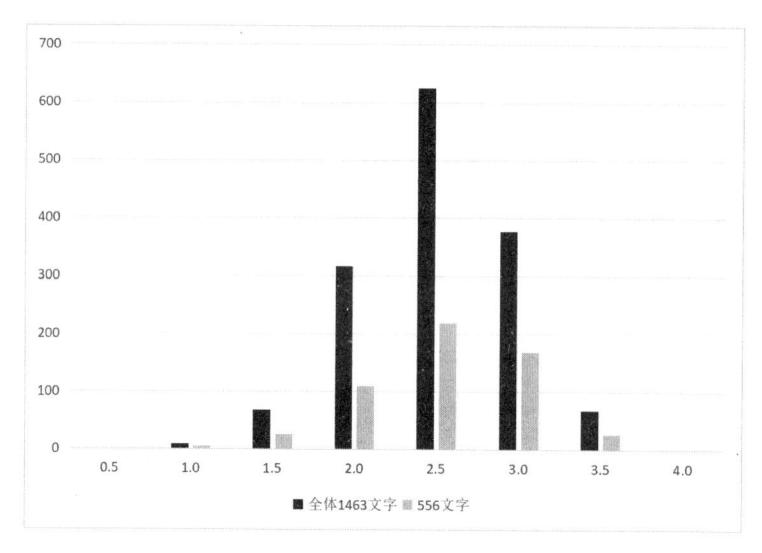

图 1-37 高度分布图（全体碑文与 556 字）

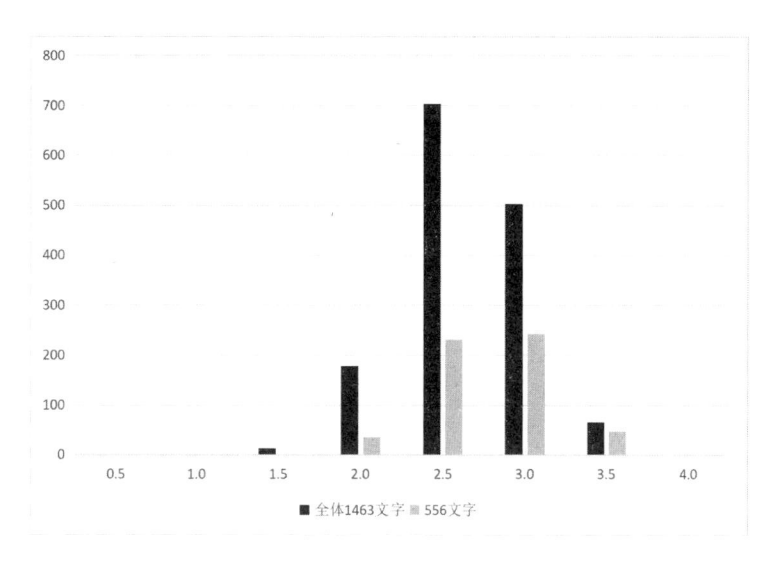

图 1-38　宽度分布图（全体碑文与 556 字）

由此可知，高度是平均的抽取数值。而本次关注的横向宽度方面，2cm 以下的文字基本没有使用，2.5cm 以下文字占整体比例也较低。选取横向宽度明显的文字，其理由是显而易见的。

（一）"横—横线"313 个文字修改前后的比较

观察左右两端为"横"的文字。

1. 序 16 "二"（2.65cm→1.3cm）（如图 1-39 所示）

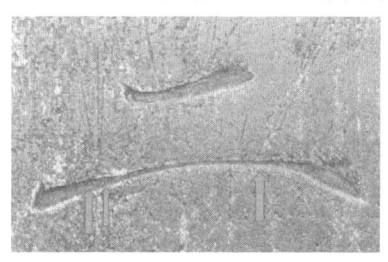

图 1-39　序 16 "二"字

图 1-39 中可以观察到线条中的起笔和终笔，其笔画长度可以在拓本资料上得到确认。再用拓本资料进行测量，虽然可能会产生些微误差，但误差不足 0.1mm。修改前的长度极短，几乎和第一笔"横"的长短持平。这不禁让人产生一个疑问：楷书中的"二"究竟应该如何书写？比如，隋朝的《苏慈墓志铭》之中的"二"，其书写方式不追求上下两条横线的长度变化；而类似《集字圣教

79

序》中的"二",行书中下"横"并不长的情况也多有存在。考虑到这两个例子,即使修改前的原貌"横"为 1.3cm,在书法上也是可以接受的。如荒金大琳所说,考虑到修改前是行书式的书写表达,那么这个长度也可以作为行书性的表达来把握。如此一来,观察多处修改痕迹,就会很难判别其修改初衷,但可以肯定的是修改前的文字状态比现在的长度短。

2. 序碑 56 "其"(2.4cm→1.6cm)(如图 1-40 所示)

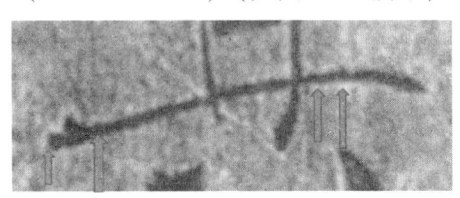

图 1-40　序 56 "其"字

如上文所述的"横"修改变长的情况,可在碑文上散见其中。想必会引发认同与反对的多方意见。

3. 序碑 125 "方"(2.2cm→1.6cm)(如图 1-41 所示)

图 1-41　序 125 "方"字

该"方"字的横,可以在线条中看到更多的凹凸,难于明确判断其原本的样态,但它原貌无疑是短于现在的长度的。

4. 序记 428 "无"(2.8cm→2cm)(如图 1-42 所示)

图 1-42　序记 428 "无"字

如图1-42所示，可以从痕迹上判断，对长"横"线进行了大胆的修改。因为其既可以向右伸展，也可以向左伸展。特别是在起笔部分增加了许多藏锋之形，而在终笔部分则多是向下，使终笔部分变长变重。这些现象后来被看作《雁塔圣教序》的特征之一。如果这并非褚遂良挥毫泼墨的特征，而是其修改后的特征，那么对于书法史的探讨，就可能演变为"褚遂良的修正线是否影响了书法史的发展"。

在此，对于这313个文字到底能够将文字放大到何种程度，本研究尝试从数值上进行观察。

拓本（修改后）的313字的平均宽度为2.49cm，而修改前平均为1.76cm，平均值短了0.71cm。特别是从横向宽度较宽的文字来看，修改后最宽的文字是序记208"与"的3.5cm，超过3cm的文字有19个。而在修改前的数值之中，最大的是序记589"斯"和序记41"诸"的2.6cm。超过2.5cm的文字只有这2个，可以说修改前的宽度基本是在2.5cm以内。

（二）"左撇—右捺"113个字修改前后的比较

1. 序记267"水"（2.79cm→1.15cm）（如图1-43所示）

图1-43　序记267"水"字

图1-43是多种笔意混合的情况。或许一次修改没能做到如此大的变化，经过几次将文字放大的修改，才形成了此种情况。[①] 上文阐述过对文字整体存在修改现象，如果只有左撇和右捺，左右最前端就会转移至其上的起笔部分。如此一来，其对应部分也被修改了。如箭头所示，在线条延伸的过程中，可见清晰的入笔痕迹。此次调查研究，仅观察文字最前端，以及这种联动之处。

---

① 目前仅关注文字的横向宽度，在这条竖线上也能看到几处起笔。但是这样一来，这四画的位置关系就被破坏了。荒金大琳也指出，该"水"字上可见无数伤痕，这与字的位置移动有所关联。不过，本论着重考察主要笔画的长度。关于已确认位置移动的文字，将在其他论文中进行考证。

2. 序171 "今"（2.8cm→1.4cm）（如图1-44所示）

图1-44　序171 "今"字

"今"字中，特别是左撇和右捺，起笔部分、终笔部分都写了好几遍。综合诸多信息，该选择如何抉择修改位置，其实是极其困难的。但是，通过指出这个数字，就可以确认修改事实的存在。如此，文字以左右扩展的形式，当有左撇和右捺的时候，其往往以联动的形式进行修改，形成左右对照一致。

3. 序记碑157 "庆"（3.5cm→2cm）（如图1-45所示）

图1-45　序记157 "庆"字

右捺有两种表现形式：像"水""今"这样用粗线条强调的例子，以及像"庆"这样细小而轻描淡写的表达方式。如此，最初很细的笔画，可能被修长加粗修改好，也有修改后仍保持细、短的文字。需要特别关注的是左撇，它一直延伸到格子线以外。表1-15左侧的是"法"字，字宽1.95cm，是整体的1463个字之中的第1329个横向宽的字（第125个横向窄的字）。可以说，修改不仅仅是把文字放大，在与横向的关联中，还会把能伸展的笔画拉长。另一方面，表1-15右侧的"盖"字，横宽2.4cm（在整体文字之中宽度位于第739位）。"庆"则没有必要延伸到"盖"的部分。

表1-15 "庆"字左右的字

序碑117"法"（第4行第16个字）	序碑197"盖"（第6行第26个字）

从左撇和右捺的组合来看，平均文字宽度为2.73cm，修改前的文字宽度为1.15cm，平均延长了1.58cm。修改后最长的文字，是延伸到左侧文字空间的序记157"庆"字（文字宽3.5cm），超过3cm的文字共有29个，但从修改前的文字宽度来看，最宽的文字是序记26"微"，宽2.75cm，超过2.5cm的文字只有8个。

（三）小结

如上所述，本次对556个文字进行了考证，其结果如表1-16所示。

表1-16 556个字修正前后的平均宽度

	文字数	修正后平均文字宽度（cm）	修改前平均文字宽度（cm）
序碑	318	2.46	1.82
序记碑	238	2.67	1.91
合计	556	2.55	1.86

如表1-16，序碑中的文字修改前后平均相差0.64cm，而序记碑则平均相差0.76cm，二者综合而言，修改前后整体平均相差0.69cm。修改前的序碑和序记碑文字大小仅相差0.09cm，但修改后二者的文字大小差距则达到了0.21cm，因此可以认为修改前的文字大小差距，是在可容许的范围之内的。

观察修改前横向宽度较大的文字：（1）序记26"微"（3.4cm→2.75cm），（2）序644"教"（3.32cm→2.7cm），（3）序222"腾"（2.9cm→2.7cm）。像

这样修改前形状较大的文字，同时也是笔画较多的文字，对于这样的文字如何进行修改的，需要结合其他文字开展进一步考察。上述3个文字的尺寸界限是2.7cm。接下来的问题就是能否确认其部分移动。本论仅以笔画的长度变化作为基础统计数据，虽有一定的局限性，但也发现了明显存在移动痕迹的文字，如果考虑到文字的"部分移动"的话，2.7cm的界限理应还可以再稍作缩短。

六、修改前是否为一块石碑

首先，目前《雁塔圣教序》的状况，一个字的宽度多在3.3cm~3.5cm。假设3.4cm是现在的文字布局，序碑为20行，总宽68cm；序记碑是21行，总宽71.4cm。要想在一个石碑中刻入这些字，先要参考《同州圣教序》《招提寺圣教序》的文字位置排列。《集字圣教序》在其后加入了《般若波罗蜜多心经》，因此根据此二碑的布局来尝试推算。《同州圣教序》以29行58字收二文，《招提寺圣教序》以28行56字收二文。假设关注最大的文字，以2.7cm来计算，28行共计75.6cm，29行共计78.3cm。另外，把这3个字作为例外，用2.5cm来推算的话，28行共计75.6cm，29行共计78.3cm。在《西安碑林博物馆藏碑刻总目提要》[①]中，武德、贞观石碑的文字宽度如下表1-17所示。

表1-17　武德、贞观石碑宽度

名称	年代	宽度（cm）	行数	每行宽度（笔者统计）（cm）
郭荣碑	武德三年（620）	95	30	3.17
孔子庙堂碑	武德九年[②]（626）	110	34	3.24
智该法师碑	贞观十三年（639）	103	31	3.32
于孝显碑	贞观十四年（640）	76	28	2.71
李憨碑	贞观二十三年（649）	87	33	2.64
皇甫诞碑	贞观年间	97.5	28	3.48
同州圣教序	龙朔三年（663）	103	29	3.55

---

① 陈忠凯，王其祎，李举纲，等．西安碑林博物馆藏碑刻总目提要［M］．北京：线装书局，2006：3-4．表中摘录了名称、年代、文字宽度、行数。"每行宽度"是笔者将文字宽度作为行数的数值。因实际上石碑的文字左右配有图案，该数值虽然不是完全精确的数值，但可以作为参考数值。

② 关于孔子庙堂碑，笔者曾就年代问题发表过《关于孔子庙堂碑的年代》的文章。据笔者考证，其建立年代为贞观四年（630）十月。

在现在的《雁塔圣教序》中，左右两侧都有图案，即便考虑到这一点，收纳在同一块石碑上也是可能的。如果平均每个文字宽3.5cm的话，总宽就会变成98cm（28行）、101.5cm（29行），考虑到这一点，《同州圣教序》的总宽103cm也是可以理解的。①《雁塔圣教序》修改后的大小与《同州圣教序》的文字大小基本一致。如果从一开始就设想了这个尺寸，那么即使修改后的大小也可以收纳在一个石碑之内；而如果使用修改前的大小，那么以于孝显碑或李憨碑的大小为标准，也可以收纳在一个石碑内。

明朝丰坊在《书诀》中，把楷书分为大楷、中楷与小楷，其中我们所说的唐碑即属于中楷。②《书诀》（美术丛书本）里讲到小字"谓径寸以内"③，由此可以判断中楷大小为超过一寸的字。比如，《九成宫醴泉铭》的宽度为3.4cm~3.7cm。一寸为3.3cm，刚好可以将字放置在这个尺寸的框内。以笔者手头的发帖为例，测量文字框的宽度如表1-18所示。

表1-18　唐碑的字的宽度分类

A （cm）		B （cm）	
伊阙佛龛碑	4.4~5.0		
颜勤礼碑	4.4~4.6		
玄秘塔碑	3.7~4.0	孟法师碑	2.7~3.0
九成宫醴泉铭	3.4~3.7	孔颖达碑	2.8~3.0
等慈寺碑	3.4~3.7	多宝塔碑	2.7~3.0
裴镜民碑	3.3~3.4	孔子庙堂碑	2.5~2.7
房玄龄碑	2.9~3.2		
皇甫诞碑	3.2		

在上述测量中，由于是直接测量文字的边框，因此上述计算略有偏差，其实际结果应该是更小的数字。A类大于3cm，B类小于3cm。《雁塔圣教序》的

---

① 荒金大琳. 雁塔聖教序から生まれた同州聖教序［J］. 別府大学紀要，2010（51）：1-20. 该文献将《雁塔圣教序》与《同州圣教序》进行了比较，并着眼于《雁塔圣教序》中出现的修正线，也出现在《同州圣教序》中，论证了《同州圣教序》的底本即为《雁塔圣教序》。加之碑文刻字的线条变粗，修正线无法清晰可见，由于《同州圣教序》并没有像《雁塔圣教序》的雕刻那样精细，所以文字部分加粗，但可以确认二者的文字大小基本一致。中译本现藏于西安碑林博物馆. 文物出版社. 第七届中国书法史论国际研讨会论文集［C］. 西安：文物出版社，2009：178-204.
② 见丰坊《书诀》（四库全书本）"唐人法帖条"。卢辅圣. 中国书画全书：第三册［M］. 上海：上海书画出版社，2000：846.
③ 见丰坊《书诀》（美术丛书本）。卢辅圣. 中国书画全书：第三册［M］. 上海：上海书画出版社，2000：853.

文字平均为 2.34cm，序记碑为 2.54cm，整体平均为 2.43cm，由此可见，与此数值并无矛盾之处。从最大值来看，最大尺寸 3.5cm 的文字有 2 个，超过 3cm 的文字有 65 个。考虑到在本次测量的 556 个文字中，整体小了 0.63cm，可以认为《雁塔圣教序》最初的形态是属于 B 类石碑。值得一提的是，《雁塔圣教序》目前经过修改后的样貌属于 A 类石碑。事实上较之 A 类石碑而言，《雁塔圣教序》之中略小一点的文字数量则稍微多了些。

综上，本文对《雁塔圣教序》石碑文字修改前的原貌进行了测算，发现其大小明确可以收进同一块石碑之内。皇太子李治后来登基称帝，不愿再将称帝后自己的文章屈居第二，因此生出了将石碑一分为二的想法。其结果是将原本一块石碑上的文字，分别布局在两块石碑之上，造成了单个文字面积过小的情况。为了调整文字的大小，便加入修正线。本文在导向上述结论的过程中，仍有许多尚待解决的问题。至少通过本文的考证，可以得出结论：修改前文字的大小，是可以同时容纳在一块石碑上的。

作者：荒金治　有限公司启照 SHO 出版部
翻译：祝力新　中国传媒大学

第二部分
中方学者观照日本：教育、历史与典籍

作为近代学科的汉文教育在日本的形成与演变[①]

一、汉文作为学校教育的学科在近代日本的成立

倘若没有美国东印度舰队强行打开日本的国门，以及随之而来的西洋文明的强烈冲击，两百多年的江户时代以及整个社会格局还会持续多久，恐怕谁也难以断言。由寺子屋、众多的学塾、中央的昌平坂学问所（昌平黌）为楷模的、兴盛于各地的众多藩校等组成的江户时代的教育体系，其内涵的基本中轴，是以汉文为媒介的汉学。汉学是作为一种学问体系而存在的，来自中国的汉籍是主要的教科书，但它与中国本土以及朝鲜半岛、越南北部等地最大的不同是，其学习的目的不是为了考取功名，通过科举的台阶走上仕途。也就是说，除了寺子屋教育主要是为了庶民的日常营生之外，它并没有强烈的工具性，可以称得上汉学传播的汉文教育。汉文教育本身不具有明确的功利性，其主要的目的是有益于一个人的人格养成（大致相当于儒家所倡导的"诚心正意修身齐家治国"，即人生志向和道德的培养），同时兼具能力（文艺辞章、文史学识等）的培养。也就是说，它主要是一种教养、素养性的学习和提升，而一些内蕴较高的学塾或者书院，更是成了一种学问研讨的学术沙龙。如果没有因世界的大变局而带来日本的大变化，汉文、汉学在日本的形态和命运应该还会持续相当长的一个时期。

但是，西洋文明的强势冲击，动摇了日本社会既有的基底，迫使日本人面

[①] 本文的内容，部分参考了以下文献及相关研究论文，涉及相关具体内容，另外再加注说明。長谷川滋生. 漢文教育史研究［M］. 東京：青葉図書，1984.
石毛慎一. 日本近代漢文教育の系譜［M］. 東京：湘南社，2009.
浜本純逸. 漢文教育の成立過程：一八五〇～一九〇二（明治三五）年［J］. 国語教育史研究，2012（13）：1-26.
三浦叶. 明治の漢学［M］. 東京：汲古書院，1998.
西岡智史. 明治期漢文教育形成過程の研究［D］. 広島：広島大学，2015.

对新的外来文明的强势挑战而做出应对、调整和变革。自1860年开始，一些已有相当学养的日本人陆续走出国门，游历或游学欧美诸国，看到了一个相对先进的世界，并在幕府末年和明治初期掀起了一场启蒙思想运动。1871—1873年，由诞生不久的明治政府最高层人员组成的、108人的、庞大的使节团，花费了将近2年的时间，浩浩荡荡出访美欧十几个国家，游历了大半个世界，较为深入地考察了包括近代教育在内的西洋文明的实际状况，于是上下互动，策动了一场促使国家从前近代向近代社会转型的明治维新。几十年之后，日本出现了一个新面貌。

新面貌之一，就是近代或是现代教育制度和体系的建立。此前日本的识字率虽然已经比较高，但自下而上的寺子屋、学塾、藩校、幕府的昌平黉等，教材、教授方式、课时分配等几乎都是各为体系，都没有一个统一的规范和尺度，彼此之间并没有相互的衔接和有机的联系。在学习的内容上，后来也加入了一些西方的现代科学知识，藩校里也有部分的武艺和兵学，但主体仍然是汉文、汉籍和汉学。此时西方基本上已经建立起了由小学、中学、大学以及各类职业教育构成的、比较成熟的现代教育体系。于是明治政府在明治四年（1871）成立了主管全国教育的文部省，由文部省在翌年（1872）提出了一个有关全国教育的基本法令——《学制》，它基本上以西方的教育制度为模范，计划在全国建立若干个小学区、中学区和大学区，依照学区制建立小学、中学和大学，首先是整合寺子屋、私塾和藩校等既有的设施，推行小学、中学的建设。不过《学制》的制定者都是一些留洋回来不久的人，这一设想还是有些脱离当时日本社会的实际，也有些操之过急，很多设想实际上未能实现。

1872年制定的纲领性的《学制》，总体上是一份向西方看齐的文件，加之当时正是启蒙思想运动方兴未艾的时期，批判儒学的声浪高涨，日本近代邮政制度的创立者前岛密（1835—1919）主张废止汉字，启蒙运动的核心社团"明六社"的骨干人物森有礼（1847—1889）甚至在明治五年（1872）提出了要以简易英文来取代以汉字为主体的日本文。[①] 在这样的背景下，《学制》几乎没有提及在日本已经蕴藉深厚的汉文汉学。那个时候，"国语"的概念也没有诞生，因而在设想中的下等、上等（差不多相当于以前中国的初级、高级）小学教程中有关语言的科目是"缀字""习字""单词""会话""读本""书牍""文法"，下等、上等中学中，是"国语学""习字""外国语学""古言学"等，但

[①] 滑川道福. 国語教育資料：第三卷：運動・論争史［M］. 東京：東京法令，1981：227-230.

未明言其具体的内容。《学制》因缺乏具体的操作性，后来没有真正推行。

这一时期，有关汉文教育的确凿记录较少，明治十年（1877）由文部省编辑局编纂、文部省发行的《日本教育史略》，可以从中一窥政府的教育方针。该书第一部分"概言"的撰稿人是教育顾问美国人莫瑞，"概言"认为，一方面，江户时期以来的旧教育，"其广开知识、习熟作文"这一点是可以的，但反过来在"无用的诗赋"方面花费了太多的光阴。① 这里的"诗赋"，应该是指汉诗文。另一方面，"概言"强调要"学习荷兰、英、法三国语言，以此来习读外国书籍，探究欧洲富强之缘由"②。19世纪70年代炽烈的"开化"风潮以及作为顾问的莫瑞的倾向，导致日本当局一时对汉文教育采取轻视态度。

到了明治十三年（1880）教育令改正发布以后，随着人们对全面欧化政策的反省，轻视汉文的情形逐渐得到了改变。明治最初的几年，中学教育还是凤毛麟角，当局着力推行的，是以小学为主体的义务教育的普及。明治十四年（1881）推出的《小学校教则纲领》中，将小学的科目改定为"修身、读书、习字、算术、地理、历史"。"修身"第一次被列在了第一位。"读书"的内容具体分为"读法"和"作文"两类，并对"读法"的内容做了以下提示：

"在（小学）中等科中教授近易的汉文读本或较高程度的有假名交杂的读本；高等科教授汉文读本或程度高的有假名交杂的读本。读本宜选用文体雅驯、有益学术的文章，包含让学生身心愉悦的文辞。③"

根据官方的这一要求，陆续编辑出版了相应的教材。明治十七年（1884）出版的平井义直编辑的《小学中等新撰读本》（共六卷，其中第三卷有两册），第一卷至第三卷选用了各色文体的文章，第四卷至第六卷为汉文教科书，这些汉文教材有选自《大日本史》《日本史略》《皇朝史略》等日本的汉文典籍，更多是诸如《十八史略》《入蜀记》《史记》《蒙求》等中国的汉文典籍。④ 江户时代通过学塾、藩校等施行的汉文汉学教育，在明治时代，尤其是明治10年代中期之后，依然在新式的小学教育中，在很大程度上被延承下来了。

---

① 文部省編輯局．日本教育史略［M］．東京：文部省，1877：14. 其撰写者有日本人，也有文部省聘用的外国专家美国人莫瑞（D. Murray，1830—1905），莫瑞写的部分再由英文译为日文，因而带有西方人的倾向。西岡智史．明治期漢文教育形成過程の研究［D］．広島：広島大学，2015：25.

② 文部省編輯局．日本教育史略［M］．東京：文部省，1877：16.
西岡智史．明治期漢文教育形成過程の研究［D］．広島：広島大学，2015.

③ 増淵恒吉．国語教育資料：第五卷：教育課程史［M］．東京：東京法令，1981：4.
西岡智史．明治期漢文教育形成過程の研究［D］．広島：広島大学，2015.

④ 西岡智史．明治期漢文教育形成過程の研究［D］．広島：広島大学，2015.

那么，汉文教育在后来陆续建起来的中学中是怎样的情形呢？明治十四年（1881）发布的《中学校教则大纲》规定，中学校分为初等中学科（4年）和高等中学科（2年）两种形态，根据这一大纲，中学出现了"和汉文"这一科目。值得注意的是，"和汉文"概念的提出，就意味着除了成熟的"汉文"概念外，此时提出了一个"和文"的概念，这在以前是没有过的。说起来，日本对于本国的语文，此前其实并没有一个明确的说法和概念。和文与汉文并无明确的分配比例，但实际上是以汉文为中心，汉籍占了大半。这是因为，相对于汉文，和文此时还是一个年轻的概念，汉文的实用性，在江户时代已经得到了充分的证实，《学制》时期虽然也想降低汉文的地位，但是因为汉文的实用性以及其所包含的丰富的内蕴，一时还无法取消汉文。科目名虽为"和汉文"，"和"在前，"汉"在后，但其实这一时期依然是汉文为主，和文为辅。对此，石毛慎一认为："从明治十四年开始，教科的名称变成了'和汉文'，随之产生了与汉文相对立的'和文'这一概念……'和文'的学科内容虽然尚未独立，但这一概念却表示了试图将'母国语教育'的内涵从对汉文的依存中摆脱出来的姿态。"[①] 石毛慎一还认为，这一时期的"和汉文"科，是受江户时代儒学和藩校教育的影响所留存下来的"近世儒学沿袭期（汉文绝对期）"[②]。

有关"和汉文"科的内容，明治十五年（1882）发布的《文部省指令授业要旨》中虽然没有对教材提出明确的要求，但在概念上做了厘清和规定："和文为本邦固有的文章，其用途极为广泛，汉文作为有资于普通的文材，亦是必需的，规定为各级通用的科目。具体的学习，分为读书与作文。"[③]

这一时期中学使用的汉文教材，与小学教材不一样，都不是选本，而是直接的原本。汉文中，有来自中国的《小学》《论语》《孝经》《文章规范》《史记》《唐宋八大家读本》《孟子》等，也有来自日本的《日本外史》《神皇正统记》《日本政记》《本朝文范》等，但中国的汉籍占了大半。顺便说及，《本朝文范》并不是古典，而是明治十年（1877）以后新编纂的。这些汉籍可分为德育、历史、文学（诗文）三个种类，除"和汉文"科之外，在"修身""历史"课中也采用了不少汉籍的教材，实际上，在内容上也有若干的重复。在作文课上，也有汉作文，即撰写汉文体的文章。

根据明治十九年（1886）公布的《中学校令》，寻常中学校（大致等于初

---

① 石毛慎一. 日本近代漢文教育の系譜［M］. 神奈川：湘南社，2009：19-20.
② 石毛慎一. 日本近代漢文教育の系譜［M］. 神奈川：湘南社，2009：14.
③ 四方一弥.『中学校教則大綱』の基礎的研究［M］. 東京：梓出版，2004：158. 译自西岡智史. 明治期漢文教育形成過程の研究［D］. 広島：広島大学，2015.

中级中学，1899年改为中学校）内设置了"国语及汉文"科，其基本的框架和内容延承了上述的"和汉文"科。需要注意的是，此时"国语"这一概念诞生了，它应该是近代日本民族自觉的体现。同年停止了小学阶段的汉文学习。

从以上的叙述来看，大约从19世纪80年代以后，汉文又在中小学，尤其是中学的课程中，占据了比较重要的位置，接受过中学教育的人，可以毫无障碍地阅读汉文典籍，并大致可用汉文来作文。这里还必须记述一个非常重要的事实：汉文的词语在明治时期日本人汲取西方的概念和词语时，发挥了极为重要的作用。20世纪以后，日文中对于非汉文体系的西方语汇的引进和吸收，一般直接采用读音标注的片假名新词语，但是在整个明治时期，很多都是采用由汉字组成的译词，有少数是将既有的汉字词语赋予新的词义，诸如，"经济""政治""物理"等，来对应西文中的 philosophy、politics、economy 等，更多的则是新创制的汉字词语，比如，"哲学""艺术""美学"等，还有很多如社会主义、帝国主义、共产主义、资本主义等新的政治词语。这样的情形，在医学中也很普遍，诸如，外科、内科、妇科、产科、高血压、血糖值等。

最为典型的是中江兆民（1847—1901）的卢梭《社会契约论》的汉译本《民约译解》。中江兆民出身低微，但年少时即刻苦好学，胸有大志。他在15岁时进入当地的藩校"文武馆"学习，打下了扎实的儒学和汉文的基础，之后出外游学，在幕府开设的"语学所"苦读法语。1871年11月经美国到法国留学，1874年6月回国，自己开设了"法兰西学舍"，并将卢梭的《社会契约论》的部分内容用"和汉混淆体"①的日语翻译了出来（一般称为"和译本"），但只是以手抄本行世，并未出版。1882年，中江兆民将自己的译文以《民约译解》为题，改为汉译，即用汉文翻译出来，刊登在《政理丛谈》上，之后就出版了单行本。也就是说，中江兆民第一个公开出版的译本是汉译本。狭间直树教授认为："中江兆民之所以要把《民约译解》用汉文改译出来，是因为汉文在当时的文化地位高和其表现力的丰富。"②后来以"学仆"的身份在中江兆民门下受教的幸德秋水（1871—1911），曾这样评价中江兆民："先生当然不是汉学思想的信仰者，但他认为若用汉文将西洋的思想充分译写出来的话，就能写出

---

① 和汉混淆体，指日语的"和文文体"和日语的"汉文训读文体"混用的一种日语文体，又称"和汉混淆文"或"和汉混交文"。
② 狭间直树. 中江兆民『民約訳解』の歴史的意義について：「東アジア文明圏」形成史：思想篇［J］. 京都大学人文科学研究所附属现代中国研究センター研究报告，2013：11.

93

完美的文章。"① 顺便提及，中江兆民的《民约译解》并不是孤例，这样的情形在当时的日本还比较常见，比如，下里弥生将英文书中的西洋各种杰出人物的事迹用汉文编译出来的《泰西伟人传》（1887年东京东洋学会出版），在当时也十分流行，编译者用汉文的理由，也是因为可用简洁的文字表述丰富的内涵。

二、汉文学科的尴尬与内涵的演变

尽管当时日本社会的精英都很明白汉文丰富的内蕴和简洁明了的表现力，但随着明治国家的形成，在江户时期下半期就以"国学"形态表现出来的日本人的文化自觉，在西洋文明的刺激下，就越发鲜明和强烈起来。恰好在此时，中日之间在明治二十七、二十八年（1894—1895）发生了一场日本人挑起的甲午战争，战争以中国的惨败而告终。长期以来面对作为文化大国的中国一直有些自卑的日本人，立即获得了扬眉吐气的感觉，将此前已经逐渐在蕴积的鄙视中国的意识，借这场战争的胜利集中喷发出来了。日本人的对华意识，这一时期是一个鲜明的转折点，就如同在《马关条约》上代表日方与伊藤博文共同签署的当时的外务大臣陆奥宗光在战争结束后不久撰写的《蹇蹇录——甲午战争外交秘录》中写到的那样："在平壤（8月16日）、黄海战胜（9月17日）以前私下为胜败而担忧的国民，如今则对将来的胜利毫不怀疑，觉得问题只是日本的太阳旗何时进入北京的城门，于是乎，整个社会气象狂跃于壮心快意，沉溺于骄肆高慢，国民到处沉醉于喊声凯歌之中，对将来的欲望与日俱增……其间若有深谋远虑之士提出稳妥中庸的意见，则被视为卑怯懦弱之辈，无爱国心之徒，几乎为社会所不齿……"②

一般把甲午战争爆发的明治二十七年至明治三十四年（1901）看作"汉文让位期"③。它的一个基本特征是，作为一种全民学习的语文，汉文的重要性以及语文学习的量（教科书中的中国汉籍的比重和课时数）在逐渐减少，而明治三十三年（1900）八月，随着文部省《小学校令改正》的发布，小学正式设立了"国语"科目，它不再与汉文连在一起，而是作为一门语文课完全独立了出来，在4个月之后，文部省又把中学的"国语及汉文科"改为"国语科"，这一年也被视为日本"国语科"正式诞生的年份。

国语科的诞生和汉文的相对衰弱，其实还有另外一个背景，那就是在西洋

---

① 幸德秋水. 中江兆民全集别卷[M]. 東京：岩波書店，1986：421-422.
② 陆奥宗光. 蹇蹇録[M]. 東京：岩波書店，1983：178.
③ 石毛慎一. 日本近代漢文教育の系譜[M]. 神奈川：湘南社，2009：13.

文学的刺激下，日本的近代文学渐渐形成，文学的成就带动了本民族语文的成熟（这在全世界几乎是一个普遍的现象），其重要的标志就是"言文一致"运动。日本的新文学，大致滥觞于坪内逍遥（1859—1931）于1885—1886年发表的理论著作《小说神髓》，同时代的小说家二叶亭四迷（1864—1909）稍后在其翻译的屠格涅夫的小说中，大致完成了言文一致，创造了一种既不同于汉文也有别于俚俗的日常口语的一种新的、比较优雅的现代日文。之后陆续涌现出了森鸥外、樋口一叶、岛崎藤村等一批卓有成就的作家，作为语文的日文也越来越显示出它不同于汉文的性格。

19世纪90年代以后，由于甲午战争日本的胜利而进一步激起的日本人的民族自傲意识，以及近代文学的形成促成的日本近代语文的成熟等诸种原因，作为语文的汉文，其地位和重要性受到了"国语"的严峻挑战，在学校教育中所占的比例也渐趋下降。但是，具有讽刺意味的是，另一个强大的政治原因，却使得汉文所承载的中国传统的道德伦理被提高到了一个空前的高度。

1890年，继之前的《军人敕谕》之后，以天皇的名义发布了《教育敕语》。这是近代日本力图建立天皇制国家，即所谓"皇国"而在意识形态领域推行的一个十分重要的步骤。它的中心思想是"我皇祖皇宗肇国宏远，树德深厚，我臣民克忠克孝亿兆一心，世济其美，此我国体之精华……一旦缓急则义勇奉公以扶翼天壤无穷之皇运，如是者不独为朕忠良臣民，又足以彰显尔祖先之遗风"，但是它的理论铺垫，则是儒家历来所倡导的"孝于父母、友于兄弟、夫妇相和、朋友相信、恭俭持己、博爱及众"。在长达近700年的3个幕府时代，政治实权一直掌控在将军手里，以天皇为首的朝廷长期被搁置在一边，在这近700年间，天皇也几乎失去了他的权威。1868年各地倒幕势力推翻了江户幕府，将天皇重新扶植起来，并炮制了"国家神道"，将天皇家族起源的神话渲染为大和民族共同的文化认同，赋予了天皇无上的光环。1889年颁布的宪法，确立了天皇无上的权力和地位，并认定天皇制国家，即"皇国"，是日本的国体。于是在翌年（1890）10月，发布了由曾担任文部大臣的井上毅（1844—1895）主要起草的《教育敕语》，在日本所有的中小学推广，以培育忠君爱国的日本臣民。哲学家井上哲次郎（1855—1944）等还专门撰写了《敕语衍义》等解说书籍来帮着做宣传。也是在《教育敕语》发布以后，日本的汉文教育在一定程度上逐渐沦落到了为日本国体论背书的境地，成了推行忠君爱国教育的一个工具。当然，具体的推行也是一个比较缓慢的过程。

1905年日本在日俄战争中再次取得了胜利，胜利的主要原因被社会主流声音归结为日本军人对于天皇和皇国的忠诚及由此激发的斗志。以天皇制为中轴的忠孝思想也由此迅速传播到了教育界，《教育时论》杂志的总编发文表示，"要把儒教和佛教在日本融合成的忠孝思想再度组合成和谐的忠孝"。著名教育家、曾担任东京高等师范学校校长的伊泽修二（1851—1917）发表文章说："要把以宗教的信念来敬神的思想当作忠君爱国的根本精神树立起来。"① 在这样的舆论的带动下，首先是"修身"科教材内填塞了大量有关皇室的记载、日本国旗、大日本帝国、祖先、传统的祭祀等内容，从小加强日本人对本民族的认同意识。但令人啼笑皆非的是，儒家的道德伦理却获得了比之前更高的地位，它的主要内容被安排在"修身"和"历史"等科目中，着重选用具有忠孝节义的内容。汉文教材中也加入了许多鼓吹忠孝节义的文章，诸如，藤田东湖《讲道馆述义》中的《忠孝无二》、吉田松阴《士规七则》中的《以忠孝为根本》等。

作为语文科目的汉文，其在日本的地位和角色一直起落不定，时常被各种社会思潮所裹挟。在1900年前后，随着"国语"科正式建立，汉文就渐渐失去了主导日本语文的地位，明治三十五年（1902）《中学校教授要目》制定以后，"汉文讲读"的比重降到了"国文讲读"的一半甚至以下。在中央层面，"讲读"的内容，"国语材料"与"汉文材料"之比，在整个5年课程中，是17∶8，地方上虽然不尽相同，但大致在16∶7，汉文的书写和作文被取消了，科目的顺序依次为"国语""作文""文法""国文学史""汉文"②，汉文降到了最后。政府这一贬抑汉文的举措，遭到了汉文保存派的强烈反对，江户时代长时期的汉文汉学的浸淫，毕竟培养起了相当一批有汉文情结的日本人，尤其是在各学校教授汉文科的教师以及社会上一部分有中国情结的人，于是他们团结起来，掀起了反对取消和降低汉文的运动，一时也赢得了教育界的支持。官方性质的"帝国教育会"在1903年7月通过了一项决议，明确"中等教育中的汉文，具有与国语对等的位置"。因为这项决议，汉文的教学量后来又得到了一定的提升：在中央层面，中学五年中的合计课时数，国语与汉文之比，恢复到了13.5∶12；在地方上，以1914年的岛根县立松江中学为例，这一比例为14∶13。③ 这样的状态，基本持续到了昭和时期。

明治后期，在汉文教课书的编纂上，有一个值得注意的现象：相当一部分

---

① 石毛慎一. 近代における前期中等漢文教育の史的展開 [J]. 国語科教育, 2002 (52)：75.

② 石毛慎一. 近代における前期中等漢文教育の史的展開 [J]. 国語科教育, 2002 (52)：76.

③ 石毛慎一. 近代における前期中等漢文教育の史的展開 [J]. 国語科教育, 2002 (52)：74-76.

的教科书内，除了传统的中国古典和日本汉文外，还采用了所谓来自中国的"时文"。其缘起是甲午战争的发生让日本人认识到，不能只是阅读中国的古典，还需要了解当时中国的实际情形，了解当时中国的官文公牍和报刊文的书写。不然，日本学生虽然熟读了中国古代的典籍，而对于当今的"时文"却是一窍不通，也未免太不实用。当然，这类所谓的时文，就文章样态来看仍属汉文（文言文），只是有些报刊文相对显得比较浅近。从政府检定的教科书来看，采用时文的汉文教科书占了当时教科书总量的三成，从明治三十一年（1898）到明治四十四年（1911），年年都有。其中以明治三十六年（1903）为最多，有5种。① 明治三十一年出版的国光社编的《中等汉文读本》（十卷本）中，收录了《中日通商行船条约》等，并在"采录意图"中这样写道："官府公文，古来别有一体，颇与寻常文章异。况，现时清廷所用，更为异体也。读者亦不可不知焉。故本编附之于第十卷末尾，以资读者。"② 而在《中等汉文新读本》中，则收录了《时务报》上刊登的《四十日环游地球》以及《清议报》上刊登的《纳尔逊逸事》等，几乎都是中国人撰写或编译的有关西洋的文章。笔者在日本国会图书馆数据库中公布的电子文库中，查到了早稻田大学出版部出版的明治三十六年（1903）编纂的讲义录《支那时文评释》（青柳笃恒述），里面收录了相当一部分的"上谕""奏折"等公文，诸如，《两江总督刘坤一死去》《甲午战役宣战》《北清事变论功行赏》《外务部选派留学生总监督并颁发关防折》等，还有甲午海战时的《照会伊东中将咨复丁提督》等，多为官文公牍一类，每篇这一类汉文后，都附有编纂者用日文写得非常详尽的注解，以便加强阅读者对当时中国这一类公文的理解。不过，文部省对这一类的新读本检定比较严格，被批准为全国教科书使用的不算太多。之后，也有人批评这类时文不具有文章的规范意义，反而挤占了经典的篇幅，若干年后，这类教科书就渐渐不再使用了。不过从中也可看出这一时期汉文教科书编纂的一个新动向。

总体而言，到了明治后期，汉文教育逐渐沦为国语的附庸，不仅失去了江户时代的绝对光彩，而且与明治前半期相比也黯然失色了。

三、汉文教育在大正昭和前期的状况

进入大正时代（1912—1925）后，汉文的地位再度受到了挑战。大正七年

---

① 木村淳. 漢文教科書における時文教材：明治期の検定制度との関わりから[J]. 中国文化：研究と教育，2012（70）：93.
② 木村淳. 漢文教科書における時文教材：明治期の検定制度との関わりから[J]. 中国文化：研究と教育，2012（70）：94.

(1918),很有影响力的国语教育家、主编了《大日本国语辞典》的上田万年(1867—1937)再次登场,向当局提出了"汉文教育废止论"的提案,重新掀起了打击汉文教育的浪潮。同一时期,在日本国文学界极有影响力的、著有《国文学史十讲》等并担任过国学院大学校长的芳贺矢一(1867—1927)在1918年的《国语教育》杂志上发表了《废止中学校的汉文》一文,认为:

"看一下今天中学校的汉文教授实况,实在是在教一些无用的东西。汉文的古典中所出现的文字,跟日本的社会国家一点关系也没有,而且有很多在支那①的今天也是不需要的……如果是要培养以前那样的汉学家,也许是需要的,而如今在中学里却把那些对绝大多数的中学生来说也许一辈子都用不着的东西硬塞给他们。对于时间是一种浪费,对于智力是一种消耗,实在是错误的做法。跟其他科目一样,一星期里要花好几节课的时间,安排专门的教师去教学生,学生的负担很大……这些对今天的作文能力有多大的影响呢?当然多少是会有些效果的,但是与学生的负担相比,这些价值是不是相当呢……有人说,倘若没有汉文素养的话,就写不出好文章来,这说的是让他们写昔日风的汉文词调的文章吧?这种想法已经是旧思想了。比起那些人写的文章,不,比起韩(愈)柳(宗元)以及其他名家的汉文来,今天的小学生、中学生用口语体写出来的文字,以现代日本人的眼光来看,会感到这是更为妥帖、更有感情、更加达意的名文吧。"②

芳贺矢一自己的汉文功底其实是很好的,晚年曾著有《日本汉文学史》,他的观点也不是没有道理,但总体来说,他的观点基调,与当时整个日本社会对中国轻视的风气是互为表里的。

对于甚嚣尘上的汉文废止论,势力尚存的汉文保存派也再度出手回击,他们联合起来,在1921年向众议院提交了"关于振兴汉学的建议案",获得了国会的支持。此后,在整个大正年代,在总量上,汉文维持了与国语基本同等的比重。进入昭和之后的1929年,当时作为汉学家和汉文教育推进力量的重要团体"斯文会"的机关杂志《斯文》上发表了一篇署名为菅沼贵一的重要文章——《中等教育汉文科教授的革新》,文章表示:"试看一下低年级的教科书,其教材多采用《日本外史》《大日本史》《国史略》等(日本人写的)书籍,这

---

① "支那"为"二战"前日本人对中国表示蔑视的称呼,"二战"后被禁用。此处为尊重原文,作保留处理。
② 参见野地潤家. 国語教育資料:第一巻:理論・思潮・実践史[M]. 東京:東京法令,1981:174-175. 引译自西岡智史. 昭和戦戦前期の漢文教育に関する研究[J]. 関西学院大学教職教育研究記念センター紀要,2017(03):86-87.

是可以的。但是，在高年级中，宜采用《论语》《孟子》等自古以来就与国民精神关系深切的教材，应削减占了现行教科书中很大篇幅的支那人邦人的诗文，而增加李（白）杜（甫）韩（愈）白（居易）这些代表性诗人的杰作，以资陶冶学生的性情，同时来养成学生的文学趣味。"① 作者（其实也是代表了斯文会）的观点，还是非常推崇包括孔孟、李杜在内的中国经典。从中可以看出，即使是在昭和年间，日本依然还有相当一批人，内心怀有对古代中国的景仰情结。顺便说及，斯文会的母体原本是明治早期1880年创立的"斯文学会"，云集了当年的一批汉学界的大师，如岩仓具视、谷干城以及重野安绎等。斯文会本身成立于1918年，"孔子祭典会""孔子教会"也是它的母体，由此可见它与中国的渊源很深，一直是日本推崇中国文化的重要团体之一——在上文提到的昌平黌的遗迹汤岛圣堂，亦即东京最大的孔庙，现在也是由斯文会在经营管理的。

　　由上述的事实可看出，进入大正和昭和时期后，汉文亦即中国经典的地位，一直随着时代的风潮和学校教育的实状发生着一定程度的起伏跌宕，但总体上渐趋缩小和减弱，它的内涵和角色也发生了很大的变化，语文的功能已渐渐从当时的社会中退出，包括中国和日本的汉文在内的内容，更多地被用作"培养（日本）国民精神的内涵"，即与《教育敕语》相一致的传统道德的养成方面，最终被导向忠君爱国的思想。

　　昭和六年（1931）一月，文部省发布了《中学校施行规则》的改定版，其中要求"汉文讲读"课程"要叙述国体之精华、民俗之美风、贤哲之言说"，"要以邦人（日本人）的著作为主体"，内容要选择"与德育教育关系密切的汉籍"②。也就是说，第一，汉文教材以日本人的著作为主体；第二，内容要与德育教育密切相关，要叙述国体之精华。这里所谓的德育教育（原文是"德教"），重点就是忠于天皇和天皇国家。也就是在这份改定版中，决定了将此前的"国语及汉文"科改为"国语汉文"。如此的改定，意味着今后汉文教育的重心已不再是汉学和汉作文的习得，而是重在"讲读"。因为在这一时期，在一般社会上，汉文已经失去了"实用文"的价值，也就是说，人们已无须再用汉文进行写作了。而在明治时期，在稍有教养的阶级中，写作汉文是一个比较普

---

① 引译自西冈智史. 昭和戦戦前期の漢文教育に関する研究 [J]. 関西学院大学教職教育研究記念センター紀要，2017（03）：87.

② 参见文部省《中学校令施行规则中改正》第二章《学科及其の制度》之第七条。引译自西冈智史. 昭和戦戦前期の漢文教育に関する研究 [J]. 関西学院大学教職教育研究記念センター紀要，2017（03）：84.

遍的现象。

就在这份改定版发布的第二个月,又发布了《中学校教授要目改正》,其中指出:"在教授国语汉文之际,期待能启发陶冶学生之思想情感,由此培养其高尚的人格,特别是对其爱国精神的培养。"这里的所谓爱国精神,与此前提及的忠君爱国,可以理解为同一个意思。

在此之后,日本的整个社会变得越来越保守、越来越僵硬,军部的势力也越来越强大。体现在学校教育中,对于忠的宣扬超过了孝,而在忠里面,又特别强调殉难献身的忠,即为了天皇、为了天皇国家(皇国),不惜献出自己的生命。1937年3月,已是日本发动全面侵华战争的前夜,文部省又发布了《中学校教授要目中改正》,对汉文的部分做了如下的表述:"要特别注重阐明我国国民性之特质与国民文化之由来,要有益于涵养国民精神。"① 同年5月发布的解说性质的《中等学校改正教授要目之旨趣》又进一步表示,教材要"选择邦人之著作及汉籍中之平易雅驯之内容","汉籍,这里指的是支那人所书写的汉文。之前曾强调'要以邦人(日本人)的著作为主体','宜选择与德育教育关系密切的汉籍',但是在汉文中,支那人所写的优秀作品要多于邦人的作品,且邦人的作品也未必平易,因此这次要拓宽取材的范围,从邦人的著作和汉籍中选取"②。这里表现出了对之前极端偏激做法的若干修正,承认中国人写的汉文总体要优于日本人的汉文,尽管当时中日之间的政治关系已经日趋恶化。

大东文化协会在1937年编纂了一套五卷本的《皇国汉文读本》(在今天看来,"皇国"二字本身就会让人产生触目惊心的不快感),第一卷为"入门篇",选用的是《日本外史》《十八史略》这些有关日本和中国的历史书籍,以及《论语》《孟子》等经典,大致延承了明治时期的编选脉络,但从第二卷开始,就采用或编撰了诸如《山田长政传》这一类记述,宣扬日本人在南洋、海外扩展贸易和势力的文字,其背景就是一战以后日本占据了原属德国的南太平洋的诸多岛屿,它显然与日本试图推行的对外扩张政策有关。在同年推出的《皇国汉文读本编纂趣意书》第二项"国民教育中的汉文位置"中,这样写道:"构成汉文学的内容是稳健中正的儒教思想、高远幽玄的佛教思想、虚无恬淡的老庄思想。这些东方(原文为东洋)思想是世界精神文化的至宝,可培养辅翼我

---

① 引译自西冈智史. 昭和戦戦前期の漢文教育に関する研究[J]. 関西学院大学教職教育研究記念センター紀要,2017(03):85.
② 引译自西冈智史. 昭和戦戦前期の漢文教育に関する研究[J]. 関西学院大学教職教育研究記念センター紀要,2017(03):85.

国固有的思想。"① 虽然充分肯定了儒、道、释这些传自中国的东亚古典思想，但其目的还是"培养辅翼我国固有的思想"。日本人自己也明白，日本的所谓"固有的思想"，除了"神道""皇道"（这两者本身也有大陆文化的印痕）之外，其实是很弱的，所以上述编纂趣意书也承认，自汉学传来以后，"汉语（这里是指古代汉语或汉文，非现代汉语——引译者注）已与国语融合为一体"，"汉文是现代国语的根干"②。在说到振兴汉文的意义时，该书又补充说："如今，我国作为东亚的雄邦，正处于东洋和平维持者的地位。要维持东洋和平，就必须深刻理解东洋。而对东洋的理解，就必须从汉文中去寻求。"在近现代日本人的语境中，"东洋"更多的是指与日本相关联的东亚，在当时主要是指中国（此书还提到了"伪满洲国"，而朝鲜半岛则在1910年已被日本吞并）。所以归根结底，这还不是单纯的语文学习，言辞之间流露出日本在东亚称霸的野心。

随着日本对外战争的扩大，汉文教科书中越来越多地出现了如《广濑中佐》《肉弹三铳士》《记旅顺仁川海战》等描写日本军人在海外"英勇"作战的文章，以激励和鼓舞青年学生为皇国战斗、为天皇献身的激情，比起配合宣传《教育敕语》的思想来，更加赤裸、更加露骨了。当然，这些所谓的汉文都是日本汉文，与中国的经典已经没有关系了。

总而言之，到了大正和昭和前期，汉文教育的地位虽然有起有落，也在日本的学校教育中占据了比较重要的地位，但是它的意义，已不可与江户时代同日而语，甚至与明治时期的前中期也大相径庭。在形式上，它已沦为"国语"的从属地位；在内容上，它更多的是辅助《教育敕语》的思想教育，忠孝节义的内涵被放大，在一定程度上成了培育日本人国民精神的工具。当然，唐宋诗文的内涵养育意义以及它的辞章文采价值，一直没有被否定。到了战后，中国的古典诗文，则被编入国语科中"传统的语言文化"这一框架里，依然占有一定的位置和篇幅，只是读法完全是日本式的训读了，即便受过这一课程的教育，也基本丧失了直接阅读汉诗汉文的能力了，包括日本的汉诗汉文。

作者：徐静波　复旦大学日本研究中心
徐晓纯　上海杉达学院

---

① 引译自西冈智史. 昭和戦戦前期の漢文教育に関する研究［J］. 関西学院大学教職教育研究記念センター紀要，2017（03）：88.
② 引译自西冈智史. 昭和戦戦前期の漢文教育に関する研究［J］. 関西学院大学教職教育研究記念センター紀要，2017（03）：88.

1934年藏本英明事件与中日关系的波折

从九一八事变到卢沟桥事变的近6年间,日本在中国制造"摩擦"事件的数量难以统计,严重程度各有不同。有的严重影响到中国的主权,有的甚至造成远东国际关系格局的变动。而在众多的"摩擦"事件中,恐怕没有比"藏本英明失踪事件"更扑朔迷离、出人意料的了。1934年6月8日,日本驻南京总领事馆发生了副领事藏本英明"失踪"事件。6月13日,藏本英明被中国方面寻获。该事件从开场到收尾,经历的时间很短,却在中日关系上闹得"满天星斗",牵动两国朝野上下的神经,几乎引发日本发动新的侵略战争。藏本英明事件当时备受舆论关注,中日关系出现强烈震荡。然而,后来的研究者对此未给予高度重视,这或许与该事件的"虎头蛇尾"不无关系。与1931年的中村事件相比,该事件毕竟并未引发日本发动侵略战争,反而以看似啼笑皆非的"笑剧"收场。该事件以日本向中国提出威胁开场,又以日本向中国"道谢"落幕。或许正是因为该事件的"无果而终",既有著述对此只是"蜻蜓点水"或仅限于较粗略的梳理。[①]

目前,中文、日文的相关档案多已公布,围绕该事件的电文往来已不再神秘。但是,需要指出的是,在藏本英明事件"真相大白"前,中日两国掌握的都是"有限"的线索。双方在尚未明了起因及对方的决策前,在处置该事件时

[①] 据有限观察,目前涉及此事件的著述至少应包括以下几种。其一,1934年6月,上海The Comacrib Press 出版过一本小册子,*The History of the Kuramoto Incident*. 这是较早介绍该事件始末的代表。其二,7月,日本评论社主编的《藏本英明失踪事件之始末》(正中书局,1934年7月),利用报刊对该事件进行系统梳理。其三,后人的研究如下:经盛鸿. 南京沦陷八年史 [M]. 北京:社会科学文献出版社,2013. 朱宝琴. 藏本英明失踪事件与蒋汪的联合应对 [J]. 扬州大学学报(人文社会科学版),2012,16(03):76-80,108. 臼井胜美. 藏本書記生失踪事件 [M] //国史大辞典:4. 東京:吉川弘文館,1984. 其中,《藏本英明失踪事件之始末》为事件后不久编辑的资料选辑,具有较高的参考价值。经盛鸿和朱宝琴的研究,利用报刊、档案等资料对该事件进行的梳理是值得给予特别关注的著述。

都带有"盲目性",凭借的多是"片面"线索、局部信息。至于事件因何而起、事件将引向何方,后来看似简单明了的问题,当时的经历者却苦苦找寻答案而不得。中日两国由此产生的"互观"和"互动",是可供研究者分析中日关系未来走向的契机。鉴于此,后来者有必要暂时搁置"谜底",与当事者"并肩而行",并以此揣摩当时中日两国关系未来走向的可能性。

一、日本方面的推测和臆想

藏本英明的"失踪"发生于6月8日晚。次日,日本驻南京总领事须磨弥吉郎在致外相广田弘毅①的电报中称,8日晚上10时30分左右,总领馆送驻华公使有吉明返回上海,未见藏本英明回馆或回家。当晚,须磨弥吉郎即派人在日本侨民居住区及周边搜寻,直到次日上午11时仍一无所获。9日,须磨弥吉郎向外相广田弘毅发出电报(第626号),汇报藏本英明"失踪"事件。须磨弥吉郎在电报中特别提到,"最近不知何故,(中国)宪兵对本馆实施严密监视"②。须磨弥吉郎的言外之意,是试图将此事与中国方面的监视联系在一起,并将外相广田弘毅的注意力引向中国国民政府。本领馆职员的"失踪"如是中国方面所为,或许可为自己开罪不少。

6月9日,须磨弥吉郎向外相广田弘毅发出第二封电报(第627号),详细罗列出他的种种猜测和推断。首先,他再次将怀疑的矛头指向中国"宪兵队的行为",认为藏本英明受中国宪兵绑架或杀害的可能性很高。其次,他提出引发该事件的其他可能性,如"蓝衣社除奸团的行为"、朝鲜人的抗日行为、藏本英明"私生活上的问题"等。在须磨弥吉郎的推测和分析中,除最后一项外,其余都是"敌对力量"主事或参与的可能性。③ 从此角度而言,须磨弥吉郎的第二封电报与第一封电报很接近。目前无法判断须磨弥吉郎与有吉明是否交换过看法,从有吉明发给外相广田弘毅的电报可以看出,须磨弥吉郎与有吉明在这一点上具有高度相似性。有吉明认为,此事件很可能是南京方面的首都宪兵司令部利用朝鲜人秘密搜查"汉奸"或日本人的住所,并利用朝鲜人对中国"汉

---

① 广田弘毅(1878-1948),日本第32任首相(内阁总理大臣),二战甲级战犯。1934年藏本英明事件发生时,广田弘毅时任日本外相。
② 参见须磨弥吉郎致広田弘毅电(第626号,1934年6月9日),「JACAR(アジア歴史資料センター)Ref. B14091169800、蔵本書記生失踪関係一件 第一巻(M-2-1-0-48_001)(外務省外交史料館)」。
③ 同上,此电报分"之一""之二"两件。其中,第一件原标注为"7"日,应为"9"日之误。

奸"、日本特务实施暗杀。①

值得注意的是，6月9日须磨弥吉郎向外相广田弘毅发出的第三封电报（第628号），提及藏本英明的"失踪"与其带有"自杀"倾向相关的流言。不过，须磨弥吉郎认为，这种传言是经不起推敲、荒诞不经的臆测，建议仍参考发出的上一份电报（第627号）。② 这意味着，须磨弥吉郎注意到外界流传藏本英明"失踪"可能与"自杀"有关的说法，只是他矢口否认这种关联性存在的可能性，并希望广田仍将注意力指向"敌对力量"方面。值得注意的是，须磨弥吉郎刻意否定藏本英明"失踪"与其"自杀"之间存在关联性，是否因为这种关联性会对须磨弥吉郎产生不利影响，这是值得特别留意的。

6月10日，广田弘毅在复电中指令须磨弥吉郎，一方面积极督促中国方面严密搜查，另一方面要求全馆上下努力探查实情。③ 换言之，广田弘毅并未完全受须磨弥吉郎上述电报的引导，只是指令须磨弥吉郎按"常规"行事。

6月10日，须磨弥吉郎致电外相广田弘毅（第630号）称，中国报界将藏本英明事件与中国青年叶木花在日遇害事件联系在一起。④ 叶木花事件与藏本英明事件，前后不足一个月，二者之间是否存在联系？这是须磨弥吉郎向外相广田弘毅提及此事的原因。同一天，日本外务省系统的联合通信社发布采访藏本英明夫人的谈话。内中提及，藏本英明近来常向夫人提起，他在从居所赴总领馆的途中，常被人跟踪、尾随。并称，藏本英明到达总领馆后，经常需要向其夫人打电话、报平安。⑤ 这一信息更使须磨弥吉郎相信，藏本英明事件可能含有中国方面借机"复仇"的意味。如果此层猜测能够坐实，基本可以消除藏本英

---

① 参见有吉明致广田弘毅电（第470号），「JACAR（アジア歴史資料センター）Ref. B14091169900、藏本書記生失踪関係一件　第一巻（M-2-1-0-48_001）（外務省外交史料館）」。

② 参见须磨弥吉郎致广田弘毅电（第628号，1934年6月9日），「JACAR（アジア歴史資料センター）Ref. B14091169800、藏本書記生失踪関係一件　第一巻（M-2-1-0-48_001）（外務省外交史料館）」。

③ 参见广田弘毅致须磨弥吉郎电（第95号，1934年6月10日），「JACAR（アジア歴史資料センター）Ref. B14091170100、藏本書記生失踪関係一件　第一巻（M-2-1-0-48_001）（外務省外交史料館）」。

④ 参见须磨弥吉郎致广田弘毅电（第630号，1934年6月10日），「JACAR（アジア歴史資料センター）Ref. B14091169800、藏本書記生失踪関係一件　第一巻（M-2-1-0-48_001）（外務省外交史料館）」。叶木花，是1934年5月24在日本长崎遇害的中国留学生。叶木花被日本人杀害，中国驻日公使蒋作宾提出严重交涉。最终，该事件以日本惩凶、道歉结束。

⑤ 参见藏本夫人近状を語る，「JACAR（アジア歴史資料センター）Ref. B14091171000、藏本書記生失踪関係一件　第二巻（M-2-1-0-48_002）（外務省外交史料館）」。

明"自杀"和"失踪"的可能性。基于此种考虑,须磨弥吉郎向外相广田弘毅提出处理藏本英明事件的可能办法:其一,中国方面以国民政府的名义道歉;其二,处罚主管警备任务的责任者;其三,彻底取缔排日、抗日运动;其四,支付遗属抚恤金30万元。① 从此提议可以看出,须磨弥吉郎计划将此定性为外交官被中国人杀害的事件。关于抚恤金一项,须磨弥吉郎在致外相广田弘毅的电报中明确提出,"支付(藏本英明)妻子的抚恤金计5万元"。须磨弥吉郎特别标明,这笔抚恤金数额的依据,是济南惨案遇害蔡公时遗孀善后所得。② 可以看出,须磨弥吉郎已明确将藏本英明事件定性为日本外交官遇害事件。

6月10日,日本驻南京陆军武官向中国国民政府表示,如中国警宪搜查不出藏本英明,日本方面将"自行寻觅"。③ 日本方面向中国施压,可以解释为日方迫切希望事件早日解决,也可解释为日方不排除事件或有扩大的可能。如果日本方面在南京四处"寻觅"藏本英明,引起两国间冲突的可能性极大,或许会进一步导致事态的恶化。同时,南京的日本侨民召开会议,商议藏本英明事件的善后对策。日侨总会会长庄司赴南京面见须磨弥吉郎,声称日侨不惜全体退出南京,呼吁日本政府增派兵力前来保护,并向国民政府提出严重抗议。④

6月11日上午,须磨弥吉郎面见国民政府外交部亚洲司司长沈觐鼎,一方面,以藏本英明事前"时有宪兵跟踪其后"的细节为由,向中国方面施压,暗中指责中国方面应对此事负责;另一方面,须磨弥吉郎抗议中国方面干涉日本总领事馆雇佣仆人及对其进行"监视"。⑤ 须磨弥吉郎在与沈觐鼎会晤时,并未直接提及他对藏本英明"失踪"原因的怀疑,只是通过具体细节将怀疑对象指

---

① 参见须磨弥吉郎致广田弘毅电(第639号,1934年6月10日),「JACAR(アジア歴史資料センター)Ref. B14091169800、藏本書記生失踪関係一件 第一卷(M-2-1-0-48_001)(外務省外交史料館)」。
② 参见须磨弥吉郎致广田弘毅电(第640号,1934年6月10日),「JACAR(アジア歴史資料センター)Ref. B14091169800、藏本書記生失踪関係一件 第一卷(M-2-1-0-48_001)(外務省外交史料館)」。
③ 参见贺耀组致蒋中正电,1934年6月10日。台北"国史馆"藏,"蒋中正总统文物",卷宗号:002-090200-00015-280。
④ 参见杨永泰致蒋中正电,1934年6月10日。台北"国史馆"藏,"蒋中正总统文物",卷宗号:002-090200-00015-267。须磨弥吉郎致广田弘毅电(1934年6月10日),「JACAR(アジア歴史資料センター)Ref. B14091169800、藏本書記生失踪関係一件 第一卷(M-2-1-0-48_001)(外務省外交史料館)」。驻京日副领藏本英明突告失踪,已向外部查询下落,日侨又欲小题大做[N]. 申报,1934-06-10(3)。
⑤ 参见沈司长会晤须磨弥吉郎秘书官谈话记录,1934年6月11日。台北"国史馆"藏,卷宗号:020-010102-0122。

向中国方面。不过，路透社驻南京记者11日发出的报道，让日本总领事馆觉察到藏本英明事件或有超出其猜测的可能。路透社的报道提及，南京警备司令部对搜寻藏本英明悬赏1万元，并大量复制藏本英明的照片，将巡警按户、昼夜搜查的范围扩大到南京郊外。① 如此"大动干戈""兴师动众"，是国民政府有意遮掩真相，还是藏本英明事件另有隐情？须磨弥吉郎在致外相广田弘毅的电报中，难以掩饰内心的复杂与不安。与须磨弥吉郎相似，回到上海的有吉明在发给外相广田弘毅的电报中，除透露出十分的忧虑外，还明确表示在真相尚未判明前不适合发表意见。② 可以看出，有吉明或对此亦满怀无奈和不安。

远在东京的外相广田弘毅，对于南京事态的发展同样心怀不安。6月11日，他在发给须磨弥吉郎的急电中称，南京总领事馆应慎重对待藏本英明出于个人原因"失踪"的可能性，并直斥日本侨民的"轻举妄动"只能为两国关系徒增麻烦。他指令须磨弥吉郎，一方面请求日本海军前来协助保护侨民，另一方面取缔日侨让事态进一步恶化的不必要行动。③ 接到指令后，须磨弥吉郎于6月11日下午登上前来"支援"的日本军舰伏见号，与日本海军第三舰队方面商议对策。最终双方达成一致，计划向中国提出处罚"犯人"、索要赔偿、中国政府道歉、取缔全国性的排日运动、解散蓝衣社等要求。

6月12日，须磨弥吉郎面见南京行政院院长兼外交部长汪精卫，指责中国方面自事件发生以来未发现任何线索，将来形势发展的全部责任应由中国方面承担。④ 同一天，日本驻上海公使馆发出密电，请求武汉方面的日本军舰前来支援。此举既有搜查真相、保护南京日侨的打算，也有"惩膺"南京政府、"清

---

① 参见须磨弥吉郎致广田弘毅电（第649号，1934年6月12日），「JACAR（アジア歴史資料センター）Ref. B14091169800、藏本書記生失踪関係一件　第一巻（M-2-1-0-48_001）（外務省外交史料館）」。
② 参见有吉明致广田弘毅电（第469号），「JACAR（アジア歴史資料センター）Ref. B14091169900、藏本書記生失踪関係一件　第一巻（M-2-1-0-48_001）（外務省外交史料館）」。
③ 参见广田弘毅致须磨弥吉郎电（第9427号，1934年6月11日），「JACAR（アジア歴史資料センター）Ref. B14091170100、藏本書記生失踪関係一件　第一巻（M-2-1-0-48_001）（外務省外交史料館）」。
④ 参见日本驻南京总领事馆冈野武官致外务省情报部第一课电（第47号），「JACAR（アジア歴史資料センター）Ref. B14091170200、藏本書記生失踪関係一件　第一巻（M-2-1-0-48_001）（外務省外交史料館）」；汪兆铭致蒋中正电，1934年6月12日。

算"中国抗日行为之意。① 6月12日凌晨5时，日本"对马"号防护巡洋舰从上海出发，直向南京"增援"。② 原本停泊在下关、八卦洲、汉西门外等地的军舰有9艘，另加上海开来的"对马"号，南京周边的军事形势顿时紧张起来。③藏本英明事件是否可能引发第二次九一八事变，中国方面对此不无担心。

二、南京方面的判断与应对

目前的资料显示，南京方面获悉藏本英明失踪的正式渠道至少有两个。其一是日本驻南京总领事馆提交的备忘录。这份备忘录提交的时间应为6月9日下午或晚上，其中详细介绍了藏本英明"失踪"的细节。④ 其二是戴笠系统提供的相关情报。据6月9日的"青午"电显示，戴笠在事发后不久，即将藏本英明"失踪"之事汇报给远在江西的蒋介石。⑤ 日本一位职位不高的副领事失踪，最初是否引起蒋介石的重视，目前很难清晰地做出判断。可以很容易地证实，蒋介石在这一天的日记中并未提及此事。⑥ 此时，中日两国正在进行"满洲"与关内的通车问题谈判，双方关系不是没有趋于缓和的可能。至于藏本英明事件的解决，远在江西的蒋介石只能指令属下全力侦查。

不过，蒋介石的心腹幕僚杨永泰6月10日称，藏本英明事件或许另有隐情。杨永泰在给蒋介石的电报中称，"须磨弥吉郎与藏本英明向来不睦。庚晚须

---

① 参见上海公使馆附武官致参谋次长电（支第三九〇号，1934年6月12日），「JACAR（アジア歴史資料センター）Ref. B14091170200、蔵本書記生失踪関係一件　第一巻（M-2-1-0-48_001）（外務省外交史料館）」。
② 参见对马舰长致第十一战队司令官电（机密第328号电），「JACAR（アジア歴史資料センター）Ref. B14091170200、蔵本書記生失踪関係一件　第一巻（M-2-1-0-48_001）（外務省外交史料館）」。
③ 参见毛庆祥致蒋中正电，1934年6月13日。台北"国史馆"藏，"蒋中正总统文物"，002-090200-00015-312；对马舰长致第十一战队司令官电（机密第336号电），「JACAR（アジア歴史資料センター）Ref. B14091170200、蔵本書記生失踪関係一件　第一巻（M-2-1-0-48_001）（外務省外交史料館）」。
④ 其中提到，"本馆副领事藏本英明，为送于本月八日午后十一时由南京出发归沪之有吉明公使，于火车站于同夜十时半拟雇乘汽车（taxi），单身行出本馆门外，讵从此即不仅未到火车站，且至今日（九日）午后仍未归宅"，"（本馆）馆员一同虽极力搜索其行踪，亦未觅得其确实所在"。"请即速布置，务期迅速周密搜索，保护该员，并饬请迅速收其结果，通知为荷。"参见，驻京日本总领事馆备忘录，1934年6月9日。
⑤ 参见戴笠致蒋中正电，1934年6月9日。台北"国史馆"藏，"蒋中正总统文物"，卷宗号：002-080200-00436-075。
⑥ 参见蒋介石日记（手稿本），1934年6月9日。

磨弥吉郎在馆宴客，藏本英明独未被请"①。电报中提及的"庚晚"（6月8日晚）是藏本英明事件案发之日，也是须磨弥吉郎宴请并欢送有吉明返沪之日。如果须磨弥吉郎与藏本英明关系确如情报所示，或可说明中国方面在日本总领馆布有"眼线"。另外，杨永泰所言须磨弥吉郎与藏本英明之间的关系是否和藏本英明的"失踪"有关，这是值得重视的问题。通过这一份电报，杨永泰希望提醒蒋介石注意日本总领事馆内部的人际关系。6月10日，南京警备司令谷正伦在给蒋介石的电报中提到，"首都近来反动组织已无存在，抗日会亦已奉令解散，且亦未必敢于为如此胡为"。借此，谷正伦旨在排除中国共产党及抗日团体参与其中的可能性。同时，谷正伦还提及，"事前领馆附近并无可疑车辆停候，各汽车行亦无可疑之人前往租车"。谷正伦还提到，6月8日晚国民政府外交部宴请各国来宾，"匪徒果有所谓何不伺之于外部（外交部，引者注），而乃知此时日领馆必有人步行而去，且绝无声息"。由此，基本排除"匪徒预谋绑架"的可能性。② 通过这些信息，谷正伦试图向蒋介石证实，中国方面参与绑架、杀害藏本英明的可能性很小。

与此同时，军事委员会参谋次长贺耀组进一步推测，该事件可能是日本人自导自演的独角戏，事发后"恐日人已将藏本英明牺牲，藏尸城外，便（利）其扩大事态"③。同日，贺耀组再次向蒋介石报告，国民党军方有情报证实，日本参谋本部对未来"推倒国民党"的传言直言不讳，并且声称"必是占领中国沿江海各要地"。贺耀组注意到，事发前，日本驻南京的要人在藏本英明居所谈话到深夜。这些情报的倾向性很明显。贺耀组直言，"依职推测，必是日本再进一步侵略之术策，其外交上之压迫与军事行动恐即将随之而至"。对于藏本英明事件，贺耀组最为担心的是，日本海军陆战队有可能在下关登陆，下一步直接"保护"日本的总事领馆，随后在南京设立"东交民巷"或占据其他沿江沿海要点。④ 相比之下，中国方面在南京的驻军只有桂永清的教导队，南京的警备力

---

① 参见杨永泰致蒋中正电，1934年6月10日。台北"国史馆"藏，"蒋中正总统文物"，卷宗号：002-090200-00015-267。
② 参见谷正伦致蒋中正电，1934年6月10日。台北"国史馆"藏，"蒋中正总统文物"，卷宗号：002-090200-00014-049。值得注意的是，从谷正伦的电报可以看出，南京警备司令部对日总领馆的信息有较详细的掌握，或可判断中国警宪方面对日领馆确有监视之行为。
③ 参见贺耀组致蒋中正电，1934年6月10日。台北"国史馆"藏，"蒋中正总统文物"，卷宗号：002-090200-00015-280。
④ 参见贺耀组致蒋中正电（1934年6月10日）. 有关藏本英明事件史料一组[J]. 民国档案，2010（4）：3.

量堪忧。日军一旦登陆南京，中国方面的军事抵御能力恐难以应付。贺耀组的担心并不为过，南京方面拥有相同或相近看法的人并不少。

这些情报不能不影响蒋介石对形势的判断。6月11日，蒋介石在日记中提到，"倭寇以藏本英明事件为威胁实施之始乎？"日本方面如借机生事、有意扩大事端，蒋介石对形势的恶化不无担心。不过，日本占领"满洲"后，中苏边境纠纷不断，这使南京方面相信，无论藏本英明事件的真伪如何，日本对中国的侵略战争应该还有缓和的可能。蒋介石判断，"其（日本）在南方只有用威胁手段，使我屈服，决不能用其陆军强占华中，以其对俄之情势，亦日急一日，故其惟有用海军之力，一百（原文如此）虚声恫吓，藉端生事，使吾人无准备之余暇而已"①。鉴于日苏两国的关系，蒋介石预料日本应不至于南北两线同时出击，其在华中进行的军事行动恐怕更多的只是虚张声势。

不过，日本国内6月11日的《朝日新闻》透露，藏本英明事件有扩大化的可能。6月10日，须磨弥吉郎总领事向日本第三舰队的今村司令长官提出调动军舰的请求，日本的海防舰"对马"号将急速开进南京，日本驱逐舰"苇"号也将急速开往扬子江上游。② 消息传到中国，无疑为恶化的形势火上浇油。更推动形势进一步紧张的是，贺耀组探得日本未来进攻南京的军事计划。按此计划，日军率先占领幕府山附近、构筑军事据点，进而控制平汉、津浦、京沪等主要交通线。日本驻南京武官高桥坦，多次提到向南京城外搜寻藏本英明，日本方面也派出警察多人到燕子矶一带搜寻。贺耀组推测，这是日本方面为侦察地形而采取的措施，将来可能会配合在幕府山登陆的日本海军陆战队。6月12日，国民政府军事委员会围绕以上问题进行讨论，并注意到有必要派有力部队在幕府山一带构筑工事。③ 至于下一步具体的军事部署，目前尚未查明。但是可以明确的是，国民政府军事委员会开始着手相关军事准备，以防日本借机动用武力、恶化形势。

目前不能确定，行政院长兼外交部长汪精卫对上述军事准备是否知情。但可以确定的是，汪精卫力主从外交渠道推动该事件的解决。6月12日，汪精卫主导下的外交部指令上海办事处，首先访问日本海军武官及陆战队司令，向他们说明中方已派警宪努力访查及重金悬赏的情况，并试探日本海军对此事的态

---

① 参见蒋介石日记（手稿本），1934年6月11日。
② 参见「藏本英明事件重大化、須磨総領事、今村司令長官に軍艦出動を要請」，『朝日新聞』，1934年6月11日。
③ 参见贺耀组致蒋介石电稿（1934年6月12日）。有关藏本英明事件史料一组［J］. 民国档案，2010（04）：4.

度。同时指令上海办事处走访当地日侨重要成员，向他们晓以利害，劝其尽力保持镇静。① 另外，外交部迅速指示驻日公使蒋作宾，令其在日本外交界、军界斡旋，积极探听消息，为处理对日交涉提供参考。6月12日晚，蒋作宾向国内发回消息：日本政府在当天的定例阁议上决定，今后关于藏本英明事件的所有一切之措置，"一任外相广田弘毅主持"②。这意味着，定例阁议上的决议如能被忠实执行，该事件的解决或可排除由日本军人主导的可能性，该事件的未来应主要走向外交解决的新轨道，而不是"军人在前、外交在后"的旧轨道。

然而，"一任外相广田弘毅主持"，并不意味着日本军方完全不参与此事。国民政府军事委员会南昌行营办公厅机要室主任毛庆祥称，中统方面的情报显示，日本有可能采用军事与外交两股并进的办法解决藏本英明事件。具体来说，日本可能一方面派坂西中将率第11舰队开进南京，另一方面指令外务省驻沪有野参赞到南京协助解决。日本参谋本部传出消息，日本驻南京总领事馆将于6月13日起事或搜查国民党中央党部。③ 暂且不论毛庆祥的电报是否完全无误，值得重视的是其中传递出该事件可能的走向。蒋介石是否对该情报的准确性进行自己的判断，后人难以完全探得实情。但可以搞清楚的是，蒋介石对此事的警惕不断提高。他在6月12日的日记中刻意写下以下需要注意的事项："预防倭寇海军在京登陆，借口保护其领事馆""预防倭寇待余回京，提出哀的美敦书（最后通牒，引者注）。"④ 从上述两点可以看出，蒋介石同样强调从军事和外交两个角度提出因应之策。这或许也是受到毛庆祥电报的影响。同日，蒋介石指示汪精卫，令南京军警当局严加侦查，务使该事件水落石出。⑤

截至6月12日，藏本英明已经"失踪"4天。中日两国的舆论及猜测，给南京周边罩上紧张的氛围。军事上，日本开进南京的驱逐舰"苇"号和巡洋舰"对马"号，加上原来驻扎在南京的"伏见"号，正在静待藏本英明事件的解决。外交上，从日本上海公使馆派往南京协助解决此事的有野参赞等人，会同须磨弥吉郎总领事向中国国民政府施压。南京方面也在多方布置和协调，应对

---

① 参见国民政府外交部致上海办事处转周秘书电，1934年6月12日。台北"国史馆"藏，卷宗号：020-010102-0122。
② 参见蒋作宾致南京外交部电，1934年6月12日。台北"国史馆"藏，卷宗号：020-010102-0122。
③ 参见毛庆祥致蒋中正电，1934年6月12日。台北"国史馆"藏，"蒋中正总统文物"，卷宗号：002-080103-00001-002。
④ 高素兰. 事稿略本第26册[M]. 台北："国史馆"，2006：302.
⑤ 须磨弥吉郎与有野谒我外交当局，要求彻查藏本英明行踪，日驱逐舰苇号抵京[N]. 申报，1934-06-13.

可能很快就要到来的冲突。另外，南京警备司令部及警察厅重金悬赏，"如能将藏本英明直接寻获者，赏一万元；能知该员踪迹报告该部该厅，因而寻获者，赏洋五千元"①。同时，南京政府先后派出大批人员到市区和四郊搜查，并将江宁县、苏州、无锡、镇江等地列入搜查范围。②

6月13日晨，贺耀组上报蒋介石有关有野参赞、须磨弥吉郎总领事到访外交部的情形。其中提到，有野与须磨弥吉郎向中方表明态度，目前"似已入于正常外交程序，大见缓和矣"。考虑到日本海军的行动，贺耀组未抱乐观态度，他提醒蒋介石注意，"日人显露二重外交之裂痕，少壮军人方面未必即甘抛弃其主张。首都警备部队敬乞钧座早行指定也"③。6月13日下午，南京外交部接到驻日公使蒋作宾的急电。内称，蒋作宾当天"与外务省接洽，彼方今日已与军部会商。军部有主张占领一地再开谈判。而以外务省主张，先就事论事，并盼望我国早有解决方法，免酿第二中村事件，并于日内即有限期回答之抗议"④。这则电报传给中国国内的信息有二：一方面，日本军部仍有主张武装占领中国部分地区再进行谈判的可能；另一方面，外务省希望南京方面迅速解决该事件，以免酿成第二个"中村事件"。这两则信息实则都是日本以武力为后盾给南京政府制造压力，并且显示日方尚不排除动用武力、挑起战端的可能性。同日，莫斯科传来驻苏俄使馆的电报，其中详细介绍俄方披露日本外务省、陆海军的详细计划。其一，日本方面要求中国政府在24或48小时内交出藏本英明；其二，如中国政府不"竭诚"履行职责，日本将不认中国为法治国家，必要时停泊在中国海面的第3舰队将派陆战队登陆搜查并施用武力；其三，日本将预先通知列强，日本有采取行动的自由；其四，查清案情后，日本政府即派有吉明赴南京，与中国政府协商根本解决办法；其五，日本不满意仅赔偿损失、道歉、惩凶及保证将来不再发生同样事件，而要求予日本将来对任何此类事件有即时施用力量之权。⑤ 这则电报是否受到苏俄的引导，目前尚不得而知，但是其中包含的信息仍然令人震惊。如果日本方面严格此计划实施，日本将仍有随时挑起战

---

① 首都军警尽力访查藏本英明 [N]. 申报, 1934-06-12.
② 藏本英明行踪不明事件，政院严令军警侦查 [N]. 中央日报, 1934-06-13.
③ 参见贺耀组致蒋中正电, 1934年6月13日. 台北"国史馆"藏，"蒋中正总统文物"，卷宗号：002-090200-00015-277.
④ 参见外交部电蒋中正接蒋作宾电云日军部谋占领一地再开谈判以解决藏本英明失踪案而外务省则主张就事论事等语及已去电蒋作宾告日方我处理情形, 1934年6月13日. 台北"国史馆"藏，卷宗号佚失.
⑤ 参见莫斯科驻俄使馆致南京外交部电, 1934年6月13日. 台北"国史馆"藏，"蒋中正总统文物"，卷宗号：002-080200-00168-080.

端的可能性，中国将在军事上、外交上进一步陷于被动。电报传到江西牯岭，蒋介石绷紧了神经。13日中午12时50分，蒋介石致电南京外交部，"一切交涉情形及应付办法，切盼随时电告"①。名为藏本英明的日本人，将给两国关系带来什么样的冲击？中日双方都在揣摩对方的可能举动，进而避免陷于不利或被动局面。

三、藏本英明事件的结局及善后

藏本英明事件在6月13日午后出现重要转机。当天下午3时至4时之间，励志社的黄仁霖从南京向蒋介石发出"元申"电，声称藏本英明已经被寻获。黄仁霖在电报中称，"今日午后二时，接警厅电话谓日副领藏本英明已在中山陵园寻获"。励志社本来没有参与搜寻藏本英明的行动，警察厅打电话给黄仁霖的原因在于希望从励志社借用录音设备以收取藏本英明的口供。② 同一天，戴笠、谷正伦、陈焯（首都警察厅厅长）、贺耀组、杨永泰、汪兆铭等人纷纷致电蒋介石，报告藏本英明被寻获的消息。

6月13日下午2时45分开始，国民政府外交部亚洲司司长沈觐鼎，在警察厅会晤"失而复得"的藏本英明。据藏本英明自己供称，其失踪"因种种原因，意图辞世"。6月8日晚，藏本英明原拟乘领事馆的汽车去车站送别有吉明等人，但是因为汽车人员已经坐满，只好作罢。10时45分左右，藏本英明独自雇洋车从领事馆行至中山门外，随后步行走到城外的紫金山顶，计划在山顶以身饲兽、自杀了事。不料一直待到6月12日晚，因饥饿过甚，藏本英明遂行至明孝陵的茶馆饮茶，被附近的居民发现，遂招来宪警上山寻获。沈觐鼎与首都警察厅方面，提出要藏本英明与闻讯前来的外国通讯社会面，旨在借机将真相公布于外，遂不经藏本英明同意，允许路透社、美联社的通讯员对藏本英明进行访问晤谈，借为第三者之证明。③ 不久后，依赖通讯社传播的消息，藏本英明事件的真相迅速扩散开来。

6月13日下午5时，外交部将藏本英明交送至首都警察厅，并由该厅转送日本驻南京总领事馆。临行前，藏本英明向外交部国际司表示，彼时在紫金山

---

① 参见蒋中正致南京外交部电，1934年6月13日。台北"国史馆"藏，"蒋中正总统文物"，卷宗号：002-080200-00168-080。
② 参见黄仁霖致蒋中正电，1934年6月13日。台北"国史馆"藏，"蒋中正总统文物"，卷宗号：002-090200-00015-269。
③ 沈司长会晤失踪寻回藏本英明副领事谈话记录，1934年6月13日。台北"国史馆"藏，卷宗号：020-010102-0122。

藏匿,"倘不下山寻水喝,则绝无人见我在山内。不幸现时竟被发现,尚未达我之目的"。"人生在世,终有死之一日。我这次厌世原因,异常复杂,不便告人。我在紫金山上,已将我亲戚及友人一一默念,以志永别。故我现在已为死去之人矣。"① 藏本英明的此番交代及其同沈觐鼎的谈话,都将引发事件的因素指向"个人问题",而非中方的绑架、暗害等原因。

藏本英明本人多次谈到,这次事件源于其"厌世""自杀""不能苟活"等念想。其真相究竟如何,中日双方都未止步于此。据首都警察厅长陈焯的电报,藏本英明在被寻获后涕泣不止,而对自杀原因却坚称"甚不欲为外人道也"②。其中所含隐情耐人寻味。据戴笠的情报及推测,藏本英明出走及欲自杀的原因,在于其与总领事须磨弥吉郎不和。戴笠分析,须磨弥吉郎属于陆军系,藏本英明属于外交系,须磨弥吉郎平日对藏本英明事事予以难堪。尤其是须磨弥吉郎宴请有吉明,并未邀请藏本英明赴宴。③ 从各情报系统对该事件的调查来看,戴笠所言不虚。④ 据藏本英明家的佣人称,须磨弥吉郎素来对藏本英明态度不友好,须磨弥吉郎长期为日本军部情报做工作,而藏本英明比较接近有吉明。6月8日晚,须磨弥吉郎宴请有吉明,唯独没有邀请藏本英明。这与须磨弥吉郎以前向南京外交部所称并不相符。⑤

6月13日下午4时20分,日本驻南京总领事馆接到国民政府外交部的电话,随后将藏本英明接回。须磨弥吉郎称,回到领事馆的藏本英明十分疲劳、衰弱。经有野参赞及须磨弥吉郎的询问,藏本英明称其出走是家庭原因及自身痛苦引起的。最终,藏本英明在6月8日夜决定独自离开领事馆,到城外紫金山自杀。不想,自杀不成,反被中国方面寻获。⑥ 如果藏本英明与须磨弥吉郎二

---

① 参见外交部致首都警察厅公函,1934年6月13日。台北"国史馆"藏,卷宗号:002-080200-00168-080。
② 参见陈焯致蒋中正电,1934年6月13日。台北"国史馆"藏,卷宗号:002-080103-00001-002。
③ 参见戴笠致蒋中正电,1934年6月13日。台北"国史馆"藏,卷宗号:002-080103-00001-002。
④ 戴笠、谷正伦、陈焯等调查此事,动用了他们在日本驻南京总领事馆布置的"眼线"。同时也从日领馆的门岗警卫、汽车夫、佣人(包括藏本英明家的佣人)处,调查出大量信息。
⑤ 参见杨永泰致蒋中正电,1934年6月12日。台北"国史馆"藏,卷宗号:002-090200-00015-313。
⑥ 参见须磨弥吉郎致广田弘毅电(第661号,1934年6月13日),「JACAR(アジア歴史資料センター)Ref. B14091169800、藏本書記生失踪関係一件 第一卷(M-2-1-0-48_001)(外務省外交史料館)」

人确有不和，想来藏本英明面对须磨弥吉郎时的谈话内容并不足为凭。

不过，公使有吉明显然并未受到藏本英明上述谈话的左右。6月13日，有吉明向外相广田弘毅报告时引用的新闻报道，其中提及藏本英明出走及寻求自杀的原因在于，他在日本外交界供职多年，其同等资格的同事都得到晋升和提拔，而他至今仍是一个职位较低的副领事。再加上有吉明6月8日返回上海时，藏本英明被安排护送行李的差事，这进一步刺激了藏本英明并使其产生厌世情绪。① 有吉明引用上述新闻，或许旨在借外界观点来表明自己的态度。值得特别留意的是，在有吉明6月13日向日本国内发出电报的同时，却并未发现须磨弥吉郎在第一时间向外相广田弘毅汇报此事，更没有发现他就藏本英明出走原因向外相广田弘毅进行解释。日本外务省保存并公布的档案资料显示，6月12日须磨弥吉郎向广田弘毅发出第652号电报，下一份电报（第653号）已经是6月14日。换言之，6月13日即藏本英明被寻获的当天，须磨弥吉郎很有可能并未向广田弘毅发电报汇报此事。而6月14日的电报（第653号），已经在汇报"预计明天早晨7时20分，派河相、松井、朝比奈归沪，到福民医院安排相关事宜"②。这很可能意味着，须磨弥吉郎已经意识到将来难以不对藏本英明事件负责，同时他也可能受到日本公使馆甚至外务省的斥责。须磨弥吉郎派员归沪，意在为藏本英明日后的休养提前安排，也可能旨在试图通过事后的努力来弥补自己的过失。

6月14日，日本方面派松井医学博士到南京为藏本英明"诊察"。当天下午4时35分，须磨弥吉郎到铁道部一号会晤外交部长汪精卫，向中方通报藏本英明的"诊察"结果。须磨弥吉郎称，藏本英明"八日晚出走原因，是一时神经错乱所致"，并称寻获后的藏本英明有"极度之神经衰弱"，"就藏本英明本人所言及医生之诊断观之，其出走毫无其他原因。可以断言，此实堪奉告院长者也"。另一方面又称，有吉明公使从上海派秘书来到南京，嘱托须磨弥吉郎向行政院长汪精卫道谢。③ 或许藏本英明的诊察结论并非没有根据，多日在紫金山上忍受饥饿和野兽惊吓，"神经衰弱"亦是应有之义。但是，将藏本英明出走原因归为"一时神经错乱"恐显勉强，如果将之视为日本方面在为外交尴尬寻求

---

① 参见有吉明公使致广田弘毅电（第481号），1936年6月13日。
② 参见须磨弥吉郎致广田弘毅电（第653号，1934年6月14日），「JACAR（アジア歴史資料センター）Ref. B14091169800、藏本書記生失踪関係一件　第一卷（M-2-1-0-48_001）（外務省外交史料館）」。
③ 参见日使馆一等秘书须磨弥吉郎弥吉郎会晤汪兼部长谈话记录，1934年6月14日。台北"国史馆"藏，"蒋中正总统文物"，卷宗号：002-080200-00168-080。

掩饰亦不为过。

事前日本方面借机对中国"软硬兼施",事后却荒腔走板、难掩尴尬。国外新闻界获悉藏本英明"失而复得"后,迅即刊登大量新闻报道,其中不乏冷嘲热讽、挖苦调侃之语。美国《华盛顿邮报》直接以"结局原来是一幕笑剧"为题,对日本在此前后的表现大加批评。其中提到,"幸哉,命运之神竟使一开始极形严重之局面变成笑剧。然而,在举世人心目中试一回想,日人侵略满洲亦系以同样'莫须有'之事证为借口,则当知此幕笑剧之不成为悲剧者亦几希矣"①。日本方面事前剑拔弩张、"文武兼施",事后却进退维谷、难以收场。联想到九一八事变,《华盛顿邮报》的挖苦之词难以反驳。假使藏本英明自杀成功或"活不见人,死不见尸",中日关系的走向恐难想象。

藏本英明被寻回并交往日本总领事馆,该事件并未就此结束。6月15日,南京外交部亚洲司长沈觐鼎召见须磨弥吉郎总领事。会谈一开始,沈觐鼎开门见山地向须磨弥吉郎发难,"藏本英明事件唯似告一段落,但余个人并不认为已结束"。随后,沈觐鼎就事前须磨弥吉郎向南京外交部提出强硬表示及日媒的恶意宣传向须磨弥吉郎发难,并要求:其一,日本政府向中国方面道歉;其二,取缔日侨之不当言动,并严予告诫;其三,严诫日本新闻通讯员,不得再做恶意宣传。沈觐鼎提出以上三点,其核心在于要求日本方面承担此事的外交责任,以求挫其气势、煞其气焰。对此,须磨弥吉郎态度诚恳、语气谦和,谈话中不止一次地提到对中国方面"极表谢忱"。但是,对于中方的要求日本政府道歉一节,须磨弥吉郎坚持劝慰沈觐鼎不要"微芥在怀","深望对敝方予以谅解"。对须磨弥吉郎来说,其底线是"惟要求日方道歉一节,无论如何请止作为个人意思,以免别生枝节"。言外之意则是,日本方面希望此事尽早草草了结,仅以须磨弥吉郎个人致谢及请求中方"谅解"为限,以免日本为此颜面尽失、贻笑于国际。但是沈觐鼎不甘于就此止步,他进一步向须磨弥吉郎强调,"如贵方仅止表示感谢,而对于日方之无理压迫我方者,苟不有提及只字认错之语,则不但此案结果成为无意义,且恐转因此引起中国人民对日反感"。沈觐鼎此语,旨在借中国对日舆论迫使日本方面向"认错"阶段迈进。然而,须磨弥吉郎坚决表示将"道歉"仅停留在个人层次,而不愿从国家角度向中方表达正式道歉。双方分歧较大,二人的会谈最终不了了之。②

---

① 参见驻美使馆华盛顿来电,1934年6月15日。台北"国史馆"藏,"蒋中正总统文物",卷宗号:002-080200-00168-080。
② 参见沈司长会晤须磨弥吉郎总领事谈话记录,1934年6月16日。台北"国史馆"藏,"蒋中正总统文物",卷宗号:002-080200-00168-080。

大体说来，该事件以藏本英明"失踪"且彻夜未归为导火索，日本电通社随即称藏本英明被"有意谋杀"，日本侨民借此以全体退出南京相威胁，日本数艘军舰开到南京江面示威。短时间，中日关系明显朝着急剧恶化的方向发展，双方阵营都有人将此视为第二个中村事件。然而，6月13日，该事件出现戏剧性转折。首先，藏本英明的行踪被中国方面发现。其次，藏本英明自己坦称"失踪"原因与他人无关，纯是出于"自杀"所致。最终导致该事件来势汹汹，去势匆匆。

研究者通常比较关注具有连续性、相关性的系列事件，通过对比这些事件的前后因果关系，来分析其演进过程及其中蕴含的规律。换句话说，研究者是从目前能获得的资料着手，通过将此事件与此前后的事件对比，从中发现特有的"规律"。换言之，研究者往往看重事件之间的关联性，认为微观事件之间存在某些可被探知、可被理解的诠释方案。然而，值得警惕的是，事件之间的关联性有时是当事人或后来研究者附加的，只有将其深挖才能发现其"偶发性"。藏本英明事件提醒研究者，有必要注意日本对华侵略的继发性与偶发性的关系，适当约束研究者对历史事件、历史人物的主观推演。

作者：李秉奎　北京大学医学人文学院

<<< 第二部分 中方学者观照日本：教育、历史与典籍

汉籍在海外的流布样态与研究取向

  作为中国传统文化重要载体的汉籍，其在海外的流布，于清末民初之时便引发了中国学者的关注。例如，杨守敬在日本求访翻刻中国本土散轶古籍、董康刊刻岛田翰《皕宋楼藏书源流考》，以及罗振玉、王国维等中国学者对伯希和（Paul Pelliot）所劫掠敦煌文书的关注等。近年来，随着文化自信力的提升，作为传统文化载体的汉籍日益引起中国学界的重视；相应地，国内学人也再次将目光投诸海外，更为系统与全面地考察汉籍在海外的流布、递藏、译介与研究。而对汉籍在海外的考察，首先须明确两个重要的前提，即汉籍概念如何界定与汉籍在海外流布范围如何划分的问题。

  我们认为，一方面，所谓汉籍的概念，应与"汉学"（sinology）相平行而加以认知。从汉学的发生和构成来看，作为中国文化载体的汉籍，是汉学产生的重要源头与主要研究内容。虽然早期有所谓的游记汉学之说，但都是对中国文化走马观花式的浅表印象和感性体验，并未触及中国原始的文献资料；而狭义的"中国学"（Chinese Studies）研究模式则更多是由对文献的研读而转向对中国现实社会的关注，多依靠二手翻译资料和社会学理论。可以说，汉学家对各类汉籍的搜集、整理、译介与研究，助推和建构了传统汉学的发生与内容。故而，对汉籍而言，应该与"汉学"这一概念相联系而加以界认和研究。

  另一方面，对于汉籍在海外流布的考察，应在"全球"范围下进一步划分。纯粹以国别为单位，往往会失于琐碎，割裂整体而无益于寻到某些普遍性规律；而结合汉籍在海外流布的历史与现实，可考虑以文字为参照系，划分为汉字文化圈与非汉字文化圈两大文化地理空间，据此方可考察汉籍在海外不同的流布样态与研究取向。

一、汉学、汉籍以及中国学概念的简要考察[①]

"汉学"一词,即译自法语中的 sinologie 或英文中的 sinology。由构词法来看,显然是"'sin'+表示学科的'logie'或'logy'"的形式。词头"sin"的意涵,据日本汉学家石田干之助的考证,"西方关于中国的知识,比如,'sin'等语是由水路交通为欧洲人所知晓的,另据清初耶稣会传教士鲍梯(M. Pauthier)、英国汉学家翟理斯(Herbert Allen Giles)以及伯希和的充分证据,他们认为这是从'秦'的国名变来的。因当时在埃及和印度间航海贸易的,主要是阿拉伯人,其语言中没有'ch'这个音,所以讹读'chin'为'sin'"[②]。

据此,"sin"显然是对"中国"而言的。事实上,在西方专业汉学肇始之时,雷慕沙(Abel Rémusat)是"汉、鞑靼、满语言文学"讲座教授,而后欧洲各大学相继建立汉学讲席,而由这些汉学讲席的名称,比如,"Professor of the Chinese language and literature",可以断定这些讲席基本是讲授和研究中国的语言和文献的。[③] 而且在汉学史上诸多西方汉学家兼擅汉、满、蒙、藏等多种中国语言文字,也是不争的事实。这无疑说明汉学是涉及中国境内各种语言文献的,并非单单将以汉语为载体的中国文献作为研究对象。

[①] 关于汉学、中国学等概念,学界历来各持己见,尚不曾有统一之用法。本文基本认同海外汉学研究专家阎纯德先生的观点,即"'汉学'和'中国学'的名字虽然不同,但实质上它们是'异名共体',其表述的内涵完全一样"。参见阎纯德. 汉学是什么 [N]. 光明日报, 2017-06-12 (13). 但是从狭义角度观之,正如美国汉学家、芝加哥大学蔡九迪(Judith Zeitlin)教授所言:汉学重在以文献为对象,开展对古代中国的研究;而中国学侧重于以社会学理论对近代以降中外关系、中国政治、经济等社会学内容的研究。当然,二者间也有融合的倾向。参见任增强. 与美国汉学家蔡九迪对谈汉学与聊斋 [J]. 汉学研究, 2017 (1): 327. 另,本文认为汉学一词是一个整体,不应拆析为"汉"与"学",从语义学上将以之与作为民族概念的汉族之"汉"加以对应;汉学,作为对一门独立学问的称谓,不存在"大汉族主义"的意涵。

[②] 石田干之助. 欧人之汉学研究 [M]. 朱滋萃, 译. 太原:山西人民出版社, 2015:20-22. 中国现代学者也有类似的表述,如认为 sin 系由"秦"一语来者较为可靠……此名传至印度,乃将其发音 Chin 改为梵语形 China,其后再由印度经从事印度、埃及间海上贸易的阿拉伯人之手传至欧洲,然因阿拉伯语中无 ch 音,于是 Chin 遂讹为 sin、thin。石决明. 外国学者关于中国经济史之研究与其主要文献 [J]. 中国经济, 1934, 2 (10):1.

[③] 当时在东、西方均未曾出现现代意义上的"文学"概念,比如,马礼逊(Robert Morrison)的《中华之蕾》副标题中出现 light literature,这是英语世界出现的第一本冠以 literature 的出版物,但是其内容却是如《三字经》《大学》《释氏源流》《道教源流》《中国书信选》等。故而此处的 literature 显然是包括文学在内的广义的文献之义。

<<< 第二部分 中方学者观照日本：教育、历史与典籍

  这一点，在早期中国学人将 sinology（sinologie）译为"汉学"，以及引介西方汉学的进程中，已然有所认知。比如，梅光迪便撰文指出，"西人称我国学问为汉学……其称为汉学家者，不外两种人物，一者谓外交官，一者谓宣教士。久寓我国，娴习华言，涉猎古籍，贸然著述"①。1933 年，王光祈翻译发表了德国汉学家海尼士②的《近五十年来德国之汉学》一文，指出"汉学（sinologie）是以中国典籍为其研究源泉"③。孟宪承在 1937 年 5 月 15 日的《国学界》创刊号上发表《欧洲之汉学》一文，指出"汉学二字的范围，不仅是指汉族一族的文学，或者是汉朝一代的文学，它是包孕着蒙古文、回文、满文及梵文的一部分"④。

  在此，已经表明"汉学"是国外学者因娴习"华言"，而对中国"古籍"所开展的研究。如前所述，翻阅一下汉学史，不难发现早期甚至当代的诸多汉学家皆通晓汉、满、蒙、藏等多种中国语言文字，其研究范围是面向整个中国文献的，包括汉语文献，但"其中，很重要的一部分是关于中国边疆和内地的'非汉族'的历史、语言、文化、宗教、风俗、地理等方面的探讨"⑤。其实早在 1941 年，梁绳祎在《国学丛刊》发表《外国汉学研究概观》一文，便给出了总结性的说法："所谓'汉学'，是译英美人所谓 sinology，德人所谓 sinologie，日人所谓'支那学'，即以科学方法研究中国语言文献之学。"⑥

  而所谓"中国学"的说法，正如较早时候，陈梦家于 1948 年所指出的，"所谓汉学，乃指欧洲人所谓的 sinology，此是日本人支那学的译名。近来在美国似乎有一种趋势，将 sinology 一词限制于中国语文的研究，而改用他们所称的 Chinese Studies 来包括'国学'一门，其实可翻回来叫'中国学'。这种小小名词的更动，正代表近代美国人学习中国文化的一种态度，即不再追步欧洲学者迂阔而不切实际的读中国古书的办法，而变为美国人实利主义的以治中国学为用的目标。此点由美国注重中国近代史的研究，可以表达其意趣。他们又特别着重于政治、经济与中美外交关系等问题上"⑦。

  由此不难发现，汉学典型的表征是欧洲学者读中国古书的办法，而中国学

---

① 梅光迪，何惟科.通论：中国文学在现在西洋之情形［J］.文哲学报，1922（2）：1-8.
② 埃尼希·海尼士（Erich Haenisch，1880—1966），德国汉学家，从事历史学和蒙古学领域研究，被称为德国普通语言学和东方语言学的最后一位汉学家。
③ 王光祈.近五十年来德国之汉学［J］.新中华，1933（17）：58-65.
④ 孟承宪，虞斌麟.欧洲之汉学［J］.国学界，1937，34（1）：9-13.
⑤ 刘正.图说汉学史［M］.桂林：广西师范大学出版社，2005：1.
⑥ 梁绳祎.外国汉学研究概观［J］.国学丛刊，1941（5）：45-46.
⑦ 陈梦家.中国的汉学研究［J］.周论，1948（10）：10.

则着重于中国政治、经济与外交关系等现实问题上。综上，汉学既然是以中国传统语言文献为研究对象的一门学问，汉学（sinology）之"汉"（sin）指的是"中国"，那么，作为汉学主要研究对象的中国传统语言文献，则可以称为"汉籍"。具体而言，一旦确立了汉学是汉学家以中国传统语言文献为研究对象，是关于中国境内各民族语言文献研究的一门学问，那么汉籍的内涵与外延也就不言而明。汉学是在中国本土文化立场之外，由外国学者或汉学家对中国传统语言文献进行的研究，那么"汉籍"的称谓也应是基于一种"他者"的眼光，指的是1912年之前，由中国人以汉、蒙、满、藏等中国文字所写与所刊刻，经由不同的途径流传至海外，被汉学家等海外人士所阅读、整理、译介、研究的中国古籍，也包括流失海外，长期以来无人问津而存藏于海外各类藏书机构中，一直处于沉睡状态的中国古籍。

至于有学者所谓的域外汉籍的主体是"域外人士用汉文撰写的各类典籍"①，这一定义不但极大地缩小了汉籍的外延，而且显然是将目光局限于汉字文化圈内，没有考虑到汉籍在非汉字文化圈内不同的流布样态。历史上的日本、越南、琉球以及朝鲜半岛等国家和地区曾以汉字为书面语言，上层知识分子不但可以直接阅读，也撰写和刊刻了大量的汉文典籍，这是历史事实；但是在欧美等非汉字文化圈内，由于中西语言间的巨大差异，西方汉学家撰写与刊刻汉文典籍，远非一种普遍存在的跨文化现象。② 故而，如前所述，对汉籍在海外的流布与研究，应充分考量所流布国家和地区曾使用的文字，划分为汉字文化圈与非汉字文化圈两大类型，方可对汉籍的海外流布样态与研究取向做出大致准确的判断。

此处尚须说明的是，汉籍流散至海外的途径，在汉字文化圈与非汉字文化圈内基本是一致的，无外是由汉学家等来华人士购置，或由中国官方或学人的馈赠，当然也包括不同方式的劫掠。而具体至流布特点与研究取向上，则存在较多不同点。

---

① 张伯伟. 域外汉籍研究入门[M]. 上海：复旦大学出版社，2012：5.
② 历史上，罗明坚（Michel Ruggier）、利玛窦（Matteo Ricci）等留下一些中文著作，如罗明坚以中文所写阐述天主教教理的著述以及34首汉诗、利玛窦所著《交友论》《西国记法》、《几何原本》（与徐光启合作）等13部中文著作。具体参见张西平. 简论罗明坚和利玛窦对近代汉语术语的贡献：以汉语神学与哲学外来词研究为中心[J]. 贵州社会科学，2013（07）：121-130. 另，《四库全书》中也收录了西人的一些汉文著述。但是总体来看，这部分著作数量偏少，且多关乎西学。

二、汉籍在汉字文化圈的流布特点

汉字文化圈，显然是以汉字为纽带而历史地形成的一个文化区域，"这一区域的共同文化根基源自萌生于中国而通用于四邻的汉字。所谓汉文化圈，实际就是汉字的区域。汉文化圈的同一即'汉字'（符号 signs）的同一"①。具体而言，汉字文化圈即包括前述之日本、越南、琉球以及朝鲜半岛等国家和地区。汉籍在汉字文化圈的流布具有历史悠久、重视程度高、存藏丰富、稀缺品种与版本较多等特点，本文主要以日本为例，兼及韩国，择要加以说明。②

汉籍在汉字文化圈的流布历史十分悠久。汉籍早在2000多年前的中国战国时期就已经传入朝鲜，而如《论语》与《千字文》等中国典籍，则在公元3世纪时传入日本列岛。③ 汉籍在汉字文化圈受到的重视程度非常高。比如，据日本《文德实录》"承和五年"（838）载，"太宰少贰藤原岳守检唐船，得《元白诗笔》，因功叙位"。因发现汉籍而授予官职，日本统治阶层对汉籍的重视可见一斑。之所以如此，主要还是出于对中国文化的认同。如上所述，汉字文化圈是以中国文化为中心而向四周进行辐射，这种文化传播深刻地影响了中国周边国家和地区，促成了周边对中国文化强烈的认同感。例如，日本汉学家内藤湖南曾提出"文化中心移动说"，承认日本是受中国文化影响极深的一个国家，从文化角度，日本可以称为日本省④；特别是清军入主中原后，当时的日本与朝鲜往往以中华"正统"自居，将对古籍的收藏、保护与研究视为神圣的职责。

在文化认同意识推动下，掌握汉字与汉文化的日本贵族知识分子通过各种渠道从中国获取文化典籍，世代累积出巨大的汉籍存藏量。比如，遣唐使吉备真备曾两次到中国专程搜集经、史、子、集各类文献，并编制了专门的目录，名为《将来目录》。明治维新后，伴随着日本国力的增强，汉籍收购之风日炽。比如，英籍澳大利亚人莫理循（G. E. Morrison）利用久居北京之便利，收集了大量研究东方问题的各国文献，其藏书闻名于汉学界。后莫理循欲出售其文库，

---

① 汪德迈. 新汉文化圈[M]. 陈彦，译. 南昌：江西人民出版社，1993：1.
② 琉球与越南暂不论。中国与琉球的关系，自明洪武年两国正式交往，至清光绪年琉球为日本所并，其所藏汉籍多散落于日本以及中国等。（丁春梅. 清代中琉关系档案研究[M]. 北京：中国档案出版社，2007：1.）另，中国文化自元鼎五年介绍入越南，迄隋唐而大盛；其时已有图书传往，但"越南地居热带，气候潮湿，兼多虫蚁之害，图籍不易久存。且兵祸频仍，屡遭散佚，古代典籍，鲜有传者"（郭廷以，等. 中越文化论集：一[M]. 中华文化出版事业委员会，1956：181-187.）
③ 严绍璗. 汉籍的东传与文化的对话[J]. 中国典籍与文化，2012（1）：27-38.
④ 李庆. 日本汉学史[M]. 上海：上海人民出版社，2016：437.

日本岩崎氏不惜以35000磅得此文库，以此建立起东洋文库；岩崎氏另有私人文库，即静嘉堂文库，一直致力于汉籍收购。光绪三十三年（1907）以10万元收购浙江归安陆氏皕宋楼书，其中北宋刊本7部80册，宋刊本114部2610册，元刊本9部1999册，还有大量明后之遗书与海内外孤本。① 文求堂主人田中庆太郎甚至在北京设立分店，专门收购汉籍，运回日本出售。日军入侵中国期间，又曾专门成立"满铁"劫掠中国典籍。由此决定了日本所藏汉籍数量的丰富性，上至日本皇室宫内厅书陵部，下至各大学图书馆、寺庙、公共图书馆、私人藏书馆均有大量的汉籍存藏，仅"日本所藏中文古籍数据库"中便可检索到91万条书目。

在日本等汉字文化圈内不但有着丰富的汉籍存藏量，也不乏中国国内的稀缺品种和版本。知名者如唐代传奇《游仙窟》，其在中国久已失传，后被抄录回国；日僧遍照金刚编撰的《文镜秘府论》，收录有中国南北朝至中唐时期诸多诗歌作法、诗歌理论著作，而其中许多文献在中国早已散轶；除稀缺的品种外，日本还藏有一些罕见的汉籍版本，如两浙东路盐茶司刻本《尚书正义》。

朝鲜半岛的情况也基本如此。朝鲜半岛与中国隔海相望，北面与中国的东北地区接壤，自古以来即深受中国文化的影响，成为汉字文化圈的重要成员之一。朝鲜半岛的古代知识分子在创造本民族文化的同时，曾学习借鉴了各种中国古代文献，特别是自统一新罗时代以降，先进的唐文化大量流入朝鲜半岛。高丽时代，宋元的思想文化及古籍通过陆路源源不断地传入朝鲜半岛，并保存相对完好。② 目前韩国的国立中央图书馆、奎章阁、韩国学中央研究院"藏书阁"以及成均馆大学尊经阁、高丽大学图书馆等均存藏有大量的汉籍，其中不乏海内外的汉籍孤本。比如，韩国奎章阁发现的明末陆人龙所撰的《型世言》，在中国早已亡佚，但奎章阁藏却藏有一部完整的初刻本。

三、汉籍在汉字文化圈的研究取向

由于在日本、朝鲜半岛等汉字文化圈内，知识阶层长期通用汉字，故而汉学家可以直接阅读原作，汉籍能够以汉字原生的形态加以传播。虽然也出现过本土的翻译，比如，日本有所谓的"训读"，但主要是面向普通民众的。既然在文字上不存在障碍且深受中国文化影响，汉字文化圈内的汉学家对汉籍的研究，

---

① 莫东寅. 日本之东洋史研究［J］. 中国留日同学会季刊，1943（04），95-106.
② 全寅初.《韩国所藏中国汉籍总目》的编纂与体例［J］. 中国索引，2005，3（04），48-49.

相对于非汉字文化圈,最为突出的特点即以中国传统的目录版本训诂之学研治汉籍。

历代的日本汉学家无不重视对汉籍的编目工作,并出版了大量的汉籍目录,比如,较早的吉备真备编制的汉籍目录《将来目录》。特别是在德川幕府时期,由于统治者对中国文化的提倡,在清朝考据学风的影响下,本着考证之精神,不少学者从版本目录学角度对汉籍进行研究,出现了一批名著,从而确立了这门学问[1],而后代代不衰。例如,日本东洋学情报中心所编《日本汉籍集成》,搜集了从日本江户时代起至昭和三十六年(1961),日本各机构或个人编辑出版的汉籍藏书目录2600种[2],由这一数字,日本汉学家对编纂汉籍目录的重视程度可见一斑。颇值一提的是日本著名的汉学家长泽规矩也,其毕生致力于中国古籍版本目录学的研究,所著《中国版本目录学书籍解题》对500余部中国版本目录学书籍做了介绍和评价,被另一位汉学家泷川政次郎誉为长泽规矩也所有著作中"学术价值最高",为"凡广泛意义上的汉学研究者人人应读之重要文献"[3]。

除编纂目录之外,日本汉学家也对汉籍开展了校勘、注释等整理研究。在研究取向上,侧重于微观考探,重在文字训诂等小学方面的研究。比如,林罗山校勘《五经》,为《十三经注疏》加句读,注释《古文真宝》和《老子》;加藤常贤、赤忠冢从甲骨文和金文出发来研究中国古代文明;吉川幸次郎则自称"段玉裁之徒、钱大昕之徒、18世纪清儒之徒"[4];藤田丰八对敦煌文献开展研究,著有《慧超传笺释》。

韩国也有重视汉籍目录编纂的传统,如《韩国所藏中国汉籍总目》收录之古书目录,取自韩国所藏中国古书调查研究小组收集之70余种古书目录中的重要目录,采用中国传统的经、史、子、集四部分类法。[5]

此外,在编目基础上,日、韩方面相继推出汉籍数据库,以数字人文相结合的方式,推动汉籍的数字化与研究工作。比如,日本研发的"全国汉籍——日本所藏中文古籍数据库"与韩国开发的"奎章阁古籍检索系统"等。

---

[1] 梅宪华. 日本汉籍版本目录学研究源流概述[J]. 文献, 1993 (01): 241-254.
[2] 罗志欢. 日本汉籍目录知见录[J]. 中国典籍与文化, 1993 (01): 121-127.
[3] 长泽规矩也. 中国版本目录学书籍解题[M]. 梅宪华, 郭宝林, 译. 北京: 书目文献出版社, 1990: 1.
[4] 何寅, 许光华. 国外汉学史[M]. 上海: 上海外语教育出版社, 2000: 624.
[5] 全寅初.《韩国所藏中国汉籍总目》的编纂与体例[J]. 中国索引, 2005, 3 (04): 48-49.

相对而言，即便是被称为文献学家，"对汉籍目录的校勘，在当时的欧洲学者中是个佼佼者"① 的法国汉学家伯希和，也只能完成《敦煌图录》这样的作品，至于笺注敦煌文献，实难为之。"作为外国学者，要想在学术层面掌握中文到母语的程度，似无可能。加上伯希和编目敦煌卷子时用力不足，错漏较多。王重民也指出很大部分未能反映正确书名，认为其阅读和认识中国四部的知识与能力仍然有限。"② 由于文字方面的重大差异，汉籍在非汉字文化圈有着另外的存在样态，版本目录校勘之学并非西方汉学家"学术价值最高"的学术活动。

四、汉籍在非汉字文化圈的流布特点

除汉字文化圈之外，汉籍在非洲基本没有存藏，在东南亚、南亚、大洋洲、拉丁美洲有一定数量的存藏，在欧美等的存藏数量较大。本文主要以法、英、美等国为例加以展开。

表意文字与拼音文字的巨大差异，中西文化的异质性，导致非汉字文化圈不可能高度重视汉籍的文化价值。在版式外形、装帧设计方面与西方书籍迥然有别的汉籍漂洋过海，存藏于欧美大学和研究机构的图书馆、博物馆、修道院和私人书房中。汉籍在非汉字文化圈内，很大程度上被视为一种把玩的文物或有着异国风情的观赏品，如上文提到的莫理循，曾在中国收集了大量的古书，但最终却无意于存藏，更遑论整理与研究。

不可否认的是，汉籍的编目工作在非汉字文化圈内也确实存在。比如，早期的英国汉学家道格拉斯（Robert Douglas）编有《大英博物馆图书馆藏中文刻本、写本、绘本目录》及《大英博物馆藏中文刻本写本目录续编》，艾约瑟（Joseph Edkins）编有《剑桥大学图书馆威妥玛文库汉、满文书籍目录》，法国伯希和编有《国家图书馆中文藏书中的"伯希和藏品 A"和"B"目录》，德国多恩（Bernhard Dorn）等编有《圣彼得堡皇家公共图书馆东方写本与刻本目录》，以及瑞典高本汉（Klas Karlgren）编有《瑞典所藏中文书籍》。③ 这些西方

---

① 何寅，许光华. 国外汉学史 [M]. 上海：上海外语教育出版社，2000：473.

② 桑兵. 国学与汉学：近代中外学界交往录 [M]. 北京：中国人民大学出版社，2010：132.

③ 西方早期汉籍目录，近期国内有影印版，如：张西平，谢辉，林发钦. 欧洲藏汉籍目录丛编全六册 [M]. 广州：广东人民出版社，2020. 该丛刊辑录 17 世纪后期至 20 世纪初，主要由西方学者编纂，著录欧洲各国公私机构收藏汉籍的目录 30 种。其中大部分为专门著录汉籍的目录，予以全文影印。少数为综合性目录，仅抽印其中的汉籍部分。涉及国家包括英国、法国、德国、奥地利、意大利、俄罗斯、瑞典，文种涵盖英、法、德、意及拉丁文。

汉学家的目录一般以中外文双语形式著录责任者、书名、卷数、刊行年代、馆藏号等内容，如道格拉斯所编之目录；有的书目著录方式则是中外书名、外文的内容提要、责任者、刊行年代与馆藏号等内容，如英国何为霖（Henry. F. Holt）所编《皇家亚洲学会图书馆藏中文典籍目录》。

上述所谓的汉籍目录基本是以图书馆分类法所编，且著录内容十分简略，基本仅供查阅之用。长期以来，西方并没有详备的汉籍目录，即便作为世界汉学重镇的美国，其东亚馆乃至国会图书馆，除《普林斯顿大学葛思德东方图书馆中文旧籍书目》以外，并没有一本专门的古籍目录。数十年以来，读者完全凭书名卡片、作者卡片或由此而形成的书本目录（古籍及新旧图书混排）以及用电脑检索馆藏中是否有。① 将汉籍视为文化传承的载体，致力于汉籍的搜集、收藏、编目、校勘与注释，是汉字文化圈的一种学术取向，在非汉字文化圈内，这项任务一般是由执掌图书馆中文部的华裔学者担纲。比如，江亢虎曾旅居欧美20年，"其在美国国立图书馆作汉文部主任也，尝就其所有中国古书六万多卷，按四库分类法，编写《中美书目》，复极力搜集明清两代农书，至三百多部，呈洋洋大观之象"②，以及当代的原哈佛燕京图书馆善本部主任沈津、美国俄亥俄州立大学图书馆中韩文部主任李国庆等。

非汉字文化圈内的本土汉学家，更多是将汉籍视为本国文化的"他者"而加以认知的。汉籍及其所承载的中国文化，给本土汉学家的理解造成了障碍，故而汉籍在非汉字文化圈的落地离不开翻译。物理形式的存藏，未经整理而沉睡于藏书机构的某个角落，是大部分汉籍在非汉字文化圈的常见状态。真正处于流通中的汉籍，绝大多数是海内外所公认的汉籍中的经典文本，且这些经典文本必须首先经过外文翻译这一环节。

另外，在翻译汉籍时，非汉字文化圈的汉学家不得不求助于中国学者所出的校勘本、注释本，甚至是白话本、外译本。比如，英国汉学家理雅各（James Legge）在汉籍翻译方面功勋卓著，但他在翻译儒家五经时，却要依赖中国学者王韬的协助。王韬辑集诸家注释，先后推出《皇清经解校勘记》《毛诗集释》《春秋左氏传集释》《周易注释》《礼记集释》供理雅各参阅。再如，理雅各在翻译《周易》时，并未参阅历代各《周易》版本，相反，他找来前人的拉丁文、英、法、意等语种的译文，加以参考和比照。同样，另一位英国汉学家翟

---

① 沈津. 有多少中国古籍存藏在美国东亚图书馆［N］. 文汇报, 2018-07-13（02）.
② 徐家齐. 中国学术在世界学术上之影响［J］. 江苏省立南通中学校刊, 1934（05）: 13-22.

理斯在翻译《聊斋志异》时，亦不曾去比勘诸如蒲松龄稿本、诸多抄本刻本等聊斋各版本，相反，他是以清代但明伦的聊斋评点本为底本加以移译的。正如曾翻译过《西游记》的英国汉学家韦利（Arthur Waley）在为柳存仁①《伦敦所见中国小说书目提要》所作序言中指出的，"我不是一个文献学家。我倾向于使用碰巧所拥有的版本"，"尽管我从天性上反感文献学研究，但是特别感谢像柳存仁博士那样的学者，为我做这项工作"②。

版本目录的问题，不是理雅各、翟理斯、韦利他们所关心的，同样也不是其他非汉字文化圈内的汉学家所关注的。理雅各、翟理斯、韦利的译本随后被转译为欧洲其他语种，以古汉语为载体的汉籍，被转变为以外语为载体、以各种外文译本（文）的形式在西方世界流传，进而被西方研究，并对西方文化产生重要影响。

可见，汉籍在非汉字文化圈，比如，在欧美的驻足，首先就是翻译。没有被翻译成外文的汉籍，基本无法进入西方汉学界，更遑论广为流传，为普通受众所接受，并在西方思想界产生影响。故而，在欧美汉学界，汉籍流传的文字载体是外文，是以外文文本的形式传播的，而且某一部汉籍有了一种西方语种的译本后，往往又被转译为其他外语语种；如果一部汉籍没有被翻译为外文，那么它可能或者长期鲜为人知，或者虽为人知却未为汉学家所重视，只是被搁置在藏书机构的某一角落里，或者躺在书架上处于沉睡状态。当然这一部分汉籍，若是中国国内所稀缺的珍本或孤本，那么它是具有文献价值的，可以裨益国内文献存藏之不足；但从中西文化交流史观之，出于了解中国人思想状况与风土人情的需要，凡在中国广为传颂的经典文本，汉学家必定也多加以移译和研究，而那些在中国国内本就流通不广的汉籍，汉学家也基本不予青目。这部分汉籍即便回归后加以研究，就跨文化研究的价值而言，其学术价值也并不大。

五、汉籍在非汉字文化圈的研究取向

二战之前的西方汉学受到实证主义史学的影响，多从文献学角度开展汉籍研究。在法国汉学家雷米·马修（Rémi Mathieu）看来，法国汉学建立时间最早，同时也是传统汉学的中心。法国汉学具有对文献和注释的细致分析传统。

---

① 柳存仁（1917—2009），华裔澳大利亚学者，祖籍山东临清，曾名柳雨生。毕业于北京大学，后获伦敦大学哲学博士及文学博士学位。在1945年曾因汉奸罪而被国民政府的高等法院判处三年徒刑，1948底年出狱。曾任澳大利亚国立大学中文系主任、亚洲研究学院院长，澳大利亚人文科学院首届院士、英国及北爱尔兰皇家亚洲学会会员。

② 柳存仁编著. 伦敦所见中国小说书目提要［M］. 北京：书目文献出版社，1982.

他们的研究以小学为主，对古典文献往往是逐字、逐条，以作注释的方式去钻研。20世纪初，法国汉学与英国、日本汉学并驾齐驱，正是由于其重视文献。①比如，沙畹（Edouard Chavannes）翻译了《史记》中的47篇，并有注疏及附录，考据精细，注释非常详尽。沙畹的汉学研究主要集中于汉籍的版本目录之学，如1933年发表于《通报》上的《郑和下西洋》，对《瀛涯胜览》《星槎胜览》《西洋番国志》《西洋朝贡典录》四部汉籍的版本和流传作了考证，而其与伯希和合著的《摩尼教流行中国考》，则以翔实的文献资料，对摩尼教在中国流传的始末进行了考证。

法国汉学的情况较为特殊，正如日本汉学家桑原骘藏所言，"西洋之中国学者中，除四五人外，其汉学读书力大都薄弱，惟其研究方法则概为科学的、坚韧可恃"②。西方汉学研治汉籍，最典型的还在于援用西方社会学的理论方法对汉籍，特别是汉籍中的经典文本加以研究，发掘其中的思想文化意涵。这一点，在早期法国汉学家葛兰言身上已经有所体现。

作为沙畹学生的葛兰言（Marcel Granet），在继承沙畹对中国上古史、原始宗教和先秦文献相关研究的同时，又融入了法国社会学的理论和方法，实现了对前人的超越以及对法国汉学的突破。葛兰言认为，过于重视文献的真伪以及对其年代的考据，有一定局限性，为此，他将法国社会学家涂尔干的社会学理论引入《诗经》研究，著有《中国古代的节庆与歌谣》一书，从人类文化学的视角探讨了中国文明的起源。

以二战为分水岭，二战前的法国汉学家如沙畹、伯希和，更为注重文献的注释，而较少着力于汉籍思想内涵的阐发；而二战之后的法国汉学，则受到美国汉学的影响，在观念和方法上也更趋于现代化。比如，谢和耐（Jacques Gernet）所著《中国社会史》更多的是结合中国历史文献，从中外文化互相影响的角度来描述中国历史的进程。其他的汉学家，如侯思孟（Donald Holzman）、华裔汉学家程抱一则采用当时法国流行的结构主义方法来研究中国诗歌。

如前述陈梦家所言，在二战后，美国汉学出现了"中国学"的偏向，注重区域研究（area study），援用西方社会学的理论方法集中对某一特定区域开展研究，这对"重传统，轻现实；重实证，轻理论"的传统汉籍研究无疑产生了重要影响。比如，在中国古典哲学领域，美国汉学家安乐哲（Roger T. Ames）、郝

---

① 张清俐. 法国汉学200年：延续重文献学和语文学的学术传统：访法国国家科学研究院东亚文化研究中心主任雷米·马修［N］. 中国社会科学报，2014-06-23（5）.

② 桑原骘藏，J. H. C. 中国学研究者之任务［J］. 新青年，1917，3（03）：42-53.

大维（David. L. Hall）以杜威的实用主义阐释儒学经典；杜维明则结合基督教和马克思主义，以发掘儒家经典的现代性价值；在中国古典文学研究领域，英美新批评、结构主义、精神分析、神话原型批评、女性主义、生态主义、性别理论、后殖民主义、解构主义等各色理论纷纷登场，用以揭示中国古典文学文献的思想蕴含。

同样，二战后的英国汉学，除赓续之前的汉籍英译研究外，更为重视对汉籍思想文化内涵的发明。韦利、霍克思（David Hawkes）对《楚辞》的译介研究，以人类学的方法对中国巫术文化加以探讨，尝试揭示文化层面的意涵；而即便是李约瑟（Joseph Needham）对《墨子》《周髀算经》《晋书·天文志》《本草纲目》等中国古代科技文献以及科技史的研究，也体现出一种宏阔的文化视野，将中国古代科技文明与世界其他民族的，尤其是西方的科技成就进行比较，由此确认中国科学技术在世界文明史上的重要地位。

六、结语

法国汉学家马伯乐（Henri Maspero）曾言，"中国本国之学者经长期苦心研究，早已纂有史籍，编定目录字汇类书，作为批评的史学札记与书籍，校订古书，搜集铭刻，而将中国史上各问题大体弄清"①，这无疑指出中国学者的主要贡献在于文献的考订整理工作。日本汉学家青木富太郎也指出，明治初年以前的中国研究，是受到绝对的中国文化影响的，实在是有些过分的中国式的研究，明治维新之后，日本学界逐步将目光转向西方，受到近世西洋史学研究方法输入的影响，才开始以西方的科学方法研究中国。② 另，前文所提桑原骘藏之《中国学研究者之任务》，胡适读后指出，"日本人桑原骘藏博士之《中国学研究者之任务》一文，其大旨以为治中国学宜采用科学的方法，其言极是"③，遂倡导以西洋的科学方法整理国故。

此处说明了一个问题：长期以来，西方汉学家与中国学者之间的关系似乎被认定为"具有理论意识的研究者"（theoretically-minded researcher）与"本土信息提供者"（native informant）的固化模式，即中国学者只有在文献整理方面具有先天的优势，在理论方法上则是欠缺的，亟须向西方汉学学习。借鉴自然

---

① 马伯乐. 近代"汉学"研究论［M］//李孝迁. 近代中国域外汉学评论萃编. 上海：上海古籍出版社，2014：65.
② 青木富太郎，毕殿元. 近五十年来日本人对于中国历史之研究（续）［J］. 北华月刊，1941，2（02）：68-72.
③ 胡适. 胡适留学日记［M］. 海口：海南出版社，1994：393.

是必要的，但是如果一味沉溺其中，完全以西方汉学的理论和方法反观中国，往往会导致水土不服，所得结论也一定是有问题的。

可行的路径似乎是，首先，积极开展汉籍在海外的普查摸底工作，以各种合理的方式促成汉籍的复制回归，裨补和完善中国文献的存藏体系；其次，将汉籍与汉学贯通起来加以考量，跳出单纯以目录版本校勘等形式整理海外回归汉籍的路子，而进一步拓展学术视野，采用跨文化研究的视角将学术目光投诸汉籍在海外的译介、研究与接受，展现汉籍与中国文化在海外的影响力；最后，充分借鉴和吸收海外关于汉籍整理、译介与研究的理论、视野与方法，实现本土文化和外来文化的创造性转化和创新性发展，最终能够在文献整理与理论创新两个维度，建构出中国特色的学术话语体系。

作者：任增强　山东大学儒学高等研究院

第三部分
中日文化交流的印记：文学研究的交互

从比较文学的角度重读《罗生门》

——小"粉刺"的大意义

一

《罗生门》是芥川龙之介于1915年11月发表在《帝国文学》上的小说，也是芥川的第一部短篇小说集的标题作品，在芥川文学中占有非常重要的位置。著名评论家三好行雄对《罗生门》的评论如下：

> 在评论芥川历史小说的时候，是不允许无视《罗生门》这篇小说的。文章的结构和文体都经过极尽推敲，达到了一个极高的境地。也就是说，这篇小说彰显了"新技巧派"作家的特质……以后的芥川论一定都是从讨论这篇小说开始的，这并不是毫无道理的，就连作者自身也把它作为自己的第一部短篇集的标题作品，这足以显出作者对这篇小说的爱惜和自负。[①]

正如三好所指出的那样，"评论芥川历史小说的时候，是不允许无视《罗生门》"这篇作品的。因此，在诸多芥川文学的研究论文中关于《罗生门》的论稿不胜枚举，可以说《罗生门》是芥川所有作品中被研究最多的作品之一。虽说迄今为止关于《罗生门》的论文已经从"善恶论""环境论""生成论""影响论"等各个角度进行了研究论述，但不无遗憾地说，这篇作品还有很多问题并没有得到解决，"下人"的"粉刺"问题就是其中之一。众所周知，芥川在进行创作时对文章细节是非常在意的。例如，芥川对《罗生门》中的"蟋蟀"

---

① 浅野洋. 芥川龍之介作品論集成1：羅生門：今昔物語の世界［M］. 東京：翰林書房，2000：7. 对原文的翻译皆为笔者拙译，下同。

"猴子"①"雨""火"② 等小道具的使用也是经过深思熟虑的，在细节上的推敲逸闻都是芥川研究者所熟知的。由此可知，对于《罗生门》这样一篇重要的作品，芥川无疑对作品中的每个细节都是经过仔细推敲的。"下人"的"粉刺"虽然是个小道具，但在文中却出现了4次，严格的芥川是绝对不会忽略这个细节的。然而，迄今为止的已有研究中对"粉刺"的提及都是一带而过的，鲜少有专门研究这个问题的论文。其实，仔细阅读文本就会发现，"下人"的"粉刺"在文中有很大的意义，并且来源竟和中国古典文学《聊斋志异》有着很大的联系。

二

罗生门本来的名字叫作"罗城门"，是日本平安时代的京城中值得纪念的建筑物之一。现在关于罗生门遗址的确切位置已经无从确认，只是"罗生门"这个名字在世间广为流传。秦刚在《芥川龙之介读本》③的前言中对罗城门中的"城"字变成"生"字做了如下解释："虽是一字之差，'城'只是一个静态的实体空间，'生'则更富于动感和玄机，既是一种行为与意志的表示，也是一切生命存在的状态。"正如秦刚所指出的那样，《罗生门》正是这样的一篇作品。在现在的日本京都市南区唐桥罗生门町，沿一条叫作"九条"的大路朝北走就会看见一个小的儿童公园，在这个公园里立着一个柱子，柱子上刻着"罗生门遗址"，《罗生门》的故事就是在这里发生的。故事讲述的是某一天黄昏，被主人辞退了的下人在空旷无人的罗生门下避雨。下人为了不被饿死决定去京都讨生计，然而由于最近几年的地震、飓风、火灾和灾荒，京都早已破败不堪。下人犹豫着要不要为了生计去当强盗，但总也下不了决心。眼见天色已晚，他决定姑且在罗生门上过一晚再说。然而就在他要登上城楼的时候，他发现楼上有个老太婆正在拔死人的头发，义愤填膺的下人将老太婆按倒质问她为什么拔死人的头发，老太婆说如果不拔死人的头发就会饿死。听了老太婆的一番话，下人决心成为强盗，他立刻剥掉了老太婆的衣服消失在黑夜中了。

《罗生门》取材于《今昔物语》第二十九卷的《盗人登上罗城门上层见死人语》，但是《罗生门》经过芥川的润色加工之后，要比《盗人登上罗城门上

---

① 浅野洋. 芥川龍之介作品論集成1：羅生門：今昔物語の世界 [M]. 東京：翰林書房，2000：35.
② 浅野洋. 芥川龍之介作品論集成1：羅生門：今昔物語の世界 [M]. 東京：翰林書房，2000：60.
③ 秦刚. 芥川龙之介读本 [M]. 北京：人民文学出版社，2011：1.

层见死人语》丰满圆润得多。这为研究《罗生门》提供了很多方便,因为从这些润色添加的部分,我们能够推测出芥川的创作意图。和原文进行比较后发现,芥川加了很多对作品舞台罗生门的描写。尸体、乌鸦、已经破碎了的石台阶、长在台阶上的高高的青草,对罗生门的这种荒凉的描写无疑增加了罗生门的鬼气。芥川不仅对罗生门使用了这种润色手法,对登场人物老太婆和下人的描写也使用了同样的手法。但是比起老太婆,下人的容貌似乎没有被描写得很详细。然而,在这并不详细的容貌描写中,对下人的"粉刺"描写竟多达4处。这不得不让读者认为这是芥川有意识的安排。首先是下人的容貌描写[①]:

1. 身穿洗得发白的青色外衣的下人,走到七层台阶最上面一层,弯腰坐下,用手摸着右脸颊上一颗让他很不舒服的大粉刺,百无聊赖地望着雨丝。
2. 楼上发出的火光若隐若现地映照着该男子的右侧脸颊。那是一张留着短须、长有红脓粉刺的脸颊。

关于下人的容貌描写只有这两处,从中并不能看出下人的容貌特征甚至年龄,可以说是非常简单。然而老太婆的容貌芥川却描写得很详细,容貌原文描写如下:

一个穿桧树皮颜色衣服、身材瘦小、白发、像猴子一样的老太婆……老太婆越发睁大双眼,定定地看着下人。那双眼睛布满血丝,仿佛食肉鸟一般锐利逼人。接着,她那满是皱纹、几乎和鼻子连在一起的嘴唇好像咀嚼着什么东西似的动了一下。只见她细细的喉咙里尖尖的喉结动了动,这时,喉咙发出来宛如乌鸦叫声一样的声音,上气不接下气地传到下人的耳朵里……然后,趴在那里,披散着短短的白发,朝门下张望。

从上述对老太婆容貌的描写中读者完全可以想象出老太婆的身材以及五官的样子,而对下人除了衣服,就只知道他的短胡须中有一个大粉刺了。然而,虽然对下人的身材容貌描写很少,但下人在小说中的位置却比老太婆重要得多。首藤基澄评价下人:"逡巡踯躅的下人今后该怎么行动,也就是说下人怎样拿出

[①] 芥川龙之介. 芥川龙之介短篇小说选集 [M]. 郭丽,译. 上海:上海世界图书出版公司,2019:61.

'勇气'来应对现实情况是整篇作品的重点。"① 三好行雄也评论道："《罗生门》的登场人物之间的错综复杂的心理体现了人类为了生存而上演的残酷自私的连续剧，所以小说的主题是随着下人的心理推移来揭露人类的自私心理的。"② 如果的确如研究者们所说的那样，下人在小说中扮演着如此重要的角色，那么芥川对下人的身材容貌描写应该更加细致才对，至少应该比老太婆要清楚。然而文中下人的容貌特点只是突出了右脸颊上一个大大的"粉刺"，这就意味着芥川希望读者从下人的"粉刺"中获取下人的相关信息。

三

关于《罗生门》的文章结构和文体都是经过芥川仔细推敲的事实已经在前文中指出，所以《罗生门》中并不存在多余的描写，对"粉刺"的描写也是一样。迄今为止的过往研究中对"粉刺"也有各种不同的解释，下面就介绍几种具有代表性的解释。三好行雄的解释如下：

> 尸体、乌鸦、破碎石台阶上长满的高高的荒草，这些描写可以说都是一些没有脱俗的描写，然而虽然没有出奇的描写，作者却能巧妙地描绘出充满鬼气的小说舞台，这种手法对于一个还不到二十五岁的新锐作家来说是难得的、深入人心的、老成的写作手法，值得赞赏。从这个意义上来说，下人脸颊上的红色粉刺是最成功的点缀了。③

笹渊友一的解释如下：

> 下人认为老太婆的辩白只不过是依仗"死人不会开口说话"而进行的自我辩护。所以老太婆在辩白的时候他一直都是"冷淡"的态度，他一边听，一边用右手时常摸着右脸颊那个红肿带脓的大粉刺，他的这种行为明确地表达了他冷淡的态度。这冷淡的态度表示他对老太婆的欺骗表现出的

---

① 浅野洋. 芥川龍之介作品論集成1：羅生門：今昔物語の世界［M］. 東京：翰林書房，2000：48.
② 浅野洋. 芥川龍之介作品論集成1：羅生門：今昔物語の世界［M］. 東京：翰林書房，2000：7.
③ 浅野洋. 芥川龍之介作品論集成1：羅生門：今昔物語の世界［M］. 東京：翰林書房，2000：7.

反感和蔑视,"一边听一边摸粉刺"则证明了他没有真正听老太婆的辩白。①

前田爱的解释则结合了身体论:

> 不愧是芥川,他没有直接通过叙述(diegesis)的形式来表达下人回心转意的心理活动,因为那样会显得很性急。在进行解释说明的前后,通过描写下人对老太婆的态度(description),不露痕迹地承接了原话。并且,象征着下人的年轻和自我意识的"粉刺"的效果也是不可忽视的。在Symbol I 中是"一直在意粉刺",在Symbol II 中则是"右手突然离开粉刺",这两处不同的描写有效地强调了差异性,也是下人身体论的表示。②

关口安义的解释是芥川为了增加生动性以及提示下人的近代性才加入了"粉刺"这个元素:

> 一方面,下人是一个在意粉刺的青年,如前所述,他是"四五天前被主人解雇了"的失业者。萧条而衰败的平安末期的京都和象征萧条、荒废的罗生门的情景以及下人的印象是一样的。
>
> 另一方面,在意粉刺的下人则带有奇妙的生动性,能够让人意识到他是一个近代青年。这种描写方法可以说是符合芥川一贯的"借用历史的衣裳来描写近代人的心理"的创作技巧。③

高桥龙夫则把"粉刺"作为自我意识的一个表现:

> 自我意识本来是设定了他者的存在之后才会产生的东西,如果他者不在的话就没有必要持有自我意识了。然而,坐在石台阶的最上边呆呆地看雨的下人却在无意识中又非常在意"右脸颊长出的大粉刺",毋庸置疑,他

---

① 浅野洋. 芥川龍之介作品論集成1:羅生門:今昔物語の世界[M]. 東京:翰林書房,2000:24.
② 浅野洋. 芥川龍之介作品論集成1:羅生門:今昔物語の世界[M]. 東京:翰林書房,2000:86.
③ 浅野洋. 芥川龍之介作品論集成1:羅生門:今昔物語の世界[M]. 東京:翰林書房,2000:99.

的这种行为完全是在没有他者的世界中唯一能够勉强确定"自己"的存在的一种潜在行为。除此之外则没有任何东西（人）能够确定"自己"的存在了。①

从上述的已有研究中可以看出三好行雄认为下人的粉刺是一个"成功的点缀"，至于如何成功地进行点缀，在文中却没有明言。笹渊友一把粉刺作为下人"没有真正听老太婆的辩白"的证据，前田爱和高桥龙夫则把粉刺作为"年轻"及"自我意识"的象征。各位研究者从不同的角度对粉刺做出了解释。但文中对下人的粉刺有4处描写，而且仔细阅读这4处描写会发现粉刺是处在不断变化之中的。在芥川对下人并不详细的容貌描写中，4处的粉刺描写已经显得很突出了，而且粉刺还在变化之中，这不得不让人去揣测芥川设定粉刺的意图。

1925年2月1日发行的《新潮》第42卷第2号的《作家与记者的一问一答录——其四》中有一篇《和芥川龙之介氏的一个小时》的文章，在这篇文章中芥川提到了粉刺：

记者：我与其说反感衰老之人，不如说更讨厌男子二十二三岁的时候，从征兵检查之后，脸上始终浮着一层油脂，还会长出粉刺，完全是个未成品，活鲜鲜的一点意思都没有……上了年纪后虽然蹒跚摇晃，我觉得反而又有一种古董般的味道在里面……

芥川：你的想法很有意思。因为孔子说三十而立，男人到了三十才是一个成年人。那么二十岁左右显得丑陋，因为正是处于过渡期所以才显得丑陋吧。

从上述引文中可以看出，芥川认为长着粉刺的、二十岁左右的年轻人是"丑陋"的，其"丑陋"体现在未成熟这点上。《罗生门》的下人正是处于这样的过渡期。实际上"丑陋"这个词在1915年2月28日芥川给友人井川恭的书信中也有提及：

没有自私的爱是否真的存在？自私的爱无法跨越人与人之间的障碍，无法治愈落在人身上的生存寂寞之苦，如果自私的爱不存在的话就没有比

---

① 浅野洋. 芥川龍之介作品論集成1：羅生門：今昔物語の世界 [M]. 東京：翰林書房，2000：147.

人的一生更痛苦的事了……周围很丑陋，自己也很丑陋，看着这些就觉得活着是令人痛苦的。

上述书信是芥川在经历失恋之后所写的第一封书信，常常被研究者引用。这也是在研究芥川初期作品的时候不能不提及的书信。除此之外，1915年3月12日的书信①中对"丑陋"这个词也有提及：

我如同拨开迷雾看见新的东西，但不幸的是，在这新的国度里尽是丑陋的东西。

我为丑陋的东西祝福。因为正是这些丑陋，才使我更加懂得自己以及别人持有的东西的美丽，也更加懂得自己及别人持有的东西的丑陋。

以上的书信芥川写于1915年，也就是创作《罗生门》的这一年，他非常在意"丑陋"这个词。那么，在考虑这个词是怎样反映在《罗生门》中的时候，就会比较自然地将"丑陋"和"粉刺"联系起来。俗话说"面由心生"，下人内心的丑陋就体现在脸上的"粉刺"上，可见芥川一开始就已经将下人设定为丑陋的存在了。这正应验了三好行雄对芥川的评价："芥川的小说在成为作品之前就已经存在着牢固的主题，并且文中的各种情节都在不停地提示着主题的存在。"②《罗生门》中下人的丑陋不仅体现在脸上，更是体现在心里，最后他走上了作恶的道路就是一个很好的证明。可以说在下人走上作恶道路的过程中，"粉刺"起到了不可忽视的暗示作用。文中关于下人粉刺的4处描写列举如下：

（1）身穿洗得发白的青色外衣的下人，走到七层台阶最上面一层，弯腰坐下，用手摸着右脸颊上一颗让他很不舒服的大粉刺，百无聊赖地望着雨丝。

（2）楼上发出的火光若隐若现地映照着该男子的右侧脸颊。那是一张留着短须、长有红脓粉刺的脸颊。

（3）下人把腰刀放回鞘里，左手放在刀柄上，冷冷地听着。当然，听的时候，一边用右手摸着面颊上那颗令他心烦的发脓大红粉刺。

---

① 高慧勤，魏大海．芥川龙之介全集：第5卷：书简［M］．济南：山东文艺出版社，2005：87.
② 浅野洋．芥川龍之介作品論集成1：羅生門：今昔物語の世界［M］．東京：翰林書房，2000：7.

（4）老太婆话音刚落，下人就不无嘲讽地说道，接着一脚踏向前，突然把右手从粉刺上拿开，一把抓住老太婆的衣领，咬牙切齿地说……

可以看出，粉刺的描写是和下人的心理变化息息相关的。下面就具体分析一下二者是如何相互关联的。

（1）一边摸着自己右脸颊上长出来的大大的粉刺（采取的行动）→百无聊赖地看雨。

（2）楼上发出的火光若隐若现地映照着该男子的右侧脸颊。那是一张留着短须、长有红脓粉刺的脸颊。（现状）→登上罗生门。

（3）下人把腰刀放回鞘里，左手放在刀柄上，冷冷地听着。当然，听的时候，一边用右手摸着面颊上那颗令他心烦的发脓大红粉刺。（采取的行动）→产生了某种勇气。

（4）接着一脚踏向前，突然把右手从粉刺上拿开（采取的行动）→剥掉了老太婆的衣服。

从以上列举的四点来看，芥川通过下人的"粉刺"来表现下人的行动，同时也暗示了下人的心理活动。在（1）中，对粉刺的描写是"大粉刺"，然而在（2）中，1的"大粉刺"已经变成了"红肿带脓的粉刺"，然后"红肿带脓的粉刺"一直持续到最后。这样的变化值得注意。芥川为什么让粉刺发生从（1）到（2）的变化呢？这不可能是芥川无意识的结果，而且这种变化在草稿的阶段并没有发生。引文（2）在草稿中的描写如下：

短须中长着一个红色的粉刺。不一会儿，男人开始手足并用、蹑手蹑脚地一节一节匍匐着爬梯子了。[①]

可以看出在草稿阶段"粉刺"虽然红，但并没有带"脓"。然而在《罗生门》中，下人爬梯子的时候他的粉刺已经化脓了。为什么芥川把草稿阶段没有脓的粉刺在作品阶段加上了"脓"？作为一个推测，可以认为芥川是想通过粉刺的变化来表达下人的心理变化。下面看一下在（1）和（2）之间的下人的心理

[①] 芥川龍之介著，紅野敏郎，石割透，海老井英次編集. 芥川龍之介全集第一卷 [M]. 東京：岩波書店，1995.

到底发生了什么样的变化。

（1）身穿洗得发白的青色外衣的下人，走到七层台阶最上面一层，弯腰坐下，用手摸着右脸颊上一颗让他很不舒服的大粉刺，百无聊赖地望着雨丝。

与其说"下人在等雨停"，不如说"被雨淋湿的下人无处可去，六神无主"更确切。

……下人当务之急便是要设法对付明天的生计。也就是说，要在无路可走中想办法找出一条路来。

要想在无路可走时想办法找出一条路，就无暇选择手段。如果选择的话，只会是饿死在泥土墙下面，或者是横尸路边。然后，被拖到这里像狗一样被遗弃。假若不择手段的话呢——下人的思绪在同一条路上反复徘徊后，终于走到这个地方。然而，"假若"无论何时终归是"假若"。下人虽然肯定不择手段这件事，但是要把这个"假若"弄个眉目出来，当然，随后而来的便是"除了当强盗，别无选择"这一选项了，但是，下人又没有勇气认同这一做法。

（2）楼上发出的火光若隐若现地映照着该男子的右侧脸颊。那是一张留着短须、长有红脓粉刺的脸颊。

从上述引文中可以看出，在（1）和（2）之间，下人的心理已经发生了变化。（1）的时候下人虽然已经失业，但他也只是呆呆地看着雨，然而在这之后，下人为了明天的生活已经决定做强盗了。他的这种想法产生之后，（1）的大粉刺就化脓了。

四

为了解开"粉刺"变化之谜和芥川的创作意图之间的关系，这里把"带脓的粉刺"中的"脓"设定为"罪恶"的象征。最初的"大粉刺"可能单纯是年轻人的象征，是为了增加生动性及自我意识的工具，但是下人产生了"除了当强盗而别无他法"的罪恶想法之后，"大粉刺"就变成了"红肿带脓"的粉刺。所以将"脓"设定为罪恶的象征是有一定的合理性的。

清水康次[1]认为，正如"红肿带脓的粉刺"所代表的那样，下人的身体里

---

[1] 近代文学研究丛刊3：芥川文学の方法と世界［M］．大阪：和泉書院，1994．

面有一股力量。这股力量在被伦理道德牵制着还没有付诸行动,目前他还没有将力量付诸行为的勇气。正如清水所指出的那样,下人身体中的这股力量正是一股罪恶的力量,目前这股罪恶的力量被道德和伦理牵制着,再加上没有勇气,所以还没有付诸行动。一旦伦理道德无法压制这股力量,那么下人就会走上邪路。守住善念饿死还是做恶事苟活,下人在没有做最终决定之前只是"把腰刀放回鞘里,左手放在刀柄上,冷冷地听着。当然,听的时候,一边用右手摸着面颊上那颗令他心烦的发脓大红粉刺",但是听了老太婆的"我不认为我在做坏事,因为我不这么做的话就只有饿死,我也是没有办法"的话之后,下人采取了"接着一脚踏向前,突然把右手从粉刺上拿开,一把抓住老太婆的衣领"的行动。从下人的右手自然地摸着红肿化脓的大粉刺行为来看,他还非常在意伦理道德,然而当他决定成为强盗之后,右手突然从粉刺处挪开了。

从上述分析中可以看出,"粉刺"是随着下人的心理变化而变化的。象征着"罪恶"的粉刺正如象征着荒废破败的罗生门的"蟋蟀"一样,是在芥川的计算之内的。但一个新的疑问又浮现出来,"脓包"象征"罪恶"的手法是不是芥川的独创呢?实际上在芥川熟读了的《聊斋志异》中有类似的故事,是《聊斋志异》卷一的《僧孽》[1]:

> 张姓暴卒,随鬼使去,见冥王。王稽簿,怒鬼使误捉,责令送归。张下,私浼鬼使,求观冥狱。鬼导厉九幽,刀山、剑树,一一指点。未至一处,有一僧,扎股穿绳而倒悬之,号痛欲绝。近视,则其兄也。张见之惊哀,问:"何罪至此?"鬼曰:"是为僧,广募金钱,悉供淫赌,故罚之。欲脱此厄,须其自忏。"张既苏,疑兄已死。时其兄居兴福寺,因往探之。入门,便闻其号痛声。入室,见疮生股间,脓血崩溃,挂足壁上,宛然冥司倒悬状。骇问其故。曰:"挂之稍可,不则痛彻心腑。"张因告之所见。僧大骇,乃戒荤腥,虔诵经咒,半月寻愈。遂为戒僧。
>
> 异史氏曰:"鬼狱渺茫,恶人每以自解;而不知昭昭之祸,即冥冥之罚也。可勿惧哉!"

由引文可以看出,《僧孽》中有对"脓疮"的描写,即"疮生股间,脓血崩溃"。张的兄长之所以生"脓疮",就是因为作恶多端,冥王为了惩罚他才让他生脓疮。由此而知,"脓疮"就是罪恶的象征和代表。中国自古对恶人就有

---

[1] 盛伟. 蒲松龄全集:第一册[M]. 上海:学林出版社,1998:44.

"头顶生疮，脚下流脓"的诅咒，可见"脓"和"罪恶"是相连的。《罗生门》中的下人也是一样，当他决定成为强盗的时候，"大粉刺"就化脓了，这和《僧孽》中用脓疮来惩罚恶人的手法是十分相似的。虽然脓疮和粉刺是不一样的，但在把"脓"和"罪恶"联系起来的这点上，两篇作品是存在互文性的。

既然在这里强调芥川在"脓"代表"罪恶"这点上是参考了《聊斋志异》的创作手法，那么芥川是否读过《聊斋志异》？下面就看一下芥川对《聊斋志异》的熟悉程度。

从芥川给友人的书信上来看，芥川在1908年就提到过《聊斋志异》。其在这一年8月11日的书信中写道："去上野图书馆。想借《我逸独观》没能如愿，就读了《聊斋志异》。最近，只要一有时间就常常读这些鬼怪传说。"这可能是芥川首次提到《聊斋志异》的记录。除此之外，青年时代的芥川一直对鬼怪小说有着极大的兴趣。1918年5月芥川发表在《新小说》上的文章《文艺杂话饶舌》[1]中对东方的幽灵和西方的幽灵做出了比较详细的评价：

据Heinrich Heine[2]说德国的幽灵比法国的幽灵要不幸得多。其实日本和中国的幽灵之间也有很大的不同。第一，日本的幽灵都是非社交型的，接近了的话会感到非常不愉快的。至多是她们身上有了不起的地方，即使是阿岩稻荷[3]，也让人敬而远之。但是中国的幽灵则不同。她们有教养，重视义理人情，往往结局比活着的人还要好。如果不信的话，可以读一下《聊斋志异》。在几百篇的长短故事中，这样的幽灵随处可见……

之前所说过的《聊斋志异》是乾隆中期的作品，和《今昔物语》比起来是比较新的。但是《今昔物语》和《聊斋志异》中有比较接近的故事。例如，《聊斋志异》的《种梨》的故事发展情节和《今昔物语》的本朝第十八卷的《以外术被盗食瓜语》极其相像。如果将梨和瓜互换一下，二者几乎是一样的。这可能是日本的故事被传到了中国的结果吧。

但是这样的故事从性质上来说是非常中国式的。那么这样的故事有可能是始于中国，之后传入了日本的吧。如果谁有时间考证一下那将是非常有趣的。

---

① 芥川龍之介著，紅野敏郎，石割透，海老井英次編集. 芥川龍之介全集第一卷［M］. 東京：岩波書店，1995.
② 海因里希·海涅（Heinrich Heine，1797—1856），德国抒情诗人和散文家，被称为"德国古典文学的最后一位代表"。
③ 日本传说中的女鬼，《四谷怪谈》的女主人公。

143

上述引文说明了两个问题：一是在讨论中国幽灵的时候，芥川是将《聊斋志异》的幽灵来作为中国幽灵的代表的；二是从引文的"在几百篇的长短故事中，这样的幽灵随处可见"中，可以看出芥川已经将《聊斋志异》全部熟读于胸了。不仅如此，他还将《聊斋志异》和《今昔物语》进行比较，由此可以看出芥川对《聊斋志异》的熟悉程度。事实上，芥川不但熟读《聊斋志异》，还模仿《聊斋志异》写了一本名为《椒图志异》的笔记。《椒图志异》是一本收录了芥川从亲朋好友那里听到的一些不可思议的怪谈故事的笔记。从笔记的题目、材料来源以及怪谈的收集方法来看，《椒图志异》明显受到了《聊斋志异》的影响。关于《椒图志异》和《聊斋志异》的关系，藤田祐贤的《「聊斎志異」の一側面——特に日本文学との関連について》[1] 的论文做了较全面的介绍，在这里不做赘述。通过以上论述，可以得出芥川对《聊斋志异》中的故事非常熟悉的结论。

芥川龙之介与《聊斋志异》的关系如上所述，所以在"脓"象征"罪恶"这一点上芥川很有可能是参考了《聊斋志异》中《僧孽》的创作手法。芥川将原来的"罗城门"改为"罗生门"，就是想让下人在罗生门上得到"生"，所以才将"城"换为"生"。但讽刺的是下人之所以能够获得新生，是因为他决定做恶事。对于下人离开罗生门后的状况，东乡克美在论文《"像猴子一样"的人的去向——从〈罗生门〉〈偷盗〉到〈地狱变〉》中指出："《偷盗》是《罗生门》的下人扒了老太婆的衣服消失在'黑夜'中之后的续作，这已经成为定论了。"[2] 对于下人这样的去向，芥川在《罗生门》的开始就已经用化脓了的"粉刺"埋下了伏线，这点也符合芥川的创作手法。

如果进一步将带有"粉刺""罪恶""丑陋""未成熟"等特征的"下人"比喻成处于近代转型期的日本，把向"下人"（日本）传播"恶"理论的"老太婆"比喻为西方的话，我们会发现阐释《罗生门》文本的另一个侧面。

作者：王书玮　北京科技大学

---

[1] 藤田祐賢. 中国古典文学全集：第二十二卷　聊斎志異解説 [M]. 東京：平凡社，1958.

[2] 浅野洋. 芥川龍之介作品論集成1：羅生門：今昔物語の世界 [M]. 東京：翰林書房，2000：35.

尾崎红叶的"言文一致"文体实验

——以中篇小说《两个女子》为例

近代日本通过明治维新实现国家的近代化，之前晦涩难读的日语旧文体表述也面临着被"近代化"的挑战。在周围纷纷尝试日语问题变革的潮流中，"红露逍鸥"作家中排位第一的尾崎红叶作为文学层面最早的文体实验者，先后在小说创作的过程中实验了"だ"体、"です"体、最后统一于"である"文体。其间发表的中篇小说《两个女子》中的文体实验正好见证了尾崎红叶"言文一致"文体革新的尝试和探索，当然其中也不乏失败或者不尽如人意之处。"言文一致"运动所企图带动的新日语表述规范是日本近现代文学确立的一个重要体现，实际上，将语言层面上的改革和文学创作层面上的叙事技术混为一谈，欲毕其功于一役的想法虽然可资期待，但在明治中后期的文学家尾崎红叶的笔下，还存在着客观的困难和难以克服的诸多矛盾。

引论

作为日本明治时代的大文豪，尾崎红叶在《言文一致论》中写道："于美文而言必须有韵致。但是今日的言文一致体颇乏此韵致，拟古文于此点则处于优位。言文一致体过于具象化，中规中矩棱角清晰，虽然已经普及，然缺少温乎……古文的长处确实是言文一致体的短处，实际上，为补充此欠乏我亦是煞费功夫，叙述同样的事情，是用口头表达，或是唱歌的方式唱出？何者更能感人至深者……拟古文有一种调子，在文字间回响，恰似适合演唱的节律，即文字以外拥有潜在的力量。而言文一致体毋宁说有如听人讲大白话。"（《新潮》，1905年12月15日）[1] 尾崎红叶对"拟古文"和"言文一致体"的态度是很明确的，那就是他更喜欢有"韵致"的前者。通过"为补充此欠乏我亦是煞费功夫"可知，尾崎红叶进行了艰难的尝试，而这些尝试最突出的表现就是其文体

---

[1] 尾崎紅葉. 紅葉全集：10 卷［M］. 東京：岩波書店，1993：349.

实验。

一般认为，尾崎红叶最早的文体实验始于《两个尼姑的色情忏悔》（1889）中"作者曰"。其中标榜"新创造的风格独具的文体"，即叙述描写文用雅文体写出，会话文则采用半文半古（"由净琉璃体与当今之俗话调混杂而成"）的口语体，这种"各气杂糅"的结果也正如尾崎红叶自我评价的"是凤凰是草鸡？是老虎是野猫？此乃吾也无法辨识"，只"然确是作者的苦劳"。① 虽然早在《小说神髓》中坪内逍遥将明治小说的文体分为雅文体、俗文体和雅俗折中文体三种，但是通观《两个尼姑的色情忏悔》，其文体还是偏向雅文体。这正是尾崎红叶所崇尚和一直努力的方向。但是在两年后的1891年，尾崎红叶却突然尝试言文一致体写作，发表了《两个女子》（1891—1892）。一般认为《多情多恨》是言文一致体生成的标志，其实早在《两个女子》长达一年的连载中，作品中雅文体的腔调已逐渐消退，到了最后作家已经熟练掌握了言文一致的运用。从这方面看，虽然《多情多恨》是尾崎红叶言文一致体运用的全面展示，但《两个女子》则更完整地展示了红叶文体探索的一个重要侧面。

通过梳理学界的先行研究，有6篇论文可查，其余散见于各类论文中。其中较多的是对红叶言文一致的考察，较早有冈保生的《尾崎紅葉・幸田露伴の文体——その言文一致体小説を中心として》（1960），考察了尾崎红叶与幸田露伴言文一致体写作的异同②，随后有木谷喜美枝的《尾崎紅葉の初期文体：言文一致への過程》（1973），通过前半期作品的标点符号和文末修辞变迁两方面简论了尾崎红叶言文一致获得过程的轨迹。③ 在另外的研究中，中里理子的《尾崎紅葉の言文一致文：「多情多恨」を中心に》（2002）④ 和扬妻祐树的《尾崎紅葉『多情多恨』の語りと語法：ノデアルの文体》（2011）⑤ 都从语法层面集中关注了《多情多恨》的文体。关注尾崎红叶雅俗折中文体使用情况的研究有木川あづさ的论文《尾崎紅葉『金色夜叉』を中心とした文語体作品の

---

① 尾崎紅葉. 紅葉全集：1 卷 [M]. 東京：岩波書店，1993：4.
② 岡保生. 尾崎紅葉・幸田露伴の文体—その言文一致体小説を中心として [J]. 国文学：解釈と教材の研究，1960（04）：34-37.
③ 木谷喜美枝. 尾崎紅葉の初期文体：言文一致への過程 [J]. 国文目白，1973（03）：1-10.
④ 中里理子. 尾崎紅葉の言文一致文：「多情多恨」を中心に [J]. 上越教育大学研究紀要，2002（02）：758-772.
⑤ 揚妻祐樹. 尾崎紅葉『多情多恨』の語りと語法：ノデアルの文体 [J]. 藤女子大学国文学雑誌，2011（03）：1-24.

文体について：文末表現を手がかりに》（2010）① 和《尾崎紅葉の文体意識》（2011）②。前者从语法角度归纳了《金色夜叉》文末表现的情况，后者梳理了尾崎红叶文学的整体文体变化情况。

从已有研究来看，学界对红叶的文体研究相对较少。其一，为了阐明与现代日本语的关系，过度夸大言文一致体的使用。其二，将尾崎红叶文学与雅俗折中文体相等同，抹杀了尾崎红叶文体的丰富性。其三，词汇研究用数据说明尾崎红叶的语法构造，但在很大程度上又忽略了与整体的关联性。基于此，本文将追溯尾崎红叶言文一致文体的试验的源头——《两个女子》，详细还原并揭示出尾崎红叶早期言文一致实验的实际貌态。

一、"言文一致"实验的萌芽

尾崎红叶的"言文一致"尝试最早可追溯至短篇小说《江户水》的创作中。以小说的结句词为例，他一开始采用了"だス"结句的文体，例如，《江户水》开篇文所示：

いづれも様ごぞんじ、江戸の水は本丁庵三馬家伝の売薬、外には類と真似のない代物。それと知りつつ不量見にも、かうもあらうかとその筆意に倣ひしが、似ても似つかぬまつかいなにせ物。誠や式亭の筆勢は一流江戸前、古今独歩の文中虎、はて及びもねエ事だス。（『江戸水』より）③

从上文可看出，其实前三句的叙述描写都是名词结句，其中多有文语词汇，呈现出雅文体的特质。但是最后结尾处在形式名词"事"的后面使用"だス"以外的叙述描写，这样的文体结尾形式还是第一次。四个月后，在发表于《读卖新闻》的明治新风俗的人体模特题材的短篇小说《裸美人》中，尾崎红叶的描写中已经开始出现了其文体尝试的标志性体式"である"，这是第一次出现在小说的冒头中：

---

① 木川あづさ. 尾崎紅葉『金色夜叉』を中心とした文語体作品の文体について：文末表現を手がかりに［J］. 實踐國文學，2010（02）：1-27.
② 木川あづさ. 尾崎紅葉の文体意識［J］. 国文目白、實踐國文學，2011（05）：79-93.
③ 尾崎紅葉. 紅葉全集：1 巻［M］. 東京：岩波書店，1993：97.

曲線美！曲線美！曲線の好配合から成立所の、女人の裸体は「美」の神髄である。(『裸美人』より)①

当然，仅从个别例子不能完全说明尾崎红叶的"言文一致"文体尝试是一蹴而就的。事实上，《裸美人》一文中的这种使用情况也是仅此一处，紧接着第二句就出现了雅文体结尾常见的"なり"，之后再也没有出现。随后便是大篇幅的以"〔（）〕"援引的人物对话，其中或出现零星的叙述描写，仍沿用了"なり""けり""ぬ"等雅文体的结句助词。到了篇末一句，却史无前例地出现了从动词终止形结尾的用法〔"（お二方様）ち、ち、ちんと三時鳴る"结尾没有句读〕。后者以动词终止形结尾的用法其实已经接近后来的言文一致的特征，但是加上第一处，在叙述描写部分中仅有两处可查，全篇在小说描写中仍充斥着雅文体的风格。另外，小说结尾没有句读标识就结束，也从标点符号层面表明尾崎红叶的写作与后来的"言文一致"还是有很大的差异的。这说明尾崎红叶的重心还是放在雅文体和雅俗折中文体的运用上。

毋庸置疑，尾崎红叶是一个勤奋的作家，尤其是他自登上文坛就具备了敏感的"文体意识"，并积极在自己的文本写作过程中进行实践。《两个尼姑的色情忏悔》就证明了这一点。但是通过《江户水》和《裸美人》中零星冒出的"言文一致"文体也能看出，尾崎红叶的文体因而具备了更广阔的维度。为此，笔者搜集了日本学界关于尾崎红叶"言文一致"文体方面的先行研究，大体上可以分为日语语言学分析和文学研究两大类。语言学研究主要是从语法学的视角对句末结尾（冈本熏）、词汇和用字法（木坂基）方面的变化进行探讨，属于纯粹语言学研究的范畴（标出出典）。文学研究方面则是集中在文学批评角度，对尾崎红叶创作的文体流变或者与其他作家，例如二叶亭四迷、山田美妙等人的文体进行梳理和比较（木谷喜美枝，1997）。②但是，由于这些研究多侧重《多情多恨》时期的"言文一致"文体变化，对于明治二十年（1887）前后尾崎红叶的文体变化大多一掠而过，甚至动辄落入语言学统计的窠臼（冈保生，1983）③，难免只见树木不见森林。对于纵向脉络的梳理也不清晰，或者只是零星片段的把握（木谷喜美枝，1973）④，这就割裂了后期对前期的承接关系。

经过日本学者山本正秀考察，日本"最早的口语体小说"是1886年3月二

---

① 尾崎紅葉. 紅葉全集：1巻［M］. 東京：岩波書店，1993：97.
② 木谷喜美枝. 尾崎紅葉の研究［M］. 東京：双文社，1995：53-54.
③ 岡保生. 尾崎紅葉：その基礎的研究［M］. 東京：日本図書センター，1983：107.
④ 木谷喜美枝. 尾崎紅葉の研究［M］. 東京：双文社，1995：57.

叶亭四迷根据俄国作家屠格涅夫的《父与子》翻译的《虚无党形气》(『虚無党形气』)。① 至于二叶亭四迷对尾崎红叶的文体有无影响,暂时没有发现相关证据,但是来自另外一位此时已经成为尾崎红叶最大竞争对手的、处于事业最高峰的山田美妙的影响却是实际存在的。而山田美妙言文一致的实践要晚二叶亭四迷大概半年时间,即连载于1886年11月至翌年7月出版的《我乐多文库》的小说《嘲戒小说天狗》,因为其叙述描写中使用了口语中的动词终止形,后来经由《风琴调一节》《武藏野》等作品,最终形成了言文一致体的标志"だ調",并主导了明治文学写作中言文一致的主潮流。② 砚友社同人山田美妙骤然成功,并飞快超越了之前还名气相当的尾崎红叶。山田美妙文体的成功很大归因于其创造的"だ調",其易于阅读的特性获得了大众读者的认可,这对于红叶的耳濡目染可想而知。

通过前面的论述也可以发现,除了写作内容层面的改良,尾崎红叶其实早已着手文体的实验,其中《江户水》的"だス"文体和《裸美人》的"である"文体,就是尾崎红叶兼顾作品内容与表现形式,从而实现自我突破的一个明证。尤其是后者的"である"文体成了后来尾崎红叶文体改革成功的标志,对现代日语文章体的形成做出重要贡献。

二、红叶的言文一致试验:《两个女子》

如果说《江户水》和《裸美人》还只是尾崎红叶言文一致的牛刀小试的话,那么中长篇小说《两个女子》则被认为是其使用言文一致体进行写作的正式开始。③ 对于此课题,冈保生还对尾崎红叶采用言文一致体的原因进行了分析,认为是时代的潮流和尾崎红叶对西方文学(左拉等)作品的接触后被动的选择。从冈保生的评论可知,以上主要是从时代因素的客观层面的影响进行论述,确实不无道理。但是不得不指出的是,事实上《两个女子》并非纯粹的言文一致体写作,也并没有做到自一开始就自觉使用这种文体。从早在《两个女子》发表前一年登载在1890年5月18日《国民新闻》上的文章《元禄狂》中,可以看到此时期尾崎红叶的趣味状况:"于万事更新之时代,吾却爱慕贞享元禄之古味,衣裳只穿圆筒袖、发型独爱折柳状,醉心西鹤之唾,此外再无其他作者可入吾眼。此间正盛之言文一致方兴未艾,亦有浅陋异见指摘吾为元禄所锈

---

① 山本正秀. 言文一致体小説の創始者に就いて [J]. 国語と国文学, 1933 (09): 27.
② 塩田良平. 山田美妙研究 [M]. 東京: 日本図書センター, 1989: 195-199.
③ 岡保生. 尾崎紅葉: その基礎的研究 [M]. 東京: 日本図書センター, 1983: 58.

蚀，遂作此句以吐露心声：雷电震耳声，老夫驽钝一竹刀，兀自映微光（稲妻やその竹光の青びかり）。再看十余年间新学问，全为画饼之学，犹如七十七枚之誓纸。"① 从上文中可以看出，尾崎红叶对"言文一致体"的态度是缺乏关心的（"画饼之学"），在这里他对自己之前的文学写作方式，例如，对《两个尼姑的色情忏悔》中草创的雅俗折中文体（内部、传统文学）坚信不疑，即便是面对言文一致（外来、西方）的"雷声震耳聋"，也要秉持自己的"驽钝一竹刀"来"兀自映微光"。

但是一年后的 1891 年 8 月，尾崎红叶在新小说《两个女子》中的文体实验却是对之前《元禄狂》中的言论的一个颠覆。该小说在《都市之花》第 64 期开始连载，一直到 1892 年 12 月第 97 期才连载结束。《两个女子》的故事情节大致如下：时间设定在明治二十年（1887）前后（同时代），某省下级官吏士族丸桥新八郎家有两朵姐妹花。姐姐阿银 19 岁，容貌姣好、生性傲娇；妹妹阿铁 17 岁，皮肤粗黑，长相一般，左额头还有伤疤。漂亮的姐姐和笨拙的妹妹面对即将到来的婚姻，姐姐首先选择嫁给有财势但是为富不仁的会计科科长涉谷周三（36 岁，再婚），但是婚姻不幸，最后选择遁隐。妹妹选择嫁给自小认识的锻冶手工业者石黑信之（28 岁，青梅竹马），幸福美满，结局有了自己的孩子。《两个女子》没有大篇幅描写姐妹二人婚前的恋情过程，但是姐妹俩的不同价值选择却决定了不同的人生命运。虽然在不少地方对人物心理微妙之处（例如，父母厚爱姐姐，对于姐妹俩出嫁的不同期待，姐姐与夫家的争执不断，姐姐与娘家的关系变化等时代特征）的捕捉仍是可圈可点的，但是综观这部小说的故事架构，仍显单调枯燥，也缺乏令人瞩目的技巧性，所以这部小说发表后反响一般。学界对于这部小说的研究同样缺乏关心：据笔者考察，仅有专题论文 1 篇②，还是侧重讨论了这部小说故事架构具备的"过渡性"特质；另有冈保生著作的一小节论及③，此处也是简单讨论了红叶选择言文一致写作的外在原因，没有对该作的"言文一致"过程进行考察。至此，就有必要结合《两个女子》发表的时代背景和文本实际情况，究明尾崎红叶在创作《两个女子》的叙述描写中，如何在雅俗折中文体的写作中采用"言文一致"文体的。

首先来看《两个女子》最初发表时的情况：

---

① 尾崎紅葉．紅葉全集：10 卷［M］．東京：岩波書店，1993：114．
② 高橋茂美．尾崎紅葉『二人女房』論：二人の女房の物語から三人の女房の物語へ［J］．清泉女子大学人文科学研究所紀要，2003（24）：13．
③ 岡保生．尾崎紅葉：その基礎的研究［M］．東京：日本図書センター，1983：100-106．

>>> 第三部分　中日文化交流的印记：文学研究的交互

　　芝露月町の藤の湯とある長暖簾を推し分けて、「ぬれて来た文函に添へし杜若」、と出端のありさうに現はれたる女子二人、いづれも長湯に磨ける顔色のてかてかと赤く、対の高島田に飾りも同じ好み。年長たる方は容貌優れて麗はしく、十九ばかりなり。一人は二歳も年少と見えたるが、女には厚肉過ぎて色さへ白からず、額の左に寄りえ薄けれど三日月状の創痕あり。

　　美しき方は声まで清やかに、弁舌爽快にして口数が多く、粧らぬに愛嬌具はりて人を反さぬといふ性なり。

　　美しからぬ方は口重く、楽しくても浮立たず、常に物案じ貌なる陰性に、年齢よりは更けてかえつて年長の様なり。

　　［『二人女房』（一）より］①

　　以上为《两个女子》的冒头，但从上段落来看，尤其单从尾崎红叶独创的句末标志性结句体式"である"来判断，此时出现的以名词结尾、文语助词结尾的方法可谓没有关联的两极存在。如果与之前的其他作品联系起来，倒是和《两个尼姑的色情忏悔》中尾崎红叶倡导的"一风异样"（与众不同）的新文体②一脉相承，暂时还看不出言文一致体的迹象。

　　另外，有一点必须指出的是，《两个女子》自一开始就在人物对话中使用了"「」"的标点符号，这点是和《两个尼姑的色情忏悔》以及其先后的几部作品（包括《江户水》）中使用的"［（）］"有明显差异的。笔者对此也进行了统计，使用"「」"标注人物的对话在尾崎红叶作品中最早可以追溯到《京城傻瓜人偶》之前的未完作《女博士》（1887年10月，《我乐多文库》第14期），其中的人物对话就全部用"「」"来引用③，而到了时隔两年后的1889年11月至1890年3月，连载于《小文学》第1期至第5期上的《关东五郎》则开始出现了用两个"……"来援引人物的会话，以及干脆取消任何援引，直接将人物语言和叙述描写混在一起，这都可以看作尾崎红叶文体意识的萌生。

　　《关东五郎》的大致情节是：旅人对日光街道栗桥客栈的女主人阿米一见钟情，旅人允诺愿意将自己的积蓄付出只为与已为人妻的阿米交往，阿米也表示有意。二人将不伦之情告诉客栈管家关东五郎，关东五郎最终同意让二人出逃，

---

① 尾崎紅葉. 紅葉全集：3卷［M］. 東京：岩波書店，1993：225.
② 本間久雄. 明治文学史：下巻［M］. 東京：東京堂，1936：210-211.
③ 尾崎紅葉. 紅葉全集：1卷［M］. 東京：岩波書店，1993：446.

随后因为愧对客栈男主人而羞愧（侠义）自杀。请看下面引用的小说最终部分关东五郎自杀时的情景：

> あとは言はず大口開いて笑い、一番鳥が、あれ、今鳴く。猶予はなり難し、随分気をつけて行きたまへ。ご機嫌よう五郎様、親分様と諸声に分かれを告げ、立出る後姿やうやく残月の影に消え、馬の鈴ちやらちやらとかすけく、はや曉近き空を仰ぎ、また二人の先途を見て心よくうち笑み、再び戸をさしこめ、寝床へ帰りてかの三十両を封じ、別に一通を認め、その朝仁助が行て見ての話に、見事にこれと、拳で腹に一文字。惜しや、上州の名物一度に二ツなくなしけり。
> ［『関東五郎』（下）より］①

画线部分为私奔的阿米和旅客与关东五郎的告别语。《关东五郎》这处举例中，将人物的对话隐藏在文章的描写中，并抛弃了之前的用和"［()］"省略号"……"标注人物对话的方式，这说明了尾崎红叶对文体改革的努力。为此，笔者比对了《关东五郎》发表前后的两篇小说《樵夫之恋》（1889 年 10 月，《文库》第 27 期）和《裸美人》（1889 年 11 月 22 日、23 日《读卖新闻》连载），却发现二者都采用了"［()］"的标注方式。由此可以推断出此时期尾崎红叶的文体尝试还处于反复试验的不稳定阶段，但是去掉"［()］"的标注方式将人物的会话隐藏于描写文中却开创了随后尾崎红叶文学写作的新技法，为后来的言文一致创造了可能。这样的尝试直到 1890 年 7 月 5 日至 9 月 23 日《读卖新闻》连载 70 余日的《沉香枕》才被学界注意到。② 事实上，在《沉香枕》中，除了上述特征外还有一个标志，那就是尾崎红叶重新使用"「」"来标注部分引用内容。而"「」"与真正文体的尝试（例如，结句使用助动词）则是在《两个女子》中，除了叙述描写的文句变得精短外，"「」"也在小说文本中的人物对话中通篇使用。实际上，《两个女子》的实际意义远不止于此，除了人物对话的援引方式外，在小说描写（叙述，即日语的"地の文"）中也逐渐采用了当时已经开始流行的言文一致体，实现了真正的二者同一文体的合流。

如前述，尾崎红叶在《两个女子》开篇的叙述描写中并没有直接采用言文一致体写作，而是到了第五、第六回中才逐渐出现言文一致体的迹象：

---

① 尾崎紅葉. 紅葉全集：1 卷［M］. 東京：岩波書店，1993：340-341.
② 木谷喜美枝. 尾崎紅葉の研究［M］. 東京：双文社，1995：53-54.

<<< 第三部分　中日文化交流的印记：文学研究的交互

やや煤けたは去年から持越といふ岐阜提灯を、出窓の格子の中に吊るして、燈はそればかりの三畳の薄くらがりに、蚊を払ふ団扇の音を絶え間なく立てて、姉妹二人行水後の浴衣姿で、肩と肩と擦れ合ふほどに密着いてゐる。
（『二人女房』・五・より）①
子を見ること親に如かずといへど、子を見損ずるも親に如かず。女親はお銀の容色をたしかに実価の五倍も買ひ冠つてゐて、お銀ほど美しいものは世間に二人とはないもののやうに思つてゐる。
（『二人女房』・六・より）②

到这里的变化是非常明显的，这表明叙述者的叙述与文本故事同时发生，这和之前大多使用过去时态叙事的构文模式有所区别。而到第七回的时候就已经面貌一新了，以上编第七回最后一段为例：

胸一つに置きかねて妹に相談をしかけると、まづ「あの人かい」と馬蚊を摘まむ時のやうな顔をされて、妹に対しても彼を我夫はちと恥ずかしく、破談かとも思つて見る。いやいやよく～ほんとによく～～～考へて見ると依然適く方がいい。私でさい容顔のことをとやかう思ふのだもの、年の長かないお鉄がさう思ふのは無理もない。行末を考へて見ればそんな事をいつちやゐられない。もう誰が何と言つても適かう～～。
（『二人女房』・七・より）③

以此例子与《两个女子》上编中第五、第六回的引文比较，可以发现，第七回的引文在句末词的变化上更富有变化，尤其是前文的叙述文和后面的会话文，虽然有"～"的符号间隔，但是已经能看出二者之间出现了融合的趋势。这是必须注意到的。那么，尾崎红叶为什么在同一篇小说中会出现不同的、前后差异如此之大的文体呢？接下来进行说明。

《两个女子》最早发表在 1891 年 8 月《都市之花》的第 64 期至 1892 年 12 月的第 97 期上，跨度 34 个期号，《都市之花》每半月出版一次，是日本明治初

---

① 尾崎紅葉. 紅葉全集：3 卷 [M]. 東京：岩波書店, 1993：244.
② 尾崎紅葉. 紅葉全集：3 卷 [M]. 東京：岩波書店, 1993：244.
③ 尾崎紅葉. 紅葉全集：3 卷 [M]. 東京：岩波書店, 1993：244.

期最早的商业文艺杂志，创刊于1888年10月，由当时的大图书出版社金港堂编印，1893年6月停刊，共发行109号。在本节前文已经提到，尾崎红叶少年时代的朋友、兼砚友社的竞争对手山田美妙当时离开后就是因为创刊《都市之花》，到了1890年4月，山田美妙主持刊物编辑38期后选择辞职离开。① 同年10月，尾崎红叶的小说《恋之壳》第一次在《都市之花》第50期开始为期9次的连载，直至1891年6月结束。自此《都市之花》也成为砚友社其他成员发表文章的主要杂志之一。回到《两个女子》在《都市之花》的连载，在连载到上编第七回的时候，时间是1891年11期出版的第70期。当时，欧化主义回潮、国粹主义盛行，尾崎红叶一度表示出对井原西鹤等元禄作家的痴迷，但是与此同时，尾崎红叶也开始接触西洋文学，这在田山花袋的《东京三十年》中能够找到依据：爱读《两个尼姑的色情忏悔》的花袋回忆自己拜访尾崎红叶，尾崎红叶还推荐自己阅读左拉的小说，从而振奋花袋写作的勇气。② 更重要的是言文一致已经在此时的文坛得到了相对成熟的实践，也被很多作家应用，其中就包括砚友社的重要人物石桥思案。以当时与尾崎红叶齐名的作家为例，在这之前，山田美妙的文体实践已经得到文坛和读者的认可，尤其是二叶亭四迷早在四年前就在《都市之花》第18期开始连载《浮云》第一篇，一直到1891年《两个女子》发表前后连载中断，为时四年的《浮云》创作了迥异于美妙"です・ます"体和"だ"文体，被认为是日本言文一致小说的肇始。③ 经过与《浮云》中二叶亭四迷的文体尝试过程比对，可以发现尾崎红叶在《两个女子》中也迅速经历了这样一个与众不同的文体尝试过程。从《江户水》（1889）使用的"だス"体，到随后不久发表的《裸美人》（1889）的"である"体，由此结合推断认为，尾崎红叶受到《都市之花》上发表的山田美妙和二叶亭四迷小说的文体的启发也是合情合理的（这也是《都市之花》发表作品的一个共同特征）。尤其是要在《都市之花》上发表《两个女子》，来自其他作品的言文一致风格不可能对他没有影响，而尾崎红叶此时期本身也执着于文体的改革和创新，所以自第五、第六回实行文体转变就不难理解了。经笔者逐一查找，到了第七回已经开始大篇幅使用尾崎红叶言文一致体尝试的标志性文体"である"调构文。据笔者统计，"である"最早集中出现在《两个女子》（中篇）的第七回，以下为开头部分：

---

① 塩田良平. 山田美妙研究［M］. 東京：日本図書センター, 1989：76.
② 田山花袋など. 明治文学回顧録集：二［M］. 東京：筑摩書房, 1980：14-15.
③ 本間久雄. 明治文学史：下巻［M］. 東京：東京堂, 1936：208.

同種の人間である小姑が、何が故に鬼であるか、其又鬼の一足ならず、百足ならず、千足であるかと考へてみるに、凡そ嫁といふ身の上は殆ど一種の居候ふで、かの雨がだれほどに戸を叩いたり、鉄納戸の茄子を食つたりする軟骨動物のごとく、食無魚と出産車が愚痴の種になつて、女主人の不興をおそれみおそれみ、気軽に水を汲むで、言はれぬ前に障子の切張をするぐらゐで、責任が尽くせるやうな生易しい食客とは訳が違つて、所謂任重うして道遠く、苦労が多くて呑気の少ない居候ふである。
　　［『二人女房』（中・七）より］①

　　自第七回，一直到下卷连载完毕，尾崎红叶将"である"调和动词终止形结尾的文体一直保持到结束，并把之前文末经常使用的"あり"更换为"ある"，而且具备了"であるか""で""であらう"等多种词形上的变化，这从另一方面证明了尾崎红叶在文体尝试方面的重大革新。

三、《两个女子》的"言文一致"效果

　　《两个女子》最明显的特色是使用了"である"调，对于尾崎红叶为什么没有使用"です・ます"体和"だ"体，田山花袋在口述的《明治小说内容发达史》中有片段记载："虽在《两个尼姑的色情忏悔》中为了对抗山田美妙的言文一致而使用了雅俗折中体，但是此作（《两个女子》）写作时候，红叶亲自对我说：'总觉得山田的（文体）毫无趣味，"だ"调也是语气生硬。如果使用"ありません"调又过度恭敬，对于文体我真是大伤脑筋。'除了美妙、二叶亭、嵯峨等人以外，值得特别指出的是创造了'である'调确实是红叶的功劳。"② 可以看出尾崎红叶使用"である"调是为了在"です・ます"体的"趣味"和"だ"体的"生硬"中找到一个折中，这是《两个女子》最大的特色。

　　在肯定尾崎红叶此作中文体的革新的同时也必须指出该作的"不彻底性"。例如，描写叙述句子过长，这和创作《京城傻瓜人偶》《两个尼姑的色情忏悔》《沉香枕》时候的写作手法是一脉相承的，包括开始使用"である"调的例子（参看前引），虽然使用了"である"的词形变化，但是仍然是由一个长句统率，后篇都是如此，甚至结尾一段将近300字却只有两个句子，其中一句超过

---

　　① 尾崎紅葉. 紅葉全集：3卷［M］. 東京：岩波書店，1993：306.
　　② 平岡敏夫. 明治大正文学史集成：6［M］. 東京：日本図書センター，1982：39-40.

200字。句式的复杂性势必导致与俗语的距离加大，这和小说中使用俗语记录人物对话的简洁性呈现了两极分化的态势。另外，小说中叙述描写和人物对话在很大程度上也是分离的，有的篇幅几乎没有叙述描写，全是人物对话推进情节（上篇第五回续）；有的篇幅则完全用叙述描写堆积，没有会话文插入（下篇第五、第六回）；在交替出现的情况下，则是叙述描写零星片语仍给读者割裂之感。由上可知，尾崎红叶在《两个女子》时期的"言文一致"实验还是有他的局限的，而这种局限更多是体现在表层方面，这大概就是学界轻视该时期与言文一致关联的重要原因吧。

事实上，对于言文一致，尾崎红叶也有自己的隐忧，到了晚年他回想起自己写作《两个女子》的情形，并对自己写作言文一致新文体时的心情进行描摹：

> 文章是画笔，言文一致则是照相器材。单在花鸟的面前摆放画笔绢布是无法呈现花鸟的貌态的。但是对着风景打开（照相机的）镜头，山水却会自然而然地在上面现形。那么言文一致呢？这是谁都能做到的，将讲谈和落语速记下来就是一部好的著作。于我而言，这正是言文一致成为拙文家（文笔功力差的作家）的隐身术，我私下窃笑不已。不久不料我自己也有了不得不用此隐身术的机会，于是小试牛刀，结果却十分成功，确实是比画笔更厉害的照相机呢！我不久再度尝试，真是叫苦不迭，就如同我所有的文章，每一篇都是一种苦吟。随后我又三四次的反复尝试，才明白它（言文一致）是既有好处，也有至难之时的。我总是能感觉到使用这种文体的时候，就容易被别人瞧不起。①

以上的引文也可以说明尾崎红叶为什么在随后发表的《三个妻子》中重新返回雅俗折中文体来写作，通过《两个女子》确立"である"文体的尾崎红叶在此时仍然认为只有使用之前的方法写作，才不会被周围的人瞧不起，这在某种程度上体现了尾崎红叶对传统文学浓重的个人趣味和文学观，所以没有在这一时期的作品写作中全面采用。事实上，《两个女子》发表后，来自读者的反响平平，也没有成为学界尾崎红叶研究的关注所在，这或可说明以"である"文体为特征的"言文一致"尚不能嫁接传统趣味浓厚的红叶文学的抒情式风格，在此时仍只有《两个尼姑的色情忏悔》这样的作品才能让读者人人称颂。因此，这部作品只有被有着标新立异、刊登了多部"言文一致"风格作品的《都市之

---

① 本間久雄. 明治文学史：下卷 [M]. 東京：東京堂, 1936：210-211.

花》接受，到 1892 年 12 月《两个女子》刊毕之时，尾崎红叶的主要代表作《三个妻子》也在《读卖新闻》（1892 年 3 月 6 日—1892 年 11 月 4 日）全部连载完毕。

（本稿系江西省高校人文社科研究规划项目"《人民文学》日文版《灯火》对日译介与接受中的中国形象自塑研究（WGW23101）"的阶段性成果。）

作者：赵海涛　江西师范大学

比较文学视域下的"空海"形象研究

——从《沙门空海》到《妖猫传》

引言

空海（774—835），俗名佐伯真鱼，谥号弘法大师，日本平安时代高僧。空海24岁著述《三教指归》，主张佛教为高，从此弃文从佛。804年，作为遣唐使东渡大唐。在唐两年，遍访名寺，在长安青龙寺拜密宗大师惠果为师，尽得密宗真传。806年回国，创立佛教真言宗。回国时带走中国大量的文物典籍，对日本的文化产生了深远影响。与鉴真一样，空海在佛学东渐过程中以及中日文化交流史上均占据重要地位。在日本，空海的名字可谓家喻户晓，被称为"国宝"，有关空海的俗语有"弘法も筆の誤り"（智者千虑，必有一失）、"弘法筆を選ばず"（善书者不择笔）等，说明空海的形象已然深入日本人的日常生活。可是，在中日文化交流史上如此重要的人物，在中国却鲜有提及。

在文学方面，以《今昔物语》为代表，日本古典文学中有关空海的传说、故事不胜枚举。不仅限于古典文学，以司马辽太郎的《空海的风景》为代表，在日本当代文学中以"空海"为题材的作品也深受欢迎。包括陈舜臣的《曼陀罗的人》、三田诚广的《空海》、高村薰的《空海》、NHK节目组随笔的《观看空海的风景》等。然而，对于这些作品，中国文学界甚至普通读者均未对其表现出太大兴趣，只有梦枕貘的魔幻小说《沙门空海之大唐鬼宴》（下文简称《沙门空海》）被陈凯歌改编为电影《妖猫传》之后，"空海"这个人物形象才真正进入普通中国人的视野。从《沙门空海》到《妖猫传》，"空海"的形象发生了怎样的转变？原因是什么？与两位创作者、中日两国文化背景又有着怎样的关联？

本文拟在梳理《沙门空海》之前的"空海"形象的基础上，通过小说《沙门空海》与电影《妖猫传》的比较研究，探讨当代中日文学中"空海"形象的流变及其原因。

一、《沙门空海之大唐鬼宴》之前的"空海"

如渡边照宏、宫坂宥胜所评价："在日本历史上，以民众生活为中心的文艺作品中，没有哪个人物像空海那样被神化，被当作超人来对待；流传各地的民间口头传说中，也没有哪个人物能像空海那样拥有数不清的丰富话题。"[①] 在日本的历史文献、口头传承、信仰传说中，空海是一位充满神话色彩的伟大人物。

作为佛学家，他赴唐求学，是继承惠果衣钵的真言密教八代祖，回国后在高野山开创真言密宗，建立寺庙，开设道场，是平安佛教的大宗师；作为文学家，他创作了赫赫有名的汉诗文集《性灵集》，编纂了日本第一部汉文辞典《篆隶万象名义》，著述中国文学文论《文镜秘府集》，不仅影响了日本文学，亦填补了中国文学史由六朝到唐朝的一段空白；作为书法家，他与橘逸势、嵯峨天皇并称为"日本三笔"，其书法作品《风信帖》被奉为"国宝"；作为教育家，他开设日本第一所私立学校"综艺种智院"，打破了只有统治阶级才能入学的传统；作为水利学家，他主持修建的香川县满浓池至今仍发挥着巨大的水利作用。

在民间流传着诸多有关空海的传说，其中最为著名的就是高野山"入定信仰"。"入定"是真言宗的信仰，本意是"入禅定"，在日本特指人们相信弘法大师空海为了解救众生，进入了永久的冥想状态，即信仰空海大师还活着。关于空海是如何去世的，真济曾在《空海僧都传》中记述为病死，《续日本后纪》中也有记录为火葬。但是在空海去世后的100年出现的仁海《金刚峰寺建立修行缘起》（968）中就有了如下记载：入定后的空海在经过49天之后容貌依旧没有变化，须发和指甲仍在生长。这类传说历经千年，流传至今。

除了历史文献，古典文学作品中的空海更是充满传奇色彩。在著名的平安时期说话集《今昔物语》中就收录了多篇关于空海的传奇故事。例如，空海出身奇特，他母亲梦见"高僧进入了腹部"然后怀孕。此后的人生更是如同神话一般，自小是神童，赴唐之后在学法过程中有神明相助，之后又遇到文殊菩萨。特别是在回国前，他面向日本，将密教法器"三钴杵"伴随五色彩云投落到日本高野山金刚峰的松树上的故事，更是将高野山的信仰推向高潮（卷十一"弘法大师渡唐传真言教归来语"）。另外在《今昔物语》中空海法术了得，打败

[①] 渡边照宏，宫坂宥胜. 沙门空海 [M]. 李庆保，译. 上海：东方出版社，2016：序 2.

过其他高僧（卷十四"弘法大师挑修圆僧都语"），也曾顺利求雨（卷十四"弘法大师修请雨经法降雨语"）。

可见，在古代历史文献和文学作品中，空海是一位多才多艺的天才，是为日本佛教做出杰出贡献的伟人，更是具有传奇色彩的"神明"，拥有常人所不能及的高超法术。特别是以《今昔物语》为代表的说话文学把真言宗作为具有巫术性质的佛教，把空海与占卜师、阴阳师相提并论。可能正因为如此，有关他的故事才会一直被人们津津乐道，流传至今。

时光流转，经过千年的传颂，当代空海的形象发生了怎样的演变？1967年出版的渡边照宏、宫坂宥胜合著传记文学《沙门空海》，首次尝试松绑空海的"神格"，恢复空海的"人格"，以此促进对空海著作的理解和对真言密教的理解，认识真正的"人间空海"。[1] 以此为契机，在文学领域也出现了一系列以"人间空海"为题材的力作。其中最具代表性的当首推司马辽太郎的《空海的风景》。

长篇小说《空海的风景》从1973年1月到1975年9月连载于《中央公论》，以空海的生平为题材，以随笔的笔调反映了空海波澜壮阔的一生。该小说获第32回艺术院恩赐奖，是司马辽太郎生前最满意的作品。王向远曾评价："《空海的风景》所塑造的，是日本历史上第一个伟大的人物，《空海的风景》充分展现了空海这个天才的伟大人物成长的历程，他把空海这一'天才人物的成长'（司马辽太郎语）归结为大陆文明对空海的浸润，归结为空海对唐朝先进文化的学习吸收。"[2]

尽管如此，仔细探究原文便可知，与中日文化交流相比，一直秉承自身司马史观的司马辽太郎在这部最为满意的作品中，最渴望探讨的是这位"天才的成立"[3]。而空海这位天才的核心又在于："在日本历史上，只有空海是超越民族社会的，是整个人类的。"所谓"超越"，指的是空海超越国界和民族，完美构筑出了密教思想体系，而这种体系在印度和中国都是没有的。因此他运用了大量笔墨来说明"空海这位伟大的理论家"，把密教这种本质上不适合中国的"形而上的思考"[4] 移植到了日本，使其大放异彩。可以认为，在司马辽太郎看

---

[1] 渡边照宏，宫坂宥胜. 沙门空海［M］. 李庆保，译. 上海：东方出版社，2016：序2.
[2] 王向远. 中国题材日本文学史［M］. 上海：上海古籍出版社，2007：227.
[3] 译文为笔者译，原文为「天才の成立」。本文中所引《空海的风景》原文，均引自司马辽太郎. 空海の风景［M］. 東京：中央公論新社，2017.
[4] 司马辽太郎. 空海の风景［M］. 東京：中央公論新社，2017：402.

来，大陆文明、唐朝先进文化诚然重要，但最重要的是空海将这种文明进行了升华，作者既强调空海的伟大功绩，亦强调日本文化的独特性。

在解绑"神格"方面，司马辽太郎亦做出了一系列努力。譬如，他着力描述了空海作为"人"的性欲；在性格方面他会用"ずるい"（狡猾）来形容空海；在空海去世的部分，司马辽太郎引用《续日本后纪》描写空海是火葬的；对于古典文学中努力塑造的法师空海的形象，司马辽太郎也是排斥的，小说中空海在海上面对海难时，是不相信咒语的，对阴阳师是不屑的。可以认为，在这部创作于中日邦交正常化伊始且日本经济高速增长之时的小说中，司马辽太郎用"空海"彰显日本的独特性，表现自己的历史观。

总之，在以《空海的风景》为代表的日本当代文学中，空海被还原成作为"普通人的天才"，超越国界的伟大的"人"，而不是神。那么，在经历了泡沫经济之后的20世纪80年代，在梦枕貘耗费17年创作完成的魔幻小说《沙门空海之大唐鬼宴》中，空海的形象又发生了怎样的变化呢？在根据小说改编的电影《妖猫传》中，空海又是如何被改编的呢？

二、《沙门空海之大唐鬼宴》与《妖猫传》的"空海"

梦枕貘的长篇小说《沙门空海之大唐鬼宴》从1988年开始连载于《科幻冒险》（『SFアドベンチャー』），后连载于《问题小说》（『問題小説』），直到2004年完结。小说的舞台集中于长安，主要描述了年轻的空海与好友橘逸势一起作为遣唐使入唐，被卷入大唐的妖异鬼宴风暴之中。他凭借异于常人的天赋解开谜团，从而揭示出杨贵妃之死的秘密，并凭借个人能力与魅力最终成功获传密宗。这部小说是梦枕貘与大热的《阴阳师》同步创作的，同样是其所擅长的冒险小说。与司马辽太郎一样，梦枕貘对这部空海题材的作品也是十分满意的，他说："这部作品实在是迄今为止谁都没有创作过的杰作。"[1] 关于创作背景，末国善己在《沙门空海之大唐鬼宴解说》中提道："本书开始连载的20世纪80年代后半期，与中国相关的小说以历史小说居多，如吉川英治的《三国志》、司马辽太郎的《项羽与刘邦》、陈舜臣的《鸦片战争》等。"[2]

2018年陈凯歌将《沙门空海》搬上荧屏，改名为《妖猫传》，后又以《空海—KUKAI—美しき王妃の謎》的标题在日本上映。尽管褒贬不一，但不可否

---

[1] 梦枕貘. 沙门空海之大唐鬼宴：卷四［M］. 東京：角川文庫，2018：485.
[2] 梦枕貘. 沙门空海之大唐鬼宴：卷三［M］. 東京：角川文庫，2018：480.

认的是，该电影在中日两国均引起了较大反响，特别是"空海"这个人物从此被中国人所广泛认知。下文将尝试对两部作品中的空海形象进行较为深入的对比与解读。

第一，关于空海其人。

在小说《沙门空海》中，梦枕貘描述空海"充满了人格魅力"，但并非拥有"高尚的人格"①。他入唐的目的性极强，他不讳言自己的目的是"盗取密宗"②。他主动探寻贵妃之死的谜团，在长安城极其活跃，发挥自己的魅力结交各类名人，目的是引起惠果法师的注意，达到短时间内取得密法的目的，学成后想方设法回国。梦枕貘在 NHK 节目中说过，他认为空海是"日本第一个世界人，深谙自我推销之术"③。而在电影《妖猫传》中的空海被塑造成一位"干净的僧人"。电影中空海与舞姬对舞，着力表现其从容优雅，强调其"心净"④；而在看到贵妃石棺上的血印后情绪的崩溃，可以看作对其人性的凸显。

在身份方面，《沙门空海》中的空海是一位具有相当修养和才华的高僧，精通佛法、语言能力了得、书法优秀，还擅长法术，与历史上的空海是相符的。而《妖猫传》中的空海却被设定为只是个冒名顶替的小沙门、驱邪师。

第二，关于空海与密法。

《沙门空海》中的空海矢志密教，"以此密法，成就日本为佛国净土"。这是空海在日本所约定的事。也就是说，《沙门空海》中的空海拥有远大的理想与抱负，要用密法来拯救日本。《妖猫传》中作为小沙门的空海是顶替师父来唐的，目的是取得超越生死、不再烦恼的密法。尽管目的都是获取密法，《妖猫传》中的空海是为了拯救"个人"，而《沙门空海》中的空海是为了拯救国家。

在《沙门空海》海难的描写中，空海始终镇定自若，与《空海的风景》中十分相像。他不但自己内心平静，还教导惊慌失措的橘逸势。可以说在《沙门空海》中，空海始终是一位引导者，用自己信仰的密教来引导别人。而在《妖猫传》中，空海则表现得极为恐慌害怕，反而旁边抱着熟睡孩子的母亲十分平静，空海被其引导才平静下来。因此，空海决心"既然活下来了，一定要找到能够那么平静的原因"。原因自然在密宗中，这里同样将密宗与个人紧密联系在

---

① 梦枕貘. 沙门空海之大唐鬼宴：卷二 [M]. 東京：角川文庫, 2018：497.
② 司马辽太郎. 空海の风景 [M]. 東京：中央公論新社, 2017.
③ 参见 NHK 节目《梦枕貘、空海：奇想家列传》
④ 参见《四味毒叔》栏目中的"毒叔史航对话陈凯歌"。

一起。

此外，在《沙门空海》中，空海多次提到密宗是宇宙真理，说要"终极作为宇宙真理的密宗"。而《妖猫传》中的空海基本没有提及密宗的伟大之处，只是在受到毒蛊的丽香腿上写卍字，说"这不是卍字，是光——佛法是光明"，用佛法来象征光明。

在《沙门空海》的结尾，惠果说："下探到人心深处，在其底层之更底处——自我不见了，语言也消失了，仅剩下火、水、土、生命等，这些已无法命名的元素在活动着……若想抵达那地方，唯有穿过心的通路。"说明密宗真理已经超越了个人内心，是宇宙的终极真理。而《妖猫传》的结尾，空海找到了无上密，惠果在佛法中找到了不再痛苦的秘密。

第三，关于空海及其搭档。

在《沙门空海》中空海的搭档是橘逸势。橘逸势是儒家的拥护者，而空海是佛教的代表者。整部小说中橘逸势都是依赖空海、崇拜空海的状态。这种态度可能与空海在《三教指归》中对儒教的态度有关。在《三教指归》中空海以对话方式论述儒教、道教、佛教之要旨，最终主张儒教和道教的龟毛先生、虚亡隐士均皈依佛教，以体现三教之中佛教最为深远广大。而《妖猫传》中空海与唐代诗人白居易搭档。空海理性内敛，白居易感性恣意。这一点反而像《阴阳师》中安倍晴明与源博雅的关系。此外，"空海的迷之微笑"也与安倍晴明如出一辙。[1] 在电影中白居易与空海的作用是一样大的，中日两位文人惺惺相惜，携手合作，推进谜团的层层剥茧。

第四，关于空海眼中的"大唐"。

《沙门空海》中的空海一直在强调大唐的包容性和开放性。他评价道："大唐帝国具有上述那般的国际视野。无论汉人、胡人，只要才能出众，均能出任唐国的重要官职。"而小说中杨贵妃的胡人身份，以及反复出现的胡人元素均印证了空海的观点。同时小说又多次强调大唐的衰败，评价"大唐如同熟透的、即将腐烂的果实"。《妖猫传》中的空海则是不同的，《妖猫传》着力渲染盛唐气象，渲染空海对盛世大唐的憧憬。胡玉楼前，空海看到大唐景象感慨道："这才是大唐风流。"也用白居易的"李白不过是沾染些盛唐的仙气"来烘托了盛唐的繁盛。

可见，《沙门空海》中的空海在个人才能以及对于密教的理解与追求方面，

---

[1] 李彬.《妖猫传》：从妖怪文化到盛唐想象［J］.艺术评论，2018（04）：126-135.

基本是与历史上的空海相符的，与《今昔物语》一样，作者还赋予了空海高超的法术。而在松绑"神格"方面，作者也赋予了空海诸多"人"的思想和欲望。对于大唐，他既欣赏又能客观评价。总体来说，《沙门空海》中的空海是一位高高在上的领导者，是一位具有国际视野的天才。而《妖猫传》则对历史上的空海进行了大刀阔斧的改动，无论是身份设定还是人物性格，抑或对密宗的认知，他都是一个具有修养和才华的"普通人"。为何会有如此的差别呢？下文将从两位创作者眼中的"空海"着手探讨。

三、梦枕貘与陈凯歌眼中的"空海"

一位是创作出《阴阳师》这样极具影响力作品的日本魔幻小说作家，一位是执导了《霸王别姬》这样获得国际认可的、文艺气息浓厚的中国导演。不言而喻，梦枕貘与陈凯歌定是基于自身的创作与理解而塑造出了截然不同的"空海"。

第一，关于历史题材的创作。

关于历史题材小说的创作方面，梦枕貘在与陈凯歌的对谈中提道："做一张精细的年表，明确哪些地方是自己可以发挥的。把自己想写的时代，有一些什么样的历史人物，发生了怎样的事都一一罗列出来。当这张年表写好以后，我们就可以看到很多历史书写遗漏下来的空白点，这些空白点是最精彩的地方""在写历史小说的过程中遇到难点，我会去咨询这个领域的专家，如果专家也不了解的话，那我就放心了，就可以自由地写了"[1]。可见，梦枕貘是十分尊重历史的，在细节方面尽量尊重历史，在历史年表的空白之处创作。因此，虽然内核是魔幻文学，但是《沙门空海》中的人物身份、年代、地点等细节都是真实的，主要人物的性格、行为、动机也都是符合历史的。

而《妖猫传》中却充满了对历史的架空和解构。在身份上，冒名顶替的小沙门空海是个"冒牌货"，白居易的"起居郎"也是假身份，就连大名鼎鼎的青龙寺也被有意无意地改为"大青龙寺"。《妖猫传》对惠果法师的身份也进行了改动，电影中的惠果法师真实身份是"丹龙"，影片中的重中之重"极乐之宴"自然也是杜撰的。在对历史题材的改编方面，陈凯歌一向是不拘泥于原著的，在《赵氏孤儿》中他也曾把程婴的身份从门客变为医生，甚至把原著戏剧

---

[1] 陈凯歌，李艺蘅. 从《沙门空海》到《妖猫传》：陈凯歌对话梦枕貘[J]. 电影艺术，2018（04）：84-88.

"舍生取义"的"舍子"主题也改编为"被动献子"。关于这一点，陈凯歌曾经在访谈中谈道："创作有常识，不夸大。"① 改编的目的是要让观众信服，只有观众信服了，才能真正凸显影片的主题。同样，可以推测《妖猫传》中的种种虚虚实实的改编与影片探讨"真假"的主题也有着密切的关联。《妖猫传》中以"唐玄宗与杨贵妃的爱情谎言"为核心，通过层层剥茧，一步步揭露"幻象"，揭示"真相"，而对历史的种种解构恰好是对主题的呼应。

第二，关于对佛法的理解。

如上文所述，《沙门空海》中多次提及密教是宇宙的真理，空海决心"以此密法，成就日本为佛国净土"。如田中公明在与梦枕貘对谈时说道："空海所处的时代是日本的转折期。如同现在的日本，需要质的提升，需要空海这样的领袖人物。"② 在梦枕貘看来，空海是国家的领袖人物，密宗是用来拯救国家的。

而在《妖猫传》中空海则认为，"佛法是光明"，无上密可以使人从痛苦中解脱。关于"无上密"，惠果的饰演者成泰燊在访谈中说："我觉得从《无极》到《道士下山》，导演都有一些对于精神层面追求的表达，到《妖猫传》的时候，惠果大师作为一个完全解脱的智者，在整个影片当中传递无上密，他一定是传递了一个你抓不住的东西"，"从整个影片的这种幻象，就是深层的无上密和对终极的智慧追求的角度来讲，其实它一定要在所谓的极乐之宴，乐到极致的时候再极悲，一定是一个物极必反的东西"③。我们或许可以这样理解：陈凯歌在《妖猫传》中用"无上密"来象征终极智慧，这种智慧是精神层面的，是拯救作为个体的"人"的。

第三，陈凯歌对梦枕貘作品的理解和接受。

作为改编作品，陈凯歌虽然对原著中的"空海"进行了颠覆性的改动，但必须指出的是，陈凯歌对梦枕貘的作品是认可的，对原著中的"空海"也是理解的。他对梦枕貘说过："我读过一千多遍你的小说，这个世界上我最懂你，最懂你的小说。"④ 在《沙门空海》中，梦枕貘多次提及《理趣经》，在访谈中他也表示对空海是否恋爱等问题十分关注。实际上，深谙男女之情的僧侣形象，

---

① 参见《可凡倾听》栏目之中的"陈凯歌专访"。
② 梦枕貘. 沙门空海之大唐鬼宴卷二 [M]. 東京：角川書店，2018：496.
③ 参见《四味毒叔》中的"成泰燊：《妖猫传》里的无上密到底是什么？"。
④ 参见电影《空海—KUKAI—美しき王妃の謎》日文宣传主页。

对中国观众来说是难以接受的。然而在影片中导演却让其自如地逛妓院，潇洒地与美女共舞。这里自然有导演意图刻画没有"俗念"的僧人的意味，应该说也有接受原著的部分。

另外，《妖猫传》中空海与安倍晴明的相似，以及搭档白居易与源博雅的相通之处，均说明陈凯歌对《阴阳师》是接受的。

在与陈凯歌的对谈中，梦枕貘说道："在《妖猫传》影片中，有一个镜头是白居易一边哭一边对空海说：'我觉得李白真的太厉害了！我真的是很佩服李白！可是，我又特别不希望自己就在这儿输。'每次看到这一段我都会哭，它给我的内心带来很大的冲击，我感同身受。"① 说明两位创作者对于艺术追求是有共鸣的。除了艺术，两位创作者对大唐的迷恋也是相通的，陈凯歌认为梦枕貘花费17年创作《沙门空海》，并不是写不完，而是出于对大唐的迷恋，这也是他创作《妖猫传》的初衷。②

总之，基于对历史题材不同的创作态度以及佛法的理解的差异，导致了陈凯歌对梦枕貘的"空海"进行了大幅度改编。但是，艺术上的共情以及对大唐文明同样的痴迷，使得陈凯歌的"空海"又没有完全脱离原著。实际上，"空海"身上所体现出的原著与改编之间的差异，还直接关系到中日两国观众的接受度。如何获得中日两国观众的认可？电影做了哪些努力呢？这就不得不探讨中日两国之间文化认知的差异。

四、中日文化认知的差异

第一，关于主人公的认可度。

众所周知，日本人喜爱空海、杨贵妃、阿倍仲麻吕，有关这几个人物在日本均流传着很多传说，当代文学中也有很多相关作品。《妖猫传》在日本的上映的名字改为《空海—KUKAI—美しき王妃の謎》，且极力宣传空海的作用。其日本宣传语为"超级天才空海解开动摇大唐王朝的怪异事件"③，日文海报的中心人物也是空海，即为了吸引日本观众的观影兴趣。但在实际影片中空海的作用远不如原著，使得很多观众大失所望。

---

① 陈凯歌，李艺蕾. 从《沙门空海》到《妖猫传》：陈凯歌对话梦枕貘［J］. 电影艺术，2018（04）：84-88.
② 参见《四味毒叔》栏目中的"毒叔史航对话陈凯歌"。
③ 原文为「唐王朝を揺るがす怪事件の真実を超天才・空海が解き明かす」。

但是在中国,如前文所述,空海的知名度并不高,因此电影中将空海设定为普通人,并且弱化其作用。电影题目也舍去了原著中"沙门空海",改为事件本身的《妖猫传》,不但能够引起中国观众观赏兴趣,也符合电影奇幻悬疑的风格。

第二,关于空海的搭档。

由于中国人对橘逸势不甚熟悉,而白居易在日本则拥有相当的知名度,《白氏文集》自古以来就深受日本人喜爱,白居易在中国更是家喻户晓的诗人,因此这种改编得到了梦枕貘在内的诸多评论家的肯定。梦枕貘评论道:"原著中橘逸势是一个非常重要的角色,他负责叙述空海的过人之处。如何将这个角色影视化,是一个突出的问题,在电影中让白乐天来完成了,而且与橘逸势不同,电影中他是与空海一起解决问题的伙伴。电影描述了两人的友情故事,读到剧本的时候我感觉这个设定特别好。"①

另外,作为中日合拍的电影,这种设定自然让人联想到中日两国的合作、交流,对两国观众来说自是容易接受的。

第三,关于作品要素与人物设定。

密教在日本认知度较高,作为日本密宗创始人的空海更是拥有极高的人气。然而在中国由于唐朝灭佛运动,密宗几乎失传,因此影片删掉了有关宇宙真理的探讨,仅仅将密宗定位于引导人们走向光明、摆脱痛苦的手段,在原著支持者看来这是作品矮小化的表现。原著中"斗争、冒险、佛教"三大要素,在影片中只剩下了"冒险",因此有评论认为这是东洋的"达·芬奇的密码""狄仁杰",甚至很多观众表示看不懂,使得影片在日本水土不服。

小说中的"空海"可以说是历史上的"空海"与司马辽太郎的"空海"的结合体,将天才、国际性、人格魅力、法力等诸多要素融为一体。而电影中"空海"最大的能力是法力与推理能力,这种设定与"安倍晴明"有着同一化倾向,在某种程度上削弱了空海这个人物的独特魅力,无法向中国观众展现真正的空海形象。但不可否认的是,其"谜一般的微笑"符合其洞察一切、泰若自如的人物设定,在客观上给中国观众留下了深刻印象。

第四,关于作品的主题。

尽管欣赏大唐优越的文化,小说的舞台也放置在了长安,但梦枕貘小说的

---

① 参见电影《空海—KUKAI—美しき王妃の謎》日文宣传主页。

主题毫无疑问是空海，他描写的是在时代转折期的领袖空海的魅力。与其说梦枕貘迷恋大唐，不如说他迷恋空海所在的大唐，迷恋日本如何通过大唐连接到世界。如刘间文俊所评论的："日本对长安的憧憬，直接连接西域，也连接世界。一提长安、大唐，我们就联想到开放性，因为日本是通过大唐，通过长安连接世界的。"①

与此相对，"盛唐气象"则是电影《妖猫传》最重要的主题，气势恢宏的场景，符合中国人对大唐气象的想象，是陈凯歌的"中国故事"。尽管陈凯歌对历史进行了诸多改动，然而为了还原大唐盛世，他不惜花费六年时间按真实比例还原长安城。这样的盛唐气象无疑引起了原著作者梦枕貘的共鸣，"走在为电影所打造的长安城街头时，我不禁热泪盈眶"②。

陈凯歌曾说："可以借用小说中间的一种精气神，借用小说中间的某些情节和人物来实现在电影中间的一句话，就是阿倍仲麻吕的一句话外音，'这一切都是她的主意'，就是指的杨玉环，她要借极乐之宴来抒发她心目中真正的大唐盛景，这其实也是我拍这个戏的原因和目的。"③ 因此，电影中的一切改动均是围绕这个主题展开的，包括对空海所谓"矮小化"的改编。

结语

随着中日文化交流的日渐深入，近年来中国翻拍自日本小说的电影屡见不鲜，如东野圭吾小说系列改编电影，但是客观来讲佳作并不多见。如何将日本文学本土化是当下中国电影人所面临的课题。通过对空海形象的比较研究，我们发现，尽管也有很多不尽如人意之处，但《妖猫传》对《沙门空海》的改编确实做出了有益尝试。

在与梦枕貘的对谈中，陈凯歌说："对于我们的电影，最重要的其实就是故事，今天交流的核心就是怎样去构建故事。我们都在说讲'中国故事'，我认为，我们将来新一代的中国电影创作者应该是远望未来的，而不仅仅回头看我们的过去。只有立足当下、不忘历史、展望未来，才能从真正意义上构建中国电影的未来、中国故事的未来。"如何选取适合讲述中国故事的题材，并进行符合中日观众文化背景的创作，从而用日本文学来讲好中国故事，是中国电影人

---

① 刘间文俊. 丝路上的音乐交响［N］. 北京晚报，2018-07-26（33）.
② 参见电影《空海—KUKAI—美しき王妃の謎》日文宣传主页。
③ 参见《四味毒叔》栏目中的"毒叔史航对话陈凯歌"。

努力的方向之一。

（本稿系鲁东大学"声速输入法"基金语言文字研究课题项目"日本当代大众文学中的'空海入唐求法'研究（SSYB202113）"的阶段性成果。）

作者：张冲 鲁东大学外国语学院副教授
鲁东大学国家语言文字推广基地研究员

芥川龙之介《舞会》中的"真相"与"虚妄"

——论文化交流与理性反思

芥川龙之介作品以丰富的艺术技巧和独特的故事结构，深刻揭示了现实社会的美丑、善恶与真伪，充满对哲理的索解和对人性的剖析。[1] 作为日本新理性派作家，他自身对理性却有着更加深刻的认知："一言以蔽之，理性告诉我们的是理性的无力。"[2] 理性，本是芥川一直贯彻的创作信条，而他却以"理性的无力"明确道出了自己的怀疑与反思。既是如此，当他身处明治维新后的大正时代、当他面对东西方文化的进一步相互碰撞时，芥川如何在作品中诉诸理性、展现理性的无力？本文将从芥川龙之介的短篇小说《舞会》入手，结合文本具体分析，尝试对芥川的理性主义做出新的解读，以期对当代的文化交流提供新启示。

一、芥川龙之介与理性主义

20世纪初，西方各种思潮如民主主义、自由主义、社会主义等被引进日本。受法国左拉主义的影响，日本文学经历了自然主义的疯涨。但是这批作家在摒弃各种道德观念、感性色彩、修饰技巧的途中，逐渐偏离正轨，把自然主义文学带进了"私小说"的胡同。因其极端的非艺术性与局限性，终是引起其他作家的不满，被追求"艺术至上"的耽美派文学和提倡理想主义的白桦派文学取而代之。1918年，第一次世界大战结束，日本受国际格局变化的影响，国民贫富差距逐渐变大，社会矛盾日益凸显，耽美派和白桦派被贴上了"泛泛而谈、虚无缥缈"的标签，并日渐式微。

彼时，新思潮派兴起，既反对自然主义纯客观的描写方法，又怀疑白桦派

---

[1] 刘琪. 论芥川龙之介的《舞会》[D]. 哈尔滨：哈尔滨理工大学，2013.
[2] 高慧勤，魏大海. 芥川龙之介全集：第4卷：评论[M]. 济南：山东文艺出版社，2005：200-274.

文学的理想主义，主张用心理刻画等艺术技巧揭示社会黑暗与人性丑恶，在贴近现实的基础上运用理性思维认识世界、把握真理。芥川龙之介曾认为，新思潮派的共同的艺术主张，是将真善美统一起来，达到精致的艺术世界——自然主义的求"真"理想、耽美派的唯"美"理想、白桦派人道主义的崇"善"理想。[1] 深受夏目漱石和森鸥外影响的芥川龙之介，在日本文坛各派思潮交汇之际，凭借诡奇的构思和巧妙的布局，跻身文坛脱颖而出，成为大正时期最具代表性的新思潮派作家。

芥川龙之介从小就被舅父收养，居住在外国人较为集中的东京筑地，每天都能接触到西方的新文化。芥川家世代负责管理将军府茶室，非常注重传统茶道文化的研习与传承，舅父芥川道章本人也在明治时期任土木科长，而舅妈则琴棋书画无一不通。[2] 因此，芥川自孩童时期就深受日本茶道等传统文化的熏陶，喜爱阅览日本和中国的古书著集，"曾将《水浒传》中一百零八将的名字全部背诵下来"[3]，初中毕业后又热衷于西方著作。芥川龙之介就是在这样一种传统文化和西方文明兼容共存的环境下成长的。

饱读诗书数载又熟知西方文学的芥川，以创作历史题材小说为起点，开启了自己的作家生涯。他取历史故事、神话传说的叙述结构，运用丰富的艺术技巧，以近代的理性思维赋予故事新的时代内涵，借古讽今，试图探讨人性、解释人生。无论是被夏目漱石高度赞赏的《山药粥》，还是传世佳作《罗生门》，都是对《今昔物语》等日本古籍中的故事进行再创作。日本文学史论家西乡信纲曾评价，芥川为《今昔物语》中的简单描述增添了人类的"逻辑"与"认识"[4]。

不同于其他文学流派的风格，芥川的作品不像嚼白开水般索然无味，也不像纸上画饼般虚无缥缈。他主张理智，主张抓住现实。他典雅的语言、犀利的笔锋、细腻的刻画都是具有艺术性的写作技巧，当然也是基于理性的。但是，芥川逐渐发现，当前的创作手法正逐渐把自己禁锢在"自动"模式之中。他曾在《艺术与其他》里提道："最可怕的就是停滞不前。在艺术的境地里，不能停

---

[1] 尹允镇.芥川龙之介艺术之谜简析[J].延边大学学报（社会科学版），1990（03）：63-70.
[2] 张后贵.传统与现代的冲撞：论芥川龙之介小说《橘子》[J].盐城师范学院学报（人文社会科学版），2016，36（06）：54-57.
[3] 邱雅芬.芥川龙之介研究文集[M].南京：译林出版社，2014：215.
[4] 西乡信纲.日本文学史[M].佩珊，译.北京：人民文学出版社，1978：330-331.

滞。倘若没有进步的话，必然会退步。"①

为此，他不断尝试改变自己的原有风格，创作出《蜘蛛丝》（1918）、《杜子春》（1920）之类的作品，或将作品时代背景设定在日本文明开化时期，陆续发表《文明的杀人》（1918）、《阿富的贞操》（1922）、《偶人》（1923）等具有"都市乡愁及批判视野"②的小说。

芥川急切寻求巨大的突破，为摆脱创作的束缚，开始频繁质疑自己一贯奉行的理性主义：《于连·吉助》（1919）主人公吉助为获取自我的瞬间实现甘愿为信仰付出生命的代价；《舞会》（1920）中的明子始终坚信，存在于自己记忆中的法国军官于连·维奥，并非那个带着嘲讽眼光看待日本的法国作家皮埃尔·洛蒂；《南京的基督》（1920）中的私娼宋金花因与外国人度过一夜后梅毒痊愈便确信是基督下凡拯救了自己……芥川用作品塑造了一个又一个通过自己的信仰得到最终救赎的"圣愚"角色，向读者证明理性主义在个人信仰面前也会存在苍白无力之时。

伴随着近代社会的进一步发展，芥川对理性主义的怀疑远不止于此。当时，"开化"涉及军事、政治、经济等多个领域，但一切都只是在机械临摹近代西方文化的外表，是在避免同旧传统正面交锋的前提下进行的表面改良，并没有彻底改变日本被欧美列强剥削压迫的现状。③ 当时的日本陆军中将鸟尾小弥太就曾把"欧化"刻薄地比喻为"使日本国的妇女全都成为洋人的妾"④，大正小说家内田鲁庵还把当时日本整个时代视作一场化装舞会。⑤ 紧接着，在大量外来资金和技术的催化下，上流社会的"文化人"为了瓜分更多利益，干着毫无"学识"的卑劣之事，底层人民为了生计只会不停地劳碌奔波，遑论"学识"。以匠心幽玄为特点的日本文化内核，似乎已无法掩盖国民内心的巨大空虚，日本民众在如此急剧的社会变化中迷失了自我。

芥川龙之介对此极为不满，欲用自己作品的理性去唤醒日本国民的理智。然而经尝试后，他确信——那些基于理性的事实并不能说服所有人，理性不是万能的，理性并不意味着绝对正确，理性也有无力之时："诸君害怕艺术毒害国

---

① 芥川龍之介. 芥川龍之介全集：第三卷［M］. 東京：岩波書店，1977：263-270.
② 张后贵. 传统与现代的冲撞：论芥川龙之介小说《橘子》［J］. 盐城师范学院学报（人文社会科学版），2016，36（06）：54-57.
③ 近代日本思想史研究会. 近代日本思想史：第2卷［M］. 李民，贾纯，华夏，译. 北京：商务印书馆，1991：5-6.
④ 刘琪. 论芥川龙之介的《舞会》［D］. 哈尔滨：哈尔滨理工大学，2013.
⑤ 卫晶晶. 从芥川龙之介《舞会》看鹿鸣馆时代的文明开化［D］. 哈尔滨：哈尔滨理工大学，2018.

民，请暂且放心好了，至少艺术绝不可能毒害诸君，绝不可能毒害不理解两千年来艺术魅力的诸君。"① 那些担心艺术会毒害人心的人，他们大可安心，艺术绝不可能毒害人心——人们从未理解过艺术，又怎会被艺术毒害？同样，那些日本民众也未曾理解过芥川龙之介的作品，这令芥川体会到极端的悲观和孤独，以至于放任自己坠落进凄寂厌世的无尽深渊。

二、《舞会》与"理性"

芥川龙之介的《舞会》发表于 1920 年 1 月，是一篇具有重要意义的"开化期物"，包含着许多关于异文化碰撞背景下人性和社会问题的探讨，比如，通过描绘当时上层社会的生活方式和价值观念，反映当时日本文化"效仿西洋"的时代特点。通过研究这个故事，我们可以了解那时的文化背景，进而加深对日本文化的理解。《舞会》是一篇文学作品，它的艺术价值和文化内涵可以跨越国界和语言障碍，作为中日文化交流的一个突破口，通过研究、翻译、演绎、评论等方式，让更多的人了解和欣赏这个故事，从而促进中日之间文化艺术的交流和合作。

作品以明治维新时代的鹿鸣馆为舞台，讲述了一位 17 岁的日本贵族小姐明子的故事。自幼就受过法语和舞蹈教育的明子，对初次参加的舞会既满怀期待又忐忑不安。那天夜里，明子身着艳丽的玫色礼服，颈系蓝色缎带，乌黑的长发上别着一朵盛开的玫瑰，完全一副开放的日本少女的美丽模样。当她踏进鹿鸣馆，正在上台阶的中国达官情不自禁地为她让道，擦肩而过的年轻日本人不由自主地回头盼顾，就连举办舞会的伯爵也在老奸巨猾的脸上霎时流露出惊叹。当明子来到满是菊花点缀的舞厅时，立即有一位法国海军军官向明子发出共舞邀请。虽然明子身高不高，但军官却巧妙地带动着她，并时不时在明子耳边恭维。明子边跳着舞边环视四周，注意到军官对自己的炽热目光后更加飘飘然地舞动着。军官还夸赞明子像瓦多画中的贵族小姐一样美丽，但明子根本不知道瓦多是谁，只能另寻话题，与军官讨论她未曾亲眼见过的巴黎舞会。舞会的最后，在欣赏绚烂烟花之时，明子不懂军官为何一直沉默着凝望夜空，军官以告诉的口吻回答："我在想焰火，如我们生命火花般的焰火。"大正七年，当年的明子已成 H 老夫人，看到一位青年小说家手中的菊花就回忆起初次参加的那场舞会，并把这件往事告诉青年。青年得知那位军官竟是《菊子夫人》的作者皮埃尔·洛蒂后十分激动，而 H 老夫人却莫名其妙地喃喃道："不，他不叫洛蒂，

---

① 芥川龙之介. 罗生门［M］. 林少华，译. 上海：上海译文出版社，2010：118.

叫于连·维奥。"——小说在 H 老夫人的反复否认和大惑不解的神情中落下帷幕。

小说短小精练，叙述者在文末借青年小说家之口点破了法国军官的另一个身份——那个带着讽刺眼光看待日本的法国作家皮埃尔·洛蒂。无论是在小说情境中还是在现实社会中，这个人物所具有的双重身份，已然是一个被公认且具有一定信服力的理性认知。但是从 H 老夫人最后的神情可知，她对这个男人的"额外身份"极其陌生并一再否认，始终确信，那夜与自己邂逅共舞的男人有且仅有一个身份——待人温柔的法国海军军官于连·维奥。

笔者认为，H 老夫人的这种认知是具有一定内在逻辑和因果关系的，她似乎已在心底构建起了一个完整自洽的记忆空间，而要探索这个由她自己建立起来的认知领域，关键在于把握 H 老夫人（也就是明子）的心理变化历程以及她对军官的情感究竟如何。

三、明子的"舞会"记忆——舞会之初：焦躁的内心与来自他人的认可

《舞会》中的女主人公明子从小接受法语和舞蹈的教育，而且年轻貌美，是一位在欧洲文明影响下成长起来的贵族小姐。文中不乏对她外表的直接描写："那水灵灵的玫瑰色舞服，高雅地系在脖子上的淡蓝色缎带，加上插在乌黑头发上散发着清香的一朵玫瑰花——的确，这天晚上明子的风姿，可以说是充分具备了开放的日本少女之美。"[1]

如此打扮精致、颇懂社交的少女，理应对有生以来的第一场正式舞会充满无限期待，但明子却多次焦躁地凝视着东京街头，被忐忑不安的心情强烈支配。她在焦虑什么？这个问题的答案很快就在下文得到了回答：中国高官投来惊异的眼光，日本年轻人多次细细打量，伯爵也在霎时露出惊叹……舞会上的人无不在欣赏和赞叹明子的别样美貌，也正是这些认可和欣赏的目光很快削减了明子心中一直存在的"不安"——自己身为一名日本贵族小姐竟褪去传统和服换上西式打扮参加社交舞会，如此开放的打扮是否会招来异样的目光？可见，明子的焦虑是对自己非传统行为的焦虑，她无法确定身上的"开化"色彩会给自己带来什么。这种源自未知的不确定性，让她尤为担心和敏感，迫切需要从别人的视线或评价中来获得自我肯定。当她成功捕获到现场男性惊叹的目光、感觉到伯爵夫人容貌的庸俗之时，心中的疑虑瞬间烟消云散，她开始感到害羞更感到得意，因为她从别人的视线中收获到的，正是自己翘首以盼的认可与满足。

---

[1] 芥川龙之介著，于吟梅译. 舞会 [J]. 日语学习与研究，1982（06）：58-64.

这些包含了认可、赞美、欣赏的视线，促使明子建立起对自我的肯定，即具备"开化之美"的自己肯定可以倾倒在场所有人的自信。同时，这也在一定程度上为后续记忆空间的形成提供了前提条件。

明子因自己的美丽而自信，因他人的视线而自得，其他思绪也在舞会上渐渐发酵，那些落在身上的来自他人的认可，也被她渐渐内化，逐步转化为自我的认同和骄傲。

当年龄相仿的青春少女簇拥过来不约而同地称赞明子之时，一位外国军官朝她走来鞠了个日本式的躬，明子感到十分害羞，并自然而然地将手上的扇子交给别人代为保管。这个"自然而然"的行为，是让军官感到意外的，毕竟军官自己尚未开口表明来意，眼前的女子就已应邀共舞。然而，在明子的自我意识里，自己的行为乃情理之中。在她看来，这位外国人向自己鞠躬的目的显而易见。根据自己多年学习社交技巧的直觉和已在中国高官身上得到的验证，她果断认为：自己所独有的开放日本少女之美"理应"令所有外国人都目瞪口呆，因此这位外国军官前来鞠躬，就是想邀请美丽的自己共舞。明子"自然而然"的行为，完全符合她自己"理所当然"的推理逻辑，而这种"理所当然"的逻辑，不仅源自她之前所受到的社交礼仪教育，更是源自她对其"开化"外貌的高度自信和认同。由此可推断出，明子对军官的感情始于她对自己的深信，她深信自己身上东西方交融的美貌足以吸引包括外国人在内的、在场所有人的目光，深信军官搭讪的原因恰是因为自己的独特美。不过，明子对军官的动心才刚开始。

四、明子的"舞会"记忆——舞会之中：他人视线中的再认可

明子是个敏感的人，文章也有多处提及：初次见到伯爵与伯爵夫人时，敏锐地察觉到伯爵脸上瞬间的惊叹神色；在与军官共舞时，一直保持敏锐，不停地环视舞厅，与目光相遇的女友们点头致意。① 笔者认为，明子之所以敏感，仍因其心中尚未消除的不安：她带有"开化"特点的外表虽得到他人眼神的赞许，但是自己的社交舞蹈还未得到外界的肯定，她担心自己的舞步无法像自己的外表一样在传统与开化之间达到平衡，故明子再次渴望从他人的视线中获得进一步的认可。

于是，最直接的途径便是观察眼前这位外国军官的反应。恰巧，军官无时无刻不在关注明子的一举一动，而且频频把好奇的目光落在她精致的舞鞋上。

---

① 芥川龙之介著，于吟梅译. 舞会 [J]. 日语学习与研究，1982（06）：58-64.

这种目光在外人看来会略感不适，甚至带着一丝低俗。但就是这种"尤为在意"的视线，抚平了明子内心细微的波动。叙述者在这里运用丰富的叙述，生动呈现了明子的内心活动："难道这样一位美丽的姑娘也和布娃娃一样住在纸和竹子的房子里吗？也是用细细的金属筷子从巴掌大的描绘着青花的瓷碗里夹着米粒儿来吃吗？"[①] 综观文段脉络，以上由一连串反问构成的内心戏，其实皆是明子以军官的眼神为借口臆想所得，军官依旧没有明确表达内心所想。于明子而言，军官会如此关注自己，一方面是对传统日本传统女性形象（住在纸和竹子的房子、用细金属筷子夹米粒进食）的疑惑与求证，另一方面是对眼前兼具东西方之美的女子的诧异：日本传统贵族女子竟也能在西式舞会中落落大方地社交。明子臆想至此便紧接着"自然而然"地推断：军官的眼神恰能说明，"一个完全不熟悉日本的外国人，是如何倾倒于她那快活的舞蹈姿态的"[②]。顿时明子感到既好笑又自豪，更飘飘然地沉浸在舞会之中。

明子凭借自己对眼神的臆想说服了内心的不安，再次如愿地从他人的视线中挖掘到认可，也在军官的恭维和注视中收获到高傲虚荣的快感。这种近乎令她沉迷的愉悦使她进一步接纳和确信：自己身上与传统截然不同的"开化"痕迹是完美的，连外国人都必为之惊叹。同时，于连·维奥在明子眼中的身份，也从一个素未谋面的陌生人转变为一名"彻底拜倒在石榴裙下"的外国男子。

五、明子的"舞会"记忆——舞会之终：言语认同与记忆空间的定型

没过多久，明子的内心再次荡起涟漪，"视线认可"已无法满足她逐渐膨胀的自我认同和骄傲。

当她吃冰激凌的时候，对方的目光不时地停留在明子的手、头发、脖颈上。这种来自男性的目光，本应让一名涉世未深的少女产生警惕，但高傲又敏感的明子并没有设想过兽性目光中潜在的可能，反而闪现了女人所特有的疑心——这个人真的欣赏我的美吗？细想起来，自他们两人相遇到共舞结束，军官除了温文尔雅的恭维与绅士的举止，并未直接表达出对明子"开化"痕迹的认可。明子在经历了一系列的心理活动后也意识到，自己做出的所有推断都还只是一厢情愿，她要从军官的口中得到验证，她要得到明确的"言语认同"。

于是，当一位年轻的德国妇女走过他们身旁时，明子说出了一句旁敲侧击

---

① 芥川龙之介著，于吟梅译. 舞会 [J]. 日语学习与研究，1982（06）：58-64.
② 芥川龙之介著，于吟梅译. 舞会 [J]. 日语学习与研究，1982（06）：58-64.

的话:"西洋女人可真美啊!"① 这句感叹看似无意,实则向对方抛出了自己的疑虑,并亲手创造了一个东西方女子直接比较的危险契机——倘若军官仍旧温柔恭维,她起码得到了变相的肯定;倘若这军官觉得明子不如西方女子,那她一直所设想的所有都将在一瞬间化为泡影,敏锐过人的她将再次深陷之前的焦虑。这像是一次赌博,只为一句赞美,只为验证自己所有的猜想,只为加固自己的确信,即使会有一半的概率得到心灰意冷的答案,她也要做出如此危险又自傲的行为。

当她自认孤注一掷时,于连·维奥仿佛看透了女孩的心思,并用认真的态度和话语打消了她的疑心,还引用瓦多画上的公主来比喻明子的美丽动人。可惜从小接受西方教育的明子并不知军官口中的"瓦多"是何人,处在社交敏感的明子听到这般比喻,难免出现迟疑。不过,她内心的防线并没有因这突如其来的"瓦多"而崩溃,反而处在了最佳状态,因为她终于达到了自己最初的目的——她成功捕获到了军官明确的赞美,而且是一本正经的肯定,是比"视线认可"更强有力的"话语认同"。正是这法国军官于连·维奥的明确话语,她彻底坚信,自己是当代"开化"下的成功典例,她深信自己已然成为一名符合当代潮流的、能与西方女子相提并论的、引人注目的、美丽的日本女子。

至此,明子终于收获到来自他人视线和话语的双重肯定,虚荣与现实在这一刻达到了高度统一,那些外界的声音被完全内化成自我认同与骄傲,明子心中时有时无的疑虑也在外界的认可中被全部抹去,内心被高傲虚荣的愉悦所充斥。即便后来她对军官口中的西方艺术毫无概念甚至有刻意回避之嫌,也能心安理得、心满意足地把话锋一转,向于连·维奥诉说自己对西方国家的向往。

而明子对军官的认知世界也在构建成型。在明子看来,眼前的这位军官不仅臣服于自己的美貌且待人温柔,最重要的是,如此有魅力的外国人居然还能洞悉自己的心思、接纳和平视与众不同的自己——于连·维奥给予了她从未体验过的精神快感。因此,明子对军官的感情逐渐发酵,从最初的"征服欲"逐步蜕化成每一位青春少女情窦初开的爱慕。

当他们来到阳台准备欣赏焰火时,她发现军官正一动不动地凝视着夜空,不由得感到思乡之情后便"半带娇媚"② 地发问。"娇媚"一词在此处显得尤为关键。一般情况下,能让普通女子用娇媚的声音悄声说话的对象,无外乎与自己亲近的人,这里也不例外。在明子的认知世界里,她已经把于连·维奥纳入

---

① 芥川龙之介著,于吟梅译. 舞会 [J]. 日语学习与研究,1982(06):58-64.
② 芥川龙之介著,于吟梅译. 舞会 [J]. 日语学习与研究,1982(06):58-64.

自己的亲近范围,她认为自己能像之前读懂他的眼神一样读懂他凝视夜空的行为(因为她之前的猜想已被成功验证)。

在一番对话后,明子看着夜空中美丽的焰火,觉得那束焰火是那么美,简直美得令人不禁悲从中来。军官亲切地俯视着明子,用教诲般的口吻说道:"我在想焰火的事儿。我们的人生,也好像焰火。"① 此话本意在文学界已有多种解读,但若是站在明子的立场与心境进行推理,笔者认为,"焰火"对明子而言有着另一层特殊含义。于她而言,她与军官的相遇就如同这焰火,璀璨却短暂,这场如梦幻般昙花一现的邂逅会在舞会结束后画下句号。明子的"悲从中来"既是对舞会上万众瞩目倍感自得的不舍,也是对即将与于连·维奥分别的不舍。至此不难发现,即便是到了舞会的尾声,明子也依旧在记忆里定格下自己与于连·维奥的点滴,并逐步沉沦在自己内心所确认的世界。即使多年以后,也不曾忘记在那次倍感自得的舞会上给予自己赞美、与自己"心有灵犀"的男人,就是法国军官于连·维奥。当外界尝试重塑她的认知,她也一再维护法国军官在自己的幸福记忆中的形象。

因此,从上述分析中可以看出,明子的世界具有自洽的内在逻辑和因果关系,她在心底已然构建起了一个独立完整的记忆空间,就像一个封闭的圆,她在其中将外界认可逐步内化成自我认同和骄傲,沉迷于前所未有的虚荣满足和青涩快感。正如作品最后 H 老夫人睹物思人的行为所示,明子的愉悦记忆与对军官的认知是无法被改变的。

六、青年小说家诉诸的"真相"——理性视角下的明子

那些被明子忽略掉的细节在作品的最后作为青年小说家口中的"真相"呈现在了读者面前。虽然无法得知《舞会》和《菊子夫人》的出场人物是否重合,但是我们还是可以把青年小说家所熟知的这个"真相"简单概括为:于连·维奥(笔名为皮埃尔·洛蒂)在那场舞会上并没有对明子动情,他是在用讽刺的眼光看待这场舞会上的一切。在行文中,从最开始对明子的好奇,到后来眼中闪露的讥讽,再到对转瞬即逝的感叹,叙述者始终将代表着欧洲绅士社会的法国军官摆在了"理性的西方人"的立场上。

文章的前半部分不乏对于连·维奥的动作描写:在共舞的过程中,"有经验"的他巧妙地带动着明子,并不时"温文尔雅"地低语;看到舞伴露出疲倦便投以爱抚的目光,并用绅士的舞步"敏捷且熟练"地让她坐在椅子上;"郑重

---

① 芥川龙之介. 罗生门 [M]. 高慧勤, 译. 长春:时代文艺出版社, 2017:145-151.

其事"地鞠了两次日本式的躬……①这些细致的动作描写无不在展现着一副彬彬有礼、温文尔雅的风流才子形象。然而在笔者看来，以上的描述都不过是表象，这位军官实则透着西方人高傲的优越感，并没有真正发自内心地尊重和欣赏明子。

当他第一次向明子鞠躬后还未表明来意，眼前这个身着西式礼服、颇懂西方社交的日本女子就已默允了自己的邀请，这个行为让于连·维奥感到意外，他内心对明子的好奇油然而生，于是便一直密切关注明子的一举一动。接着，他的目光始终没有离开过明子，他把好奇的目光落在她小巧玲珑的舞鞋、双手、头发和脖颈上，不放过明子的每一个部位……笔者不禁疑惑，如此炽热的注视真的只是因为单纯的好奇吗？答案是否定的。从后文的叙述中可以找到这样一句话："这些目光对明子而言并不是不愉快的事情"②，即"并不是不愉快"只是针对明子而言的，或者说，明子当时也意识到了眼神的不寻常，只不过是被一种自傲虚荣的快感和另一种更强烈的疑心冲淡了感知上的不悦。因此这足以表明，军官每时每刻的注视其实是不同寻常的，是会给普通人带来不适和不悦的——像是一种不断扫视猎物的、原始的兽性目光。我们无从得知军官在此过程中到底作何感想，但可以继续从文章的细节中印证这些目光的含义。

"过了一会儿，军官察觉到这位像可爱的小猫一样的小姐似乎有些累了，便以爱抚的目光望着她的脸……"③ 军官把明子视作一只可爱的小猫，与其说是在比喻明子的可爱，不如说是在把明子看作一时兴起的稀奇玩物。即便他已周游列国阅人无数，但面对这样一位竟能在西式舞会中翩然起舞的日本贵族女子，也不禁对这个夹杂着东西方文明的人感到好奇。从这颇有寻欢作乐意味的比喻中，我们不难发觉其中隐含的西方优越感。因此，军官眼神的实质是在猎奇，并可知，先前明子对军官眼神的解读并不完全符合军官的本意。

其实，于连·维奥对明子身上的"开化"痕迹还是给予过肯定的，起码在外表和社交方面，他承认明子做到了很好的学习和效仿。只不过在提及艺术家瓦多的时候，军官所唤起的美丽过去的幻影不得不在顷刻间消逝。他发现，这样一位名媛身上竟存在着矛盾：即使拥有西式服装的点缀和娴熟的社交技巧，她对艺术的触及却几乎为零。对社交敏感却对文学艺术愚钝的鲜明对比，让处

---

① 芥川龙之介著，于吟梅译. 舞会 [J]. 日语学习与研究，1982（06）：58-64.
② 芥川龙之介著，于吟梅译. 舞会 [J]. 日语学习与研究，1982（06）：58-64.
③ 芥川龙之介著，于吟梅译. 舞会 [J]. 日语学习与研究，1982（06）：58-64.

在理性思维且自带优越感的于连·维奥露出了讥讽的微笑,毕竟在理性的西方人眼里,鹿鸣馆只是一种东施效颦般的模仿,眼前的明子又恰好再次印证了他们理性的观点。这位法国军官眼底揶揄的笑容,正是对这位贵族女子及其所投射出的日本欧化热情的戏谑和嘲笑。

因此,于连·维奥的确是站在"理性的西方人"的立场讽刺地看待日本的文明开化的。正如上面所分析的,于连·维奥和明子对于那一场舞会有各自的认识,并且他们的认识是不完全重合的。明子的记忆源于自我认同和骄傲,法国军官于连·维奥的认识则源自西方理性。

七、理性共谋"真相"的无力

至于文末的青年小说家,从其举动不难推测出他应当是拥有近代理性思维、接受过近代教育的文化人,并且十分尊敬法国作家皮埃尔·洛蒂。因此,我们可以认为,青年小说家的立场与法国军官于连·维奥是一致的,都是基于理性把握他们认为的"真相"。

叙述者在文章最后同青年小说家一起,试图对明子所构建的那一夜的记忆进行解构。然而这种解构,如上节所述,在明子自我构建的记忆空间面前是无力的。青年小说家所诉说的关于军官身份的"真相",无法重塑已经成为H老夫人的明子的认知空间。在她的记忆世界里,少女时期享受到的无限愉悦与触发的青涩情感(即便这些在外人看来皆是"虚妄"),都仅仅只与法国军官于连·维奥这一人有关。再者,她虽接受"开化"教育且具有贵族小姐的社交敏感,但甚少接触文学艺术,H老夫人"莫名其妙"的面容足以表明,她并不知道对方口中的皮埃尔·洛蒂是谁,因此她也更不可能把一个"素未谋面"的陌生人与自己爱慕的于连·维奥画上等号。

综上所述,明子对于连·维奥的认知,无论从情理还是事理,都是无法被双重身份的"真相"所改变,明子对于"舞会"一夜的记忆并不会因为青年小说家所诉说的"真相"而变为"虚妄"。因此青年小说家所谓的基于事实的"真相",在明子的记忆面前变得相对、变得无力。

芥川龙之介用文字勾勒出了自己独有的精神力量,用完美的结构和独到的手法创造出一个又一个理性与感性相互碰撞的艺术世界。至少芥川龙之介想告诫读者,那些基于理性的事实并不能成功说服所有人,他所怀疑和反思的对象不仅是自己一直奉行的理性主义,也是这个需要我们时刻保持清醒的时代。因此,在当今形势复杂的全球化进程下,我们的"理性"既是对外的,也是向内的。既要在尊重中日文化差异、坚持平等互惠原则的基础上和平友好地交流,又要保持清醒的头脑,注意时刻自省、权衡利弊,避免陷入文化侵略和文化冲突的境地。

作者:彭丰文　中国传媒大学

第四部分
互联网与新媒介环境下的中华文化海外推广

新媒体时代下中国文化类 UGC 短视频传播力研究

——以 TikTok 平台在日本区域投放中国文化类短视频为例

一、引言

随着互联网与数字媒体技术的蓬勃发展,信息媒介进入加速转型升级的进程中,传统主流媒体正向"移动化""云边端一体化"演变,时与空的限制进一步被打破,跨文化传播手段更加多元。信息媒介技术的更迭使得人类物质生活与精神文明的交融与碰撞进一步深化,在此背景下,如何积极正面、有效地开展跨文化传播,助推中国文化在海外构建良性输出渠道,具有重要研究意义。UGC(user generated content)是全球新型主流跨文化传播的渠道之一,具有"传播模式立体化""主体受众多元化""创作突破瓶颈化""双向互动即时化"等特征,为中国本土文化进入国际文化语境提供了重要技术支持。一方面,UGC"多、广、专"的特点突出,用户生成内容呈现几何式增长,个性化内容使得互联网空间更加立体,互联网信息的积累量更加庞大,互联网用户的交互纽带更加紧密,推动移动端领域源源不断地形成创新性的商业模式;另一方面,过于宽松自由的环境导致用户内容良莠不齐,其中包括充斥在网络中的不良言论和垃圾信息。与此同时,不同文化之间的交流、碰撞和冲突也在不断加剧。[①]

随着新媒体时代下 UGC 传播方式的逐渐普及,越来越多的主题文化内容在新媒体环境下开启了高速发展模式。其中,跨国文化类主题,作为全球互联网平台中广泛存在的一大类别,拥有较高的热度与关注度。以抖音海外版 TikTok 为例,这是一款能够根据全球用户喜好制作出各种新颖话题,鼓励受众发挥自己的创意,以此给受众带来愉快用意的短视频 APP。TikTok 一经发布就迅速占领了日本、印度、德国、美国等众多海外市场,其具备的创意生成与网络交互属性受到海外用户的广泛好评。近年来,TikTok 的用户不断将具有中国特色的

---

① 段龙江. 我国跨文化传播的困境与优化路径 [J]. 人民论坛, 2021 (5B): 98-100.

短视频投放至国际视野中,能够进一步深化中国文化在国际社会的影响力,同时为中华文化的国际传播提供了新进路,让中华文化国际传播呈现出新特点。以 TikTok 为代表的系列 UGC 平台能够有效助推中国文化在国际社会实现"软着陆",通过短视频推动文化交流的方式,向世界解读真实的中国,进而减少文化隔阂导致的距离感。

本文将选取中国文化在日本语境下的文化传播类短视频在 TikTok 的传播情况进行分析。由于 TikTok 采用在短视频的简介中增加标签(#tag)的形式来表现主题,本文将以中国文化的四个具象化话题作为研究对象(#漢服、#中華料理、#中国アニメ、#中国語),综合其点赞、评论、转发等网络用户信息行为数据,分析其传播效果的影响因素,以期在新媒体时代下对中国文化输出日本的传播效果做出科学的研判,探寻中国文化在日本地区,乃至世界地区范围内,如何实现"软着陆""软输出",传播全球人民喜闻乐见的中国声音与中国故事。

二、相关研究现状

UGC 的概念最初起源于互联网领域,即"用户生成内容",摩根士丹利首席分析师玛丽·米克尔(Mary Meeker)在《2005 年度中国互联网行业报告》中,首次提出 UGC 这一专业术语。[①] YouTube、TikTok、BiliBili 等视频分享网站通过激励用户生成内容,将互联网用户从视频消费者转变为视频制作者,用户脱离了单一的信息接收者身份,同时可以扮演信息的生成者与传播者。[②]

在新媒体技术的推动下,以用户生成为核心的 UGC 短视频凭借其易操作、生活化、传播快等优势迅速在全球崛起,当前已成为互联网群体获取、沟通与分享信息的重要途径之一。在互联网虚拟社区中,用户持续产出、生成内容,并通过虚拟社区传递给其他用户进行交互,从而构成用户之间强关联的虚拟社会。这类交互行为被称作用户持续贡献行为[③],是 UGC 短视频社区维持可持续

---

① 刘雅珏. 在线社交网络环境下人格对用户创造内容的影响研究 [D]. 合肥:合肥工业大学,2019.
② DING Y, DU Y, HU Y K, et al. Broadcast yourself: Understanding YouTube uploaders [C] //ACM SIGCOMM internet Measurement Conference, 2011.
③ 王楠,王莉雅,李瑶,等. 同侪影响对用户贡献行为的作用研究:基于网络客观大数据的分析 [J]. 科学学研究,2021,39(12):2294-2304.

发展的重要因素。① 与传统媒体相较，UGC短视频具有标签鲜明化、实时互动性、直接冲击性②的明显区分，也为媒体范畴带来了革新与冲击。当前，海外对UGC短视频的研究相较于国内更早，侧重于选择实证研究、定性研究、定量研究等方法，主要分析相关用户行为习惯、行为特征及互联网信息技术等领域。海外学者更加关注UGC的形成原因、应用方式、影响因子及作用，以及UGC创作主体的行为动机和行为模式等。③ 有学者对YouTube、Twitter和Facebook等大型短视频交互平台进行研究，并对用户数据及用户行为进行采集分析，进行用户生成内容与社交网络在传播模式下的比较分析。④ 在研究过程中有学者发现，YouTube从UGC模式已逐渐开始向PGC模式（专业生成内容）转型。⑤ 国内学术界围绕UGC短视频的研究更加侧重于用户生成内容和传播模式的分析。赵宇翔等人把用户生成内容的动因归结为五方面：外部表象动因、内部动因、融合动因、鉴定动因及投射动因。⑥ 刘婷艳等人将国内视频网站用户生成内容的研究热点总结为三方面：移动短视频用户生成内容的动因、用户生成内容对社交电商化的影响因素、视频网站用户生成内容对网络舆情的影响。⑦ 翟姗姗等人提出了基于UGC的非遗短视频传播力模型，并分析各项特征指标对短视频传播力的影响程度。⑧

传统的中国文化传播研究较多集中于理论论述和案例分析，未能结合实际的传播客观数据与用户行为数据开展研究。绝大多数关于海外的新媒体平台的

---

① 王伟军，叶建梅，周锐，等. UGC短视频用户持续贡献行为影响因素及作用机理研究［J］. 图书与情报，2022（05）：31-40.
② 娄正卿. 移动短视频UGC网络舆情主题图谱构建与传播特征研究［D］. 长春：吉林大学，2020.
③ 董娜. 基于用户生成内容的短视频网络舆情传播生态系统构建［J］. 图书馆，2022（04）：73-81.
④ SUSARLA A, OH J H, TAN Y. Social Networks and the Diffusion of User-Generated Content: Evidence from YouTube［J］. Information Systems Research, 2012, 23（01）：23-41.
⑤ KIM J. The institutionalization of YouTube: From user-generated content to professionally generated content［J］. Media, Culture & Society, 2012, 34（01）：53-67.
⑥ 赵宇翔，范哲，朱庆华. 用户生成内容（UGC）概念解析及研究进展［J］. 中国图书馆学报，2012，38（05）：68-81.
⑦ 刘婷艳，王晰巍，贾若男，等. 视频网站用户生成内容国内外发展动态及发展趋势［J］. 情报科学，2020，38（10）：133-140.
⑧ 翟姗姗，弓越，查思羽，等. 基于UGC的非遗短视频传播力测度研究［J］. 现代情报，2023，43（01）：110-119.

中国文化传播研究，也只在关注中国文化在海外新媒体传播的创新路径[1]以及发展的案例与策略[2]，并且对海外新媒体平台中的中国文化用户生成内容（CUGC）以及相关内容在新媒体平台上的传播特征和用户行为缺少关注和研究。本研究结合在信息领域热点研究方向——UGC内容，重点关注在跨文化传播中的UGC，并以UGC的传播力作为衡量中国文化在跨国语境中的传播水平。考虑到新媒体平台的跨文化传播中缺乏数据的量化研究，本研究具有一定的创新性。

三、日本语境下的中国文化传播类短视频TikTok传播情况分析

TikTok（抖音海外版）是字节跳动继抖音短视频之后推出的国际短视频社交平台，自2017年5月推出后迅速席卷全球，并在问世的几年中热度不减。根据Cloudflare公司提供的有关数据，TikTok是2021年全球访问量最大的互联网站点，超越了原本位居第一的美国搜索引擎Google（谷歌）。2022年10月，TikTok全球日活跃用户数量超过了10亿。TikTok的走红与其UGC短视频创作模式密不可分，声色并茂的短视频与无门槛的创作要求推动了真正意义上的"全民创作、全时操作、全球连线"。TikTok不仅仅是一款UGC短视频社交软件，从某种意义而言，它可以作为带有文化隐喻的公共外交和文化宣传平台，能够有效提升国家在国际社交媒体中的影响力与可见度。TikTok上的中国文化特有的非主流叙事短视频也能够与宏大叙事的国家宣传片形成互补，有利于建构更加饱满、真实、立体的中国形象。通过分析中国文化在日本语境下的文化传播类短视频在TikTok的传播情况，有助于对中国文化向日本输出的传播效果做出科学的研判，探寻中国文化在日本地区，乃至世界地区范围内更好的传播模式。

截至2023年4月，中国文化类短视频在海外TikTok平台上拥有众多的热门话题，考虑到平台性质、用户特征、传播效果、研究目的等因素，研究工作对视频形式的数据进行研究，探究短视频文化的传播效果。笔者使用了Python工具抓取2022年10月—2023年4月在TikTok中发布的UGC短视频内容，以及对应的点赞、评论、转发等网络用户信息行为数据。主要研究为中国文化的四个具象化话题（#漢服、#中華料理、#中国アニメ、#中国語），这些具象化话题往

---

[1] 戴华东. 跨文化视域下中国社交媒体APP的国际化探索与实践：以抖音海外版TikTok为例[J]. 传媒，2022（21）：65-67.

[2] 敖永春，周晓萍，马鑫. 基于TikTok平台的中华文化国际传播创新路径[J]. 传媒，2022（22）：72-75.

往会在短视频的简介中以增加标签(#tag)形式来表现主题。

(一)中国文化短视频在日本语境中的多维度分布

通过采集 TikTok 平台获取的相关数据,对新媒体时代下的跨文化传播进行研究,可以发现当前流行文化趋势由以前的 BBS 或者长视频网站向短视频转移。短视频具有拍摄技术便捷、创造门槛较低、人人均可投放等优势,也印证了在不同文化语境中短视频的流行趋势。近年来,新媒体传播环境更加宽泛自由,进一步突破时空区域限制,多个短视频平台(TikTok、快手等)凭借其播放时长短小精悍、具有强互动性等特点快速走红网络,随之吸引了越来越多的新媒体平台开始关注并转向短视频信息传播模式。笔者将从 TikTok 平台抓取到的中国文化类短视频数据进行时长分类,可得出短视频所发布的视频播放时长分布情况如图 4-1 所示。短视频播放时长主要集中在 1~3 分钟(230 条,占比 36%);3~5 分钟的视频新闻数量排在第二位(180 条,占比 28%)。此外,17%(113 条)的视频播放时长在 1 分钟以内,14%(94 条)的视频播放时长 5~10 分钟,5%(33 条)的视频播放时长在 10 分钟以上。

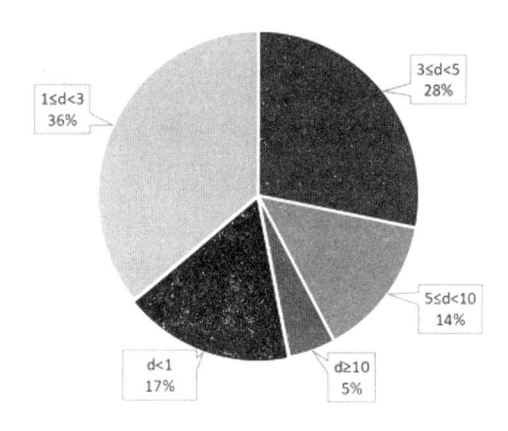

图 4-1 短视频播放时长分布

在此基础上,研究工作还依据短视频不同的制作形式,将短视频类型分为实拍视频、转载视频、改编视频、新闻采访以及广告投放五类;根据短视频制作内容分布,将类型分为社会、旅游、艺术、科普和体育五类。根据通过对所采集的短视频进行分类统计,分别得到中国文化类主题视频的内容分类及制作类型分类的分布如图 4-2、图 4-3 所示。

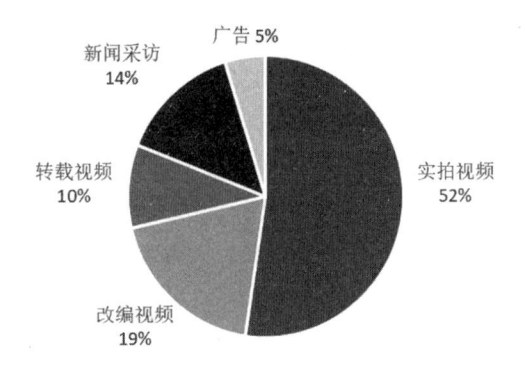

图 4-2　中国文化类短视频制作类型分布

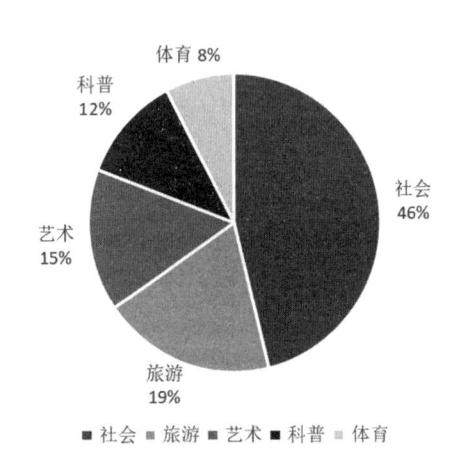

图 4-3　中国文化类短视频制作内容分布

(二) UGC 短视频信息传播影响力分析

1. 中国文化短视频传播效果特征量分析

UGC 短视频的点赞、转发、评论数来源于用户在传播过程中产生的互动与交流，转评赞的数据量与视频受关注程度基本成正相关。其统计指标如表 4-1 所示。

表 4-1　短视频传播影响力指数指标及其权重分布

点播指数 I_p (0.30)	视频点播数量 p (1.0)	
互动指数 I_i (0.35)	评论数量 i_1 (0.60)	点赞数量 i_2 (0.40)
利用指数 I_u (0.35)	转发数量 u_1 (0.60)	收藏数量 u_2 (0.40)

在 TikTok 平台中的点赞数、粉丝数以及总获赞数大部分常以万（w）为单位显示，因而本文在进行计算时，将以万作为计算单位。按照均值从高到低排序，点赞数均值高于评论数均值，高于转发数均值。在 TikTok 互动体系中，点赞是用户对短视频喜爱与认可的最直观的表现，是用户最容易操作的方式。一般来说，短视频点赞数远大于评论数量（中国文化类短视频平均点赞数为 5 万，而评论和转发量为 4000 和 3000），说明中国文化类短视频在传播中的信息交互水平较低，对短视频信息的深度互动有所不足。而本研究关注的中国文化类短视频传播力强弱的外在表征，其深度与广度均受到了短视频发布者与接收者的影响。一方面，传播主体属性会对传播力产生影响：粉丝数可以表征用户影响传播范围的大小；总获赞数代表着用户对其所生产内容的喜爱程度，总获赞数越高，则表示其生产创作高质量短视频的能力越强，其传播能力就越强；动态数、总作品数是视频生产者活跃程度的体现，较为活跃以及发布视频质量较高的发布主体更容易获得认可与关注。另一方面，短视频的传播效果也与该条短视频在一定时间内的互动数据息息相关，用户在接收到信息后，产生的互动行为是短视频传播效果的直观体现之一：点赞数反映了信息接收者对于该段视频内容的认可；评论是接收者对于该视频的思考与看法，是更深层次的传播；转发数则体现接收者进一步传播该视频的意愿。

目前可将 TikTok 类的社交平台对用户信息行为的影响主要归结为三类：信息需求行为、信息互动行为、信息利用行为。用户信息需求是指用户面对海量信息，用户基于自身生理和心理等多方面需要而产生的了解外在世界的一种冲动，包含了用户对信息的渴望与要求，属于主观体验。在 TikTok 平台上，用户可以对自己喜欢的或者感兴趣的视频点赞；当遇到想要深入互动的作品，可以利用评论功能进行实时评论，以上功能均属于用户的信息互动行为。根据该平台的操作模式，用户在进行点赞时的操作成本为最低，用户选择对当前视频进行评论所花费的时间成本为最高。结合视频平台用户信息行为特征，研究工作将点赞数量权重设置为 0.4，评论数量权重设定为 0.6。根据公式（1）可以计算出单条视频中用户的信息互动指数 I_i：

$$I_i = 0.6\, i_1 + 0.4\, i_2 \tag{1}$$

信息利用行为指的是用户利用搜索功能或者在浏览其他信息时，无意中获得的有效信息来满足个人信息需求的行为。用户在观看短视频的过程中遇到有用的视频信息时，会选择使用转发或者收藏功能，以便于整理有用的碎片化信息，这种功能有效地提高了用户对信息利用的效率。在 TikTok 平台上，用户收藏短视频后，只能自己在以后需要的时候利用信息；而转发短视频不仅可以使自己利用信息，还可以将信息分享至其他平台的好友，这些功能使得信息的利用更加便捷。因此，研究工作将收藏数量的权重设置为 0.4，将转发数量的权重设置为 0.6，采用公式（2）计算单条视频中用户的信息利用指数（I_u）。

$$I_u = 0.6\, u_1 + 0.4\, u_2 \tag{2}$$

通过计算发布量、播放量、评论量、点赞量、转发量及收藏量对不同类别短视频的传播影响力进行综合测算。短视频传播影响力（VDI）将通过公式（3）进行测算：

$$\begin{aligned} VDI &= 0.3\, I_p + 0.35\, I_i + 0.35\, I_u \\ &= 0.3\, \frac{1}{N}\ln\left(\sum p + 1\right) + 0.35\, \frac{1}{N}\ln\left(0.60 \sum i_1 + 0.40 \sum i_2\right) \\ &\quad + 0.35\, \frac{1}{N}\ln\left(0.60 \sum u_1 + 0.40 \sum u_2\right) \end{aligned} \tag{3}$$

公式（3）对 TikTok 中抓取的中国文化类短视频信息传播影响力的各项指标赋予权重并进行计算。其中 I_p 代表视频点播指数，I_i 和 I_u 的分别代表用户信息互动指数及信息利用指数。考虑到短视频点播数量以及评论、点赞等信息行为数量相差悬殊的问题，在计算中分别对相关数量值取对数从而去除量纲的影响。为防止出现 0 值的对数计算，对视频点播指数、用户信息互动指数及信息利用指数三项合计量进行+1 处理。具体的研究中将分别从视频播放时长、视频内容、制作形式等不同维度计算并分析短视频新闻的传播影响力。

2. 中国文化短视频的传播力测度分析

根据熵权法所得权重，利用标准化后的数据进行每条中国文化类短视频传播力得分计算，其结果如图 4-4 所示。

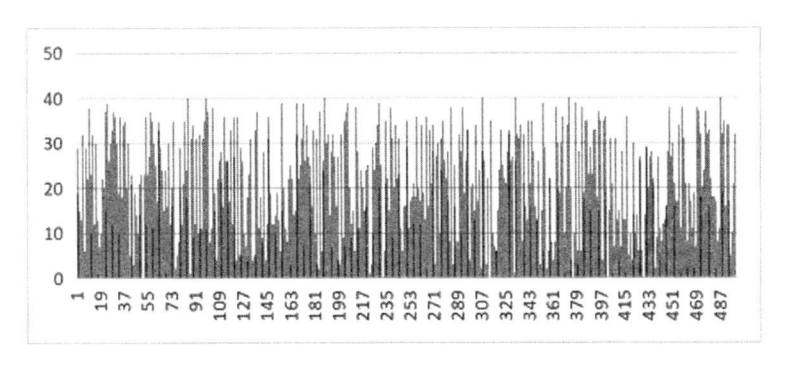

图 4-4　中国文化短视频传播力得分

为了更加清晰准确地对基于中国文化短视频传播力进行分析，本文利用标准化后的数据计算每条中国文化类短视频的传播力数值，以及中国文化短视频各特征维度的得分。从图 4-4 中可以看出，中国文化类短视频整体的传播力得分较低，传播力得分在 5~15 之间分布较为密集，仅有少数中国文化类短视频的传播力得分超过 20 分，传播力最大值不超过 40 分，强传播力的短视频较少。整体来看，在日本区域投放的中国文化类短视频的传播力水平较低，传播现状不容乐观。

3. 短视频发布数量与播放时长分析

探究影响短视频传播效果的因素，研究工作根据中国文化类短视频播放时长进行分组（如表 4-2 所示）。在考虑多种综合因素的情况下，播放时长大于等于 5 分钟且小于 10 分钟（5≤d<10）的中国文化类短视频的传播影响力指数最高，达到了 8.46。同时还可以发现，此类短视频的发布数量并不高（9 条）；相反发布数量最多的播放时长大于等于 1 分钟且小于 3 分钟（1≤d<3）的短视频的影响力指数并不高。这一结果进一步证实了短视频的发布数量对视频的传播影响力没有显著的影响。

表 4-2　不同播放时长的短视频影响力指数

时长	发布数量 N	点播指数 I_p	互动指数 I_i	利用指数 I_u	影响指数 VDI
d≥10	33	10.30	5.08	3.91	6.32
5≤d<10	94	11.70	7.47	6.68	8.46
3≤d<5	180	11.26	6.51	5.63	7.62
1≤d<3	230	11.11	6.23	5.33	7.33
d<1	113	11.50	6.01	5.52	7.57

从表中的点播指数看，播放时长小于 10 分钟的短视频的点播指数较高，说明现代社会的年轻人更倾向于利用自己有限的闲暇时间浏览中国文化视频，对需要长时间播放的中国文化视频并不感兴趣。由于播放时长大于等于 5 分钟且小于 10 分钟的中国文化类短视频，相比播放时长更短的中国文化类短视频可以涵盖更丰富的中国文化内容，能够更丰富地传播中国文化所要表达的信息，同时还能够满足用户在较短的时间内了解新鲜事的信息需求，所以其点播指数最高，并且在互动指数与利用指数上也获得了高分。此外，播放时长大于等于 10 分钟（d≥10）的短视频的互动指数与利用指数两项指标都很低，这很可能是由于这些中国文化类短视频中的大部分视频关闭了收藏功能以及弹幕功能。上述结果表明，短视频的发布数量并不能提高短视频的传播影响力，一味增加视频的发布数量未必会带动受众的各项在线信息行为。为了对中国文化类短视频的传播影响力有更进一步的探究，研究工作结合短视频发布的内容与视频剪辑的类型，进一步挖掘其对中国文化类短视频信息传播的影响。

传统的文化短视频测评体系中，发布信息的数量也会一定程度地影响信息传播的影响力。通常话题中发布信息的数量越多，表明其影响力就越大。研究工作采用公式（3）对中国文化发布的视频中国文化的传播影响力（VDI）进行计算，涵盖点播、评论、点赞、转发等多种因素，从更综合全面的角度考察短视频的传播影响力。结合前文图 4-1 中每日短视频发布的数量，以影响力指数为纵轴，发布日期为横轴，得到结果如图 4-5 所示。

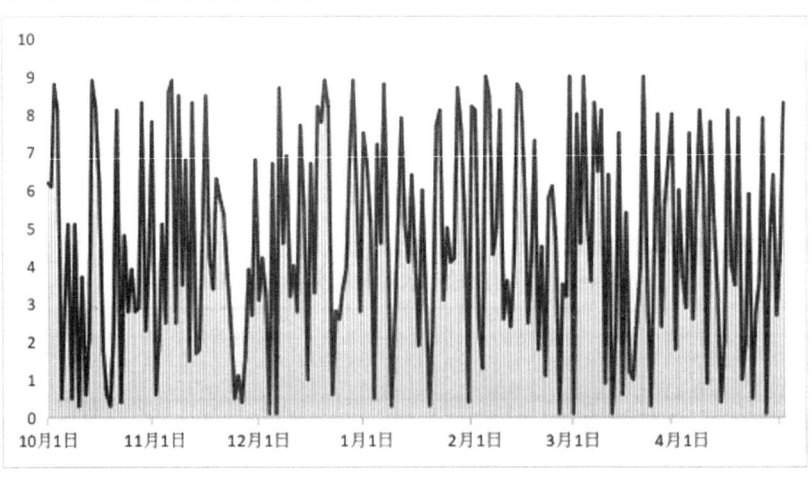

图 4-5 中国文化短视频日影响力

4. 中国文化短视频内容分类与制作形式分析

为了进一步对短视频信息传播影响力进行更全面的考察，研究工作根据所建立的短视频影响力测算指标，分别从短视频内容分类和制作形式的视角测度其信息传播影响力，包括点播指数、互动指数、利用指数，以及加权后的影响力指数。以短视频内容分类或制作形式为横轴，各项指数得分为纵轴，得到文化类主题发布的中国文化类短视频的相关测算结果如图 4-6、图 4-7 所示。

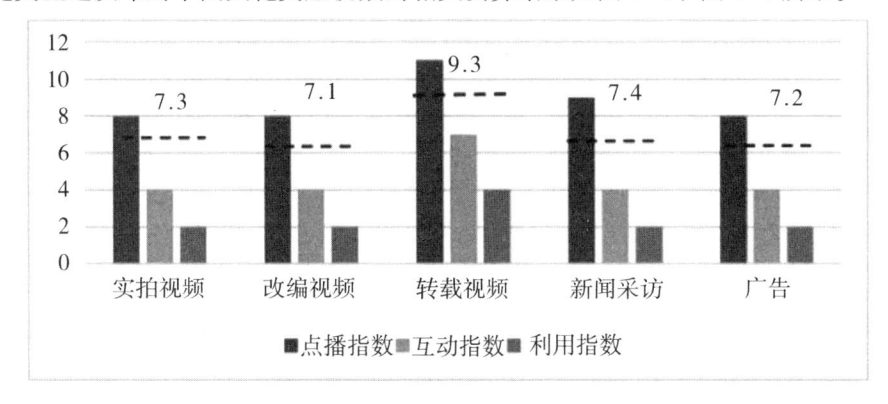

图 4-6 不同制作形式的影响力指数

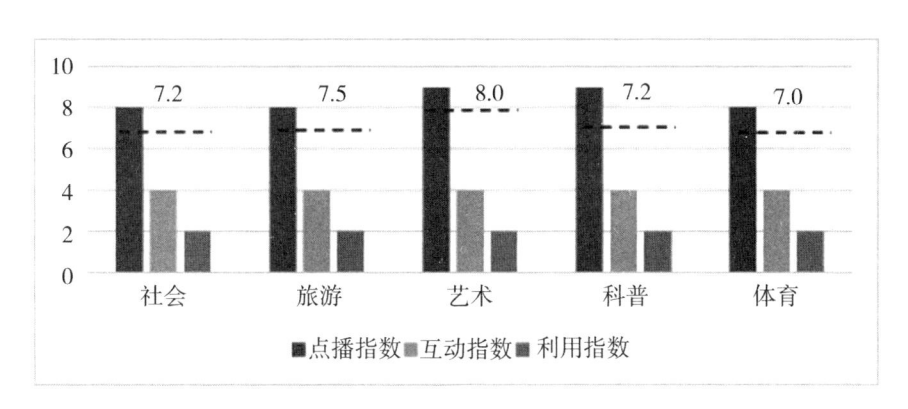

图 4-7 视频内容的影响力指数

图 4-6、图 4-7 分别为按照短视频内容分类和按照制作形式分类的各项指数得分情况。其中虚线位置对应加权后的综合影响力指数得分。从综合影响力

指数来看，在内容分类方面，艺术类内容（9.299）以及音MAD[①]（8.925）类短视频影响力指数较高。这与短视频信息传播以年轻人为受众群体，以及年轻人高同步、快重复、BGM节奏明显为特征的网络文化背景有关。尽管此类短视频在文化传播类的短视频中占比较小，但是其在年轻的受众人群中传播影响力更大。在制作形式方面，转载类（9.602）与改编类（7.702）视频的综合影响力得分位居前两位。通常而言，转载或改编类视频往往全部或部分基于其他权威机构已发布的视频信息，在保障真实性与权威性的同时，转载和改编工作实际上是在优秀的资料中选择最为精华的内容。

由上述分析结果可以得出影响短视频传播效果的两个关键因素，即质量与受众。由网络环境中孕育出的短视频，其传播影响力受到受众群特征的影响。越是符合年轻受众信息行为特征的短视频越容易获得更大的影响力。除此之外，还要考虑到短视频制作的水平，在保障可读性的条件下，越是精华的短视频越能够获得更大的影响力。

5. 小结

本研究根据改进后的信息传播影响测度指标，以日本语境下的中国文化短视频为研究案例，结合短视频发布数量、频内弹幕、播放时长、视频内容、制作形式等多种因素，对UGC短视频信息传播的影响力进行分析。综合前述分析结果，研究工作初步得出以下结论：

第一，视频播放时长对UGC短视频传播效果具有显著的影响。研究发现，播放时长为5~10分钟（$5 \leq d < 10$）的中国文化类短视频的传播影响力指数（VDI）最高（参见表4-2）。反映了不同的视频播放时长与用户的信息行为之间存在一定的关系，播放时长大于10分钟的短视频会增加用户的时间成本，而时长为5~10分钟（$5 \leq d < 10$）的中国文化类短视频则能够在不过度增加用户时间成本的前提下提供更丰富的信息。

第二，受众特征与制作水平是影响短视频传播效果的重要因素。研究中针对不同视频内容及制作形式的分析发现，艺术类的视频更容易在点播、互动、利用等方面取得突出的表现（参见图4-7）。UGC短视频传播形式自身的粉丝群体偏向于青年化、潮流化，因此受广大青年受众喜爱的内容在一定程度上具有

[①] 音MAD，即动画音乐视频。源自1978年日本大阪艺术大学音乐社团成员MAD岛川氏等人开创的一种演奏方法，能够弹奏主旋律不同但可以正常衔接的音乐。MAD取自MAD岛川氏的这一艺名。1990年以后，伴随着计算机技术的发展，剪辑音频素材开始演变为剪辑视频素材。音MAD，成为一种对音视频素材进行二次加工来使其具有音乐性与艺术性，与音乐有一定同步感的视频。

更好的传播效果。在制作形式方面，转载类（9.602）与改编类（7.702）视频的综合影响力得分位居前两位（参见图4-6）。这一结果表明在保障中国文化真实性与权威性的同时，在已有优秀资料中选择或优化精华的内容，同样是提高中国文化类短视频传播影响力的有效途径。

第三，增加互动性能够有效促进短视频传播过程中的即时影响力。中国文化类短视频区别于传统视频、音频、文字的一个重要特征是具备互动功能（包括TikTok推出的点赞、收藏、关注、转发以及加入群组功能）。研究中发现，互动数量和播放数量具有很好的相关性。这一结果表明，UGC短视频互动可以像普通评论一样作为一项视频传播影响力的测度指标。特别是在建立受众的"即时共情"方面，UGC短视频互动凭借其即时性特征更有利于受众的即时参与互动并表现出更强劲的传播影响力。研究工作按照不同的权重设置中国文化类短视频传播影响力测算指标，从多个维度对中国文化类短视频的传播影响力进行测度。研究中获得的相关结论能够帮助相关新媒体部门利用短视频了解跨文化传播的痛点，并正确引导在外国文化语境网络中的科学传播。研究中也存在尚不完善之处，用户的相关信息行为数据（点赞量、评论量等）虽有一定的代表性，但无法从用户情感层面测算出用户的参与行为。未来的相关研究将会采集更广泛的数据（用户评论、互动的文字内容）进行更深层次的观点挖掘，以期更全面深入地探索和揭示新媒体平台信息传播发展的特征与规律。

四、未来日本地区中国文化类短视频传播策略

在新媒体时代运用UGC短视频平台（TikTok等）推进中国文化的国际传播，是打破中外沟通壁垒的有效策略，有利于我国突破现阶段被西方媒体语境围堵的困境。但通过前文数据及研究结论可以发现，当前在日本区域投放的中国文化类UGC短视频的传播力水平整体偏低，传播效果较弱，尚有较大改善空间。如想打破当前桎梏，需要进一步探寻中国文化类短视频未来在日本地区的传播策略。

第一，UGC传播主体"去中心化"，激发创造动能。UGC短视频平台具备了"人人均是视频创造者"这一特性，与传统官媒发布的宏大叙事作品相比，UGC短视频发布者的作品往往更加"接地气"。传播主体的下沉使得每一位创作者都能够在UGC平台上用自己的方式发声，优秀的中国文化创作作品能够获得百万、千万人次的传播。可与优质网络红人进行合作，通过引流方式提升中国文化热点的曝光度，或推出"中国文化优秀作品激励计划"等措施，激发创造动能，鼓励更多的UGC创作者为中国文化发声，"去中心化"对外传播网络

将在无数个性化思维与连接中诞生，这将成为多频共振的文化传播图景。①

第二，推动中国官方媒体入驻日本UGC短视频平台。根据前文结论，在保障中国文化真实性与权威性的同时，在已有优秀资料中选择或优化精华的内容，同样是提高中国文化类短视频传播影响力的有效途径。目前，入驻日本UGC短视频的官方媒体主要为《中国日报》、新华社等新闻媒体，发声范围多数集中于政治领域、官方宣传等，但中国文化方向的官媒数量较少。推动文化类官媒入驻日本UGC平台，设置优质的文化宣传热点，或增加与海外受众的互动环节，在激发海外受众热烈讨论中华文化的同时，还能对中国文化进行宣传科普，引导海外受众更加主动、客观地看待真实的中国。

第三，打造中国文化特色话题标签，强化文化互动。UGC短视频平台中的作品热度往往与其话题标签（#tag）具有强关联性。在TikTok的日语区中对"中文"的话题标签（#中国語）进行检索，含此标签的视频播放量高达389万；话题标签为"汉服"（#漢服）的视频播放量为110万；话题标签为"中国菜"（#中華料理）的视频播放量为260万。具有鲜明的中国文化特色的话题标签能够成为海外受众了解中国文化、认识中国的快速通道，也是一扇世界认识中国的新窗口。第一视角亲历中国文化的情景过程由短视频记录并传播给海内外受众，新奇感与体验感能够更好地激发海外受众对中华文化的参与感和认同感。如今，我们能看到越来越多的外国友人在海外街头穿起汉服，在屏幕前分享着中国美食。同时，一个具有热度的话题标签能够形成联通效应，实现"以点带面"，盘活更多的中国文化话题标签。

[本稿系国家社科基金教育学项目"我国国际传播人才培养的现状、问题与对策研究（BGA220159）"的阶段性成果。]

作者：魏嘉欣　中国传媒大学

---

① 戴华东. 跨文化视域下中国社交媒体APP的国际化探索与实践：以抖音海外版TikTok为例[J]. 传媒, 2022（21）: 65-67.

中国游戏产品在日本传播效能评价与提升策略

一、日本的游戏传播环境与相关政策

（一）日本的游戏传播环境

日本的游戏传播环境与经济呈现强相关性，超高的游戏付费率体现了日本游戏玩家的高储值额、高忠诚度。日本的手游市场拥有着全球最高的ARPU值，平均单用户付费是北美的1.5倍，是西欧的2.5倍。中国游戏出海日本市场有较大经济获益空间。[1]

从游戏传播的文化环境而言，日本本土的游戏文化拥有较大的影响力。文化差异是海外游戏厂商进驻日本首先要面对的问题。被日本本土玩家接受是游戏厂商在"出海"时的关键问题之一。传统的日式游戏过去一直对日本玩家影响很大，因此，中国的游戏开发者也经常或多或少地模仿日本的游戏开发思路。在一定程度上，较之于其他国家的游戏，日本玩家接受中国游戏的门槛会低一些。

日本本土游戏行业巨头一般聚焦在游戏主机市场。以任天堂为代表的本土游戏厂商在试水手游市场后，未达到收入预期，转而将开发资源回归主机市场，为中国游戏出海在日本市场的竞争中扩大了生存的空间。

日本游戏行业的传播环境，从整体上而言包括以下特征：移动游戏市场潜力大，本土厂商仍然占据一定优势，日本本土的本地化限制明显。

首先，移动游戏市场潜力大。随着许多游戏应用程序可在Android和iOS上下载，在线移动游戏已成为日本游戏玩家的热门选择。2022年度，日本的手机端移动游戏市场规模已经超过192亿美元，成了世界手机游戏的第二大市场，

---

[1] Sensor Tower. 2022年上半年日本移动游戏市场洞察 [EB/OL]. 互联网数据资讯网，2022-08-08.

仅次于美国。① 此外，日本在移动游戏行业占有重要份额，占全球市场近四分之一。

其次，本土厂商依然占有一定优势。日本市场是一个对本地化要求非常高的市场，排名在前列的基本都是日本的本土游戏。过去的主机游戏大厂的涌入让日本市场的寡头化情况有所缓解，但是从整体上看，日本本地的老牌厂商或大厂仍然占据优势，如索尼、任天堂和世嘉等在全世界都享有盛名。

最后，日本本土的本地化限制。游戏产品在日本需要做本地化调整，即便是教育程度较高的地区，如果没有本地化，也很难得到日本玩家的认可。使用本地货币是为了确保为玩家提供正向和无缝的游戏体验，游戏开发商必须遵守了解用户须知（know your customer, KYC）政策，这就要求在日本的游戏、网站和服务以及游戏交易都必须使用本地货币（日元）。除此之外，日本还发布了防氪金法案，对青少年氪金提出了限制，比如，JOGA（日本在线游戏协会）在其《网络游戏安心安全宣言》中对青少年充值做出限制，网络游戏公司应为了防止未成年玩家超额充值、意外充值采取充值限额。

制约中国游戏出海日本的一些其他相关政策以及本土环境，包括网络游戏公司应设置未成年人检测、日本对游戏开发端的相关规定、移动设备差异大导致的游戏手机端软件适配问题、日本面向海外游戏公司的税制改革等。

日本规定网络游戏公司应设置未成年人检测。应在用户开始游戏时确认是否为未成年人；在用户使用付费服务时检查用户是否为未成年人，充值页面的充值提示玩家年龄是否为16岁以下；在用户充值超过上限仍继续充值时须再次确认用户是否为未成年人；邮件沟通需要批准文件日本特殊商业交易法（Specified Commercial Transactions Law, SCTL）规定②，应保护日本消费者避免受到不公平商业交易的侵害，因此，在日本向用户发送商业邮件时必须提前取得批文，否则属于违法行为。

日本对游戏开发端的相关规定表明，游戏开发者需要严格遵守KYC政策和SCTL要求，如果因违反相关政策而招致玩家不满，玩家可以直接联系日本国家消费者事务中心，导致游戏和工作室被罚款，甚至被禁止进入日本市场。

移动设备差异大导致的游戏手机端软件适配问题。日本手机型号差异也很

---

① 李嘉瑜. 2023年日本移动游戏行业市场现状及竞争格局分析 市场规模达196亿美元［EB/OL］. 前瞻网，2023-02-15.
② Gamelook. 日本游戏市场指南：出海前先摸清这些规则［EB/OL］. 游戏狗手游网，2019-09-02.

大，苹果设备都相差无几，但是在安卓方面，日本用户主要采用的是当地品牌的设备，如索尼、三洋、夏普等，这些品牌在国内市场占有率较低，日本安卓机型的性能提升也较为滞后，因此在游戏适配上会出现问题。

2022年12月，日本内阁会议通过了2023年度税制改革大纲，其中列入了对国外游戏强化征收消费税进行讨论的内容。日本财务省将在大型IT企业听证会，以及相关各方参与的研讨会上进行讨论。日本当局计划修改2024年度以后的消费税法。据日本媒体推测，日本很有可能会借鉴欧洲的做法来推进制度设计工作。日本政府的举措更多还是出于经济目的。一方面，日本政府此举是为了弥补税收方面的漏洞；另一方面，日本智能手游市场不断扩大，在总体财源有限的背景下，日本政府开始试图从中分得利益，以提升国民经济收入。GAFA①从日本国内市场攫取到了丰厚的利润，而日本本土的企业却很难从中分得一杯羹，最终使日本本土企业在与GAFA的竞争中，越发处于劣势。因此，日本政府此次计划征税，实际也是出于保护国内市场发展、避免本土市场完全被美国企业所占据的目的。

（二）日本的游戏产品相关法律制度

伴随着中国游戏企业向日本拓展市场，仅仅数年时间，走入日本的中国游戏制造商已经打造出不少"爆款"游戏，且占据各类排行榜单前列。

在海外游戏市场中，日本作为全球第三大游戏市场，游戏文化历史悠久，玩家付费意愿高，ARPU（average revenue per user）值居全球第一。这也让日本成为游戏企业出海的必选目的地，中国游戏厂商凭借着成熟的技术以及游戏中特有的故事发展情节在日本的市场占有率不断攀升。悠久的游戏文化背景也促成了日本游戏行业相关法律法规的发展，这也同时要求海外游戏公司在进入日本前应做好充足的合规审查以避免出现违法违规行为。

1. 投资准入门槛以及公司注册方式

在游戏行业投资准入门槛及分支机构设立选择方面，首先需要确认游戏公司在日本的成立方式，比如，是否在海外设立公司、设立何种类型的公司等问题。根据《日本商事法》相关规定，外国投资者在日本进行投资的行为需要受日本外汇法的规制②，如有可能明显影响日本经济而受规制的行业，需要事先申报，经过申报批准后方可从事相关行业。根据相关规定，可以明确的是游戏行

---

① GAFA，即谷歌（Google）、苹果（Apple）、脸书（Facebook）、亚马逊（Amazon）全球四大网络巨头的合称。
② 鸿常夫，沙银华. 战后日本商事法的回顾和展望［J］. 法治论丛，1992（04）：41-45.

业并非受限制行业，对日本境内游戏行业的投资不需要进行特别的申报或审批。

外国投资者在日本从事游戏发行运营，需要提前考量如何设立运营主体，一般有两种选择：一是设立新公司（设立株式会社）；二是设立在日本的分公司。不同的法人主体分类及相关设立手续，企业可以根据运营收入和风险责任大小，选择不同的方式。

2. 游戏预付式支付的备案制

日本国内对游戏充值行为实行"备案制"。线上游戏通常会涉及充值收费行为，即"预付式支付方式"，该收费行为受到日本《资金决算法》的规制。根据日本《资金决算法》相关条款，预付式支付方式分为"自家型的预付式支付方式"和"第三方型的预付式支付方式"。

其中，"自家型的预付式支付方式"是指支付方式的发行人和游戏服务的提供方为同一人（母公司与子公司或者同一母公司下的兄弟公司等关联公司情况，也视为同一人）。需要特别注意的一点是，日本的这种"自家型的预付式支付方式"采用事后申报制，在日本每年规定的基准日①前，向日本内阁总理大臣进行余额申报。当然实际上该程序被授权给日本金融厅长官或者财务省在各地的财务局局长或支局局长具体处理，即日本国内的"监管部门"。另外当发行机构的发行情况发生变化时，也应该及时向监管机构进行报告。

备案的内容应包括姓名、商号或名称及住所地、注册资本及出资额（如法人），发行预付型支付方式业务相关经营场所的名称和所在地、法定代表人或管理人（如法人），基准日未使用余额，预付型支付方式的种类、名称、支付限额、期限等，预付型支付方式发行和使用相关的使用者投诉及咨询的联络方式等。之后，监管部门会将相关备案信息向社会进行公示。

为保护消费者的利益，若游戏内货币未使用余额超过1000万日元的，发行方还应当在提交备案报告时将游戏内未使用的余额的一半作为发行保证金进行提存，消费者在保证金范围内有先于其他债权人受清偿的权利。在提交备案报告时，要将游戏内未使用的余额的一半进行提存。

如果有的公司达到1000万日元的余额但不进行备案，根据资金决算法的规定，属于应备案不备案的情形，公司的法定代表人要被判以6个月以下的拘役，同时还可能会处以公司50万日元以下的罚款。

"第三方型的预付式支付方式"是指支付方式的发行人和游戏服务的提供人非同一人的情况（类似平台币）。日本的相关法律规定，"第三方型的预付式支

---

① 在日本国内，财务规定的"基准日"每年有两次，即3月31日和9月30日。

付方式"采取预先登记制，支付方式的发行人需取得金融资质，并需在相关业务展开前向相关监管部门提交审批，经过严格审查、登记和公示后才能进行发行活动。

在现实层面上而言，游戏公司通常采用的多数为"自家型的预付式支付方式"。当然，无论最终采用何种预付式支付方式，相关业务的账簿必须进行书面记录、保存并定期向相关监管部门进行报告。

目前，中国尚未有单独正式施行的法律法规对其进行规制，充值方式也是多种多样，因此中国游戏在出海时要格外注意当地国家在政策上的不同。

3. 游戏所涉"景品"的合规性

日本《景品表示法》及相关法律法规对"景品"的最高价格、总额、种类、提供方式及商品限制等方面做出了规定。"景品"可以理解为赠品、奖品的意思。《景品表示法》中关于"景品"的适用要件规定包含了"引诱顾客性""交易附随性""经济利益性"，符合这三个要件的商品或行为即会受到该法的规制。线上游戏中可以用来兑换游戏内道具、商品或现金的游戏货币、积分，满足上述关于适用《景品表示法》的要件，在游戏中设置奖励等环节时需要充分考虑到此类限制。

"景品"受到的限制除商品质量、提供方式等一般性规定之外，比较值得关注的是价格限定的相关规定。日本公平交易委员会公布的《悬赏景品限制》中，第二条规定"悬赏的景品价格不得超过悬赏交易价格的20倍，同时最高金额不得超过10万日元"，第三条规定"悬赏的景品价格总金额不得高于交易总额的2%"。

日本监管部门认为电竞奖金是游戏中的"景品"，因此当前日本境内的电竞赛事奖金均不得超过10万日元，这在某种程度上也打击了电竞赛事的举办方和参与方的热情。为了促进电竞行业的发展，不少相关从业者提出了取消或修改上述限制的提案，但目前立法层面还未做出回应。在当前实践中，可以由第三方作为主办方来组织、运营赛事并发予奖金，这种赛事的主办方并非游戏公司的情形下，奖金往往不会视为游戏服务的一种"赠品"。

4. 游戏分级制度

日本游戏行业有明确的年龄分级制度，由 Computer Entertainment 机构（CERO，NPO法人）根据游戏企业的委托，根据自身的伦理规定制定。审查对象包括在日本国内贩卖的一般面向家庭的游戏及部分电脑端和手机游戏。主要考虑因素有是否涉及性、暴力、反社会的言语、行为或类似关联表现等以及其严重程度，CERO根据年龄将游戏推荐对象分为全年龄段（黑）、12周岁以上年龄段

（绿）、15 周岁以上年龄段（青）、17 岁周岁以上年龄段（橙）、18 周岁以上年龄段（红）五级。针对"18 周岁以上年龄段（红）"的销售、展示等 CERO 还发布了特殊规则，例如，仅面向 18 岁以上玩家销售，有限度地展示游戏试玩，须放置在儿童无法拿取的高度等。

CERO 是一个行业自治组织，其分类标准和方式是基于自身特有的评判标准，并非依据法律法规，原则上缺乏法律约束力。上述年龄分级也是指对象年龄或者游戏推荐年龄，理论上超过年龄层购买游戏并不会触及违法行为。但需要注意的是，日本的一部分自治体依据 CERO 的年龄分级标准将面向 18 周岁以上年龄层的游戏纳入了"有害图书"的范围，此时《青少年保护育成条例》便赋予该分类的行政条例的效力。因此，中国游戏企业出海时仍建议明确其游戏在日本的适合年龄段定位，并据此调整游戏内容。

手机端、PC 端游戏出海日本除了官网发布外，还有可能采取通过苹果应用商店、谷歌商城、steam 等平台方式进行发行，因此除了注意日本游戏行业的分级制度外，还需要遵循各大平台自身游戏发布规则。总之，中国游戏企业出海时仍建议明确其游戏在日本的适合年龄段定位以及注意各大发布平台的平台规则，并据此调整游戏内容。

5.《关于为青少年创造安全安心的上网环境的法律》

日本早在 2008 年就颁布了《关于为青少年创造安全安心的上网环境的法律》。根据该法的立法精神，互联网从业者应利用互联网的有利条件对青少年进行正面教育和引导，并采取措施向青少年提供有害信息过滤服务，政府部门应推动和支援相关民间团体进行普及和推进。

日本游戏行业的民间自治组织，如 JOGA、CESA、CERO 等行业委员会均制定了针对青少年保护的标准和指引，比如，要求游戏公司应设置未成年人检测，游戏软件用户注册时填写是否属于未成年用户，并针对未成年人每月的购买金额进行最高额限制。尽管该等行业组织的规定不具有法律意义上的拘束力，但这些规则作为行业指南，是监管部门在执法实践中的重要参考。日本的行业组织发展比较完备和系统，因此建议各游戏厂商在发行游戏前，可以参考行业组织官网公布的指引。

6. 游戏页面内与玩家进行邮件沟通需要批准文件

为了随时保持与玩家的联络与互动、保证活动更新的传达，大多数的游戏开发商一般都会选择通过适时的更新和活动以大幅提高玩家参与度。但作为特殊商业交易法的一部分，为了保护日本消费者免于不公平商业交易，在日本未经允许不得向用户发送没有批文的商业邮件。为与游戏玩家保持及时沟通，游戏方需获得电子邮件批文，而且从发送日期开始，批文在相关部门保留3年。

（三）日本游戏产品市场现状

近5年来，尤其是经历过新冠疫情后，受"宅文化"与"宅经济"的深刻影响，日本本土的游戏市场呈现上升趋势。日本游戏市场规模逐年攀升，占据全球游戏市场比重超过五分之一。

受"动漫文化"广泛且深入的影响，日本的游戏玩家更乐于建立起稳固的游戏消费，且付费意愿与付费额度均呈现较高趋向，因此日本游戏市场在整体上呈现出了"高价值消费"的特征。截至2022年，日本手游用户的人均消费金额为288美元，同年美国的手游用户人均消费金额247.6美元、中国71.8美元，全球年度人均消费33.3美元。[1]

从日本游戏玩家喜好的游戏类型来观察，在日本国内游戏市场中斩获了较高收益的是MMORPG/ARPG类游戏。2022年，在日本移动游戏市场，MMORPG/ARPG类游戏占据日本手游市场收入排名第一，约占日本全国手游总收入的17%；卡牌类游戏次之，占比约16%；射击类游戏排名第三，占15%。

一个比较有趣的现象是，在日本移动游戏市场，2015年以前的"老游戏"仍颇受日本玩家的钟爱，在日本移动游戏市场中的总占比为28%。其次是在疫情之前的2017年上线的游戏，占比为19%；而在疫情之后的2020年上线的游戏在日本的市场占比为15%，2021年占比约12%。[2]因此，在日本移动游戏市场之中的主流游戏，基本包括2015年之前、2017年、2020年和2021年，这些年份日本手游产品维持在较佳的水准。

从全球游戏收入份额来看，日本长期处于领先地位。2019年至2022年上半年，日本每年均贡献了超过20%的全球游戏收入。日本游戏玩家付费潜力巨大。包括RPG和SLG品类的中重度游戏，依然是日本游戏收入的主要来源，2022年上半年中重度游戏收入占比接近70%。超休闲与益智解谜等休闲手游在日本拥有最为广泛的受众，2022年休闲游戏下载量占比接近70%。

从商业表现上而言，近年来受到了日本游戏玩家广泛欢迎和钟爱的几款游戏，包括日本本土发行商Cygames发行的模拟经营类游戏《赛马娘》、韩国开发商Netmarble开发的《二之国：交错世界》等较为热门。在2020年以后，中国企业在竞争日益激烈的日本移动游戏市场之中，不再拥有占据大半市场的优势。

---

[1] 李嘉瑜. 2023年日本移动游戏行业市场现状及竞争格局分析 市场规模达196亿美元[EB/OL]. 前瞻网，2023-02-15.

[2] 李嘉瑜. 2023年日本移动游戏行业市场现状及竞争格局分析 市场规模达196亿美元[EB/OL]. 前瞻网，2023-02-15.

而 MMORPG/ARPG 仍然是日本移动游戏的主要类型①，日本游戏玩家的类型偏好可见一斑。

2022年，日本游戏畅销榜 Top5 依然是本土游戏。其中 CyberAgent 旗下二次元模拟养成手游《赛马娘》，全年狂揽超 8 亿美元收入，蝉联日本手游畅销榜冠军。多款 IP 游戏在日本市场增长显著。

中国游戏在日本市场的机会仍然持续存在。2022 年，共 31 款中国手游入围日本手游年度畅销榜 Top100，合计吸金达 15.7 亿美元，占日本市场 Top100 总收入的 27%。② 中国游戏出海日本市场，沿袭"二次元"风格作为突破口，在中国游戏日本市场收入的 Top20 之中，共 7 款手游采用该风格。

日本游戏市场规模很大，很多海外游戏企业纷纷进入日本市场掘金。2022 年在日本手游销售额排名前 100 的游戏中，有一半来自海外企业。日本本土游戏企业更热衷于在主机市场进行深耕，而海外游戏企业则选择在手游领域研究日本本土用户喜好、习惯，以及开发迎合本土用户喜好的游戏。从更深层次来看，这其实也折射出日本本土游戏企业未能完全跟上智能手机时代，以及游戏用户群体出现的巨大变化。

二、数字媒体平台下中国游戏产品在日本传播情况分析

（一）基于产品维度和文化维度的中国游戏产品分析

本研究选取了三个在日本的中国游戏产品之中的典型代表，作为个案分析观察对象，从产品维度、文化维度和推广维度等方向展开分析。

1. 米哈游《原神》

《原神》是一款开放世界冒险游戏，即 RPG 类型游戏，由上海米哈游影铁科技有限公司制作发行，2020 年 9 月 28 日全球公测，主要在 iOS、PC、Android 三大平台投放。2022 年 8 月，《原神》在日本开服后，同步研发开放了 XBOX、iOS、Android、PC、PS4 以及 NS 等多个平台，迄今为止几乎涵盖了除任天堂 Switch 之外的日本游戏全平台。

从出海收益上而言，《原神》在日本有着不俗的表现。截至 2023 年 2 月，《原神》游戏的营收在日本国内排名第二，约占全日本游戏总收益的 23.2%；该

---

① 伽马数据. Newzoo 伽马数据发布《2021 年全球移动游戏市场中国企业竞争力报告》及 TOP25，年度 932 亿美元增长 7.3% [EB/OL]. 36 氪，2021-12-31.
② 未来智库. 传媒行业中期策略报告：互联网、游戏、元宇宙 [DB/OL]. 雪球，2022-06-17.

游戏下载量为4.4%，全日本排名第六。① 《原神》在日本总收益超过10亿美元，日本市场是目前《原神》游戏的第二大市场。

《原神》画面精美，人物描绘极其迎合二次元游戏玩家（又称"二游玩家"）的审美偏好，拥有日本式二次元游戏的所有典型特征：巨型机器人、人类大小的剑、大眼睛与彩虹色头发、穿着女仆服的女性形象。

《纽约时报》评价《原神》："拥有日本发明产物的所有特征——只有一个意外：它是中国的。"二次元主题的《原神》在二次元的"老家"日本成为最热门的手游之一，取得了不俗的收入和认可。

伴随着《原神》的高收入、高盈利、高曝光，该游戏在日本玩家的口碑之中处于"冰火两重天"的态势。根据全日本最大的游戏评论交流社区"4Gamer"统计，在4985名玩家之中，《原神》综合得分52分（满分100分）。而给出90分以上高分的玩家和给予49分以下的低分玩家各占据50%。

《原神》玩家男性和女性各占50%，游戏玩家主要集中在20多岁和30多岁，其中20多岁和30多岁的玩家也各自占据50%。说明这款游戏在精良的画风和游戏玩法上同时得到女性玩家和男性玩家的青睐，而游戏较为复杂的玩法设定，则过滤掉了20岁以下玩家和40岁以上玩家。

邀请日本知名声优为游戏配音也是《原神》的卖点之一。数目众多的丰富角色，玩家对于角色的"二次创作"，声优推进的曲折故事情节，源源不断的新角色、新剧情的解锁，都成为吸引玩家，甚至玩家付费的重要因素。

日本玩家对《原神》的诟病主要集中在两方面：一是游戏画面和角色设定中对日本游戏的"山寨"，二是日语翻译有欠水准。在诟病上述两个问题的同时，日本玩家又不得不承认《原神》"好玩""角色可爱"。这也是《原神》在日本饱受争议的同时，仍能够爆火和营收高的根本原因。

2020年9月，《原神》游戏开始着手在日本国内造势宣传，且采用日本动漫游戏较为常见的广告方式——粉刷有《原神》宣传海报的卡车，在包括池袋和秋叶原等东京"二次元"聚集地穿梭行驶；同月，作为秋叶原地标的世嘉秋叶原1号楼和秋叶原电器城等建筑，在出口外的广场上贴满了《原神》的宣传海报；随后，东京国有铁路JR线的17个主要车站的广告位，被超大幅的《原神》广告占据，且在东京JR山手线电车车厢内的屏幕上滚动播放《原神》游戏主要故事情节的预告片。

---

① 隔夜说动漫. 被骂抄袭的《原神》，却有国产手游欠缺的"火候"！现已席卷日本［EB/OL］. 网易，2021-06-02.

此外，《原神》游戏在日本的宣传发布，也充分利用了社交媒体优势。比如，在日本 Twitter 上的游戏转发抽奖活动，参与该游戏的首批玩家将有机会获得 PS4 游戏机、电竞耳机、周边产品、礼品代金券等多种奖励。①

《原神》在日本国内的推广投入是全方位的，包括投放在出版社、游戏商店、图书馆等实体店，与知名声优合作，在视频网站和社交网络等媒体上进行投放。

2. 网易《阴阳师》

《阴阳师》是基于 3D 技术的回合制手游，采用日本玩家较为热衷的 RPG 玩法，由中国网易移动游戏公司自主研发，2016 年 6 月 1 日在安卓平台投放；同年 9 月 2 日进入 iOS 平台。9 月 9 日，中国国内服务器开启全平台公测，次年 2 月 23 日进入日本，同时进驻了 iOS 和安卓双平台。②

2017 年 2 月日文版《阴阳师》登陆日本 iOS 和安卓平台 24 小时后，直接登顶 App Store 日本区免费榜第一，并且这一排名保持了一周的时间。App Annie 发布的报告显示，目前该游戏在日本区畅销榜的排名保持在 Top30 内。Prior Date 数据显示，《阴阳师》在日本的单月下载量最高为 5 万次，iOS 平台的月均营收额最高达 260 万美元。

《阴阳师》以日本古典名著《源氏物语》所处的日本平安时代为背景，其游戏主线为主人公安倍晴明探寻其自身记忆的故事。该游戏以日本传统文化中的"阴阳道"为背景，大量借鉴了日本古典文学作品中的形象和故事。③ 该游戏取得了日本著名作家梦枕貘的授权，同时采用了日本玩家详熟的"阴阳道"作为背景设定，为中日两国玩家打造出了日本平安时代的历史画卷，从角色造型到场景布置再到道具设计，和服、狩衣等日式元素都充满了日本平安时代的典型特色。

根据全日本最大的游戏评论交流社区"4Gamer"统计，在 9897 名玩家之中，《阴阳师》综合得分 87 分（满分 100 分）。给出 90 分以上的玩家占比 50%，给出 80 分以上的玩家占比 50%。大多数日本玩家认为该游戏是"被埋没的优秀之作"，音乐和声优阵容强大，故事内容和情节丰富，角色养成和对战玩法具有

---

① 隔夜说动漫. 被骂抄袭的《原神》，却有国产手游欠缺的"火候"！现已席卷日本 [EB/OL]. 网易，2021-06-02.

② 未来智库. 网易深度跟踪报告：从阶梯式增长看网易游戏核心竞争力 [EB/OL]. 雪球，2022-06-22.

③ 胥杰文.《阴阳师》手游不断保持 IP 热度的策略研究 [J]. 声屏世界，2021（17）：81-83.

魅力等。

《阴阳师》大量借用日本传统的鬼神文化，其主要故事内核以日式元素居多。"阴阳师"起源于中国的"阴阳五行"思想。"阴阳五行"在公元6世纪传入日本国内，与日本本土神道教等文化相融合，诞生了"阴阳道"，并由此产生了"阴阳术"以及"阴阳师"这种职业。

在日本历史上最负盛名的"阴阳师"就是安倍晴明，在日本古典文学名著《今昔物语》《宇治拾遗物语》等作品之中，对安倍晴明均有记述。日本作家梦枕獏创作了《阴阳师》系列小说，使"阴阳师"安倍晴明成为当代日本人熟悉的国民文化形象。

"阴阳师"及其相关设定贯穿了游戏的全过程。例如，在游戏中玩家需要培养"式神"并提升其战斗技能，"式神"这个名称直接照搬了日文汉字。"阴阳师"主要通过法力来操控"式神"，并驱使"式神"进行战斗。① 在游戏情节上，百鬼夜行、撒豆驱鬼等也均脱胎自日本人所熟知的传说。

除此之外，《阴阳师》还邀请日本作曲家梅林茂谱写了49首曲目作为游戏的背景音乐。由上海震雷文化传播有限公司和日本动画公司BLADE共同制作的系列动画片《阴阳师·平安物语》也在中国和日本的视频网站同步上映。此外，强大的日本知名声优阵容、邀请日本体育明星偶像羽生结弦与游戏联动，均在极大程度上丰富了游戏的看点，为游戏的推广发挥了极大作用。

《阴阳师》首先投放的是电视广告，由人气女演员川口春奈主演。随后，在社交媒体平台如Twitter和YouTube等也同步投放了官方广告，其中YouTube上的《阴阳师》广告拥有超过100万的播放量。

在日服上线前，《阴阳师》即因游戏声优自带话题属性，让其初来日本便获得了极大关注。在游戏上线之前，广告也着力在日本东京的秋叶原等地区进行了重点投放。App Store与Google Play首页置顶推荐下载该游戏，日本国内各大媒体也争相报道中国游戏《阴阳师》。

《阴阳师》是网易首次在日本自主研发手游，因此《阴阳师》在日本预热期就做了大量的工作。除上述主流广告渠道之外，《阴阳师》还拿下了Google Play的预注册大图推荐，在预注册期间做了情人节特刊，在Twitter上进行声优倒数上线的活动，在《阴阳师》官网进行"式神先取"活动，在秋叶原投放大量户外广告，在上线当天的晚上9点与niconico合作直播，邀请声优、绘师和脚

---

① 付晶晶. 手机游戏《阴阳师》的文化传播分析［J］. 南京邮电大学学报（社会科学版），2019，21（04）：67-75.

本团队进行合作放送等。

但从目前《阴阳师》在日本的市场整体表现上而言，虽然仍有热度和余温，但止步于中流产品，并未通过广告反响发酵酝酿成为现象级游戏大作。

3. Catfood Studio《雀魂麻将》

《雀魂麻将》（Mahjong Soul，简称《雀魂》）是 Catfood Studio（猫粮工作室）开发的麻将游戏。该作于 2018 年 6 月 8 日正式发布，于 2020 年 7 月 15 日在 steam 上线国际中文服。

这款在线 3D 二次元对战日式麻将游戏，融合了萌娘立绘、趣味表情贴纸、炫酷特效等多种形式，建立了从初学者到高手的天梯模式，可以与世界各地的"雀士"进行对局，通过 3D 牌桌、卡通渲染、酷炫特效来还原动漫中的麻将体验，通过精美立绘、豪华声优给玩家带来身临其境的麻将竞技，同时游戏中的可爱角色表情也增加了对局乐趣，玩家可以通过游戏对局解锁丰富的语音和装扮。

《雀魂》从 2019 年 11 月发布至今，在日本国内的总收益已累计突破 1 亿美元。仅 2022 年，《雀魂》的整年营收超 50 亿日元。在几乎已经饱和的麻将类日本游戏市场里击败了所有本土麻将类游戏，稳坐同类产品赛道中的第一名。在《雀魂》的全球收益之中，其中 92% 的收入来自日本。

麻将是中国文化输出的典型代表之一。100 多年前，麻将漂洋过海传到日本。20 世纪 70 年代，日本麻将统一了玩法规则，称为日式麻将（或称立直麻将）。日式麻将在日本经久不衰，有大量的职业玩家、职业比赛，不少知名的漫画家、演员都是麻将的忠实粉丝。而《雀魂》就是一款采用日式麻将玩法的网络游戏。

根据全日本最大的游戏评论交流社区"4Gamer"统计，在 59857 名玩家之中，《雀魂》综合得分 48 分（满分 100 分）。90 以上占比 0%，75 分至 89 分区间占比 16.7%，50 分至 74 分区间占比 33.3%，20 分至 49 分区间占比 33.3%，0 分至 19 分区间占比 16.7%。游戏玩家遍布各年龄阶段，其中 19 岁以下玩家占比 16.7%，20 岁至 30 岁玩家占比 33.3%，30 岁以上玩家占比 50%。角色可爱、画面优美、操作容易，是玩家好评的主要方面。而差评则主要因为玩家基数过大导致对战胜率低而晋级难，需要额外付费购买角色皮肤等。

《雀魂》在日本的影响力不断扩大，有两个很重要的文化维度因素：疫情防控期间的日本"宅文化"，以及日本 Vtuber（虚拟偶像）文化爆发。

全球新冠疫情带来了日本"宅文化"以及"宅经济"的爆发。疫情防控期间，日本麻将桌和麻将类应用出现了下载激增的现象。这对于《雀魂》的传播起到了良好的催化作用。

Vtuber 指的是日本当下非常火的虚拟偶像，他们多以虚拟人的形象在直播平台上出现。《雀魂》搭上了日本 Vtuber 爆发风口的顺风车，与日本最大的 Vtuber 团体彩虹社合作，举行了彩虹社内部麻将大赛。大赛的直播观看人数高达 179 万，相关的剪辑视频播放量也达到了 230 多万。

受此影响，在 Upstream 公布的 2022 年全球手游收视排行榜中，《雀魂》的观看总时长环比增长了 228%，成功跻身全日本手游收视率 Top10。不少玩家表示就是受到了 Vtuber 的影响才迷上了《雀魂》。

《雀魂》诞生于 2018 年，开发商猫粮工作室是一个很小的游戏公司，刚出海日本的时候，《雀魂》没有足够的经费进行宣传推广，用户增长缓慢，月收入大约 900 万元人民币，与其他出海游戏相比并不高。

在《雀魂》刚进入日本的时候，日本的棋牌类市场是一个厮杀激烈的"红海市场"。作为曾经世界第一的游戏大国，日本有大量国民级的麻将游戏产品，比如，任天堂开发的 FC 游戏《麻雀》。互联网时代到来以后，当时游戏界普遍的认知是，棋牌类游戏利润上限不高，监管较严，对开发者来说不是一个好选择。很多日本年轻人也并不喜欢麻将游戏，他们更喜欢主机游戏。不少年轻人觉得麻将规则复杂，是中老年的休闲娱乐方式。

因此，《雀魂》在营销推广方面另辟蹊径，采取的是多方联动，增强社交话题性。除游戏设计之外，《雀魂》成功的原因是，出色的本土化运营抓住了年轻用户的心。《雀魂》进入日本后，迅速举办了企业日本麻将比赛，参赛者包括索尼、天闻角川、SE 等老牌游戏公司，赚取了流量和影响力。《雀魂》与日本热门漫画《咲-Saki-全国篇》联动，该游戏单日流水达到 2022 年最高值，登顶 iOS 畅销榜。《雀魂》推出 TV 动画，于 2022 年 4 月播出，动画的名称为《雀魂 PONG☆》。

正如 data. ai《2022 年移动应用报告》所揭示的游戏行业趋势，2023 年适合中小团队尝试的方向包括 rougelike+（角色扮演类游戏的子类）、模拟经营、棋牌游戏。这些赛道都是非常经典的游戏类型，已经积累出了大量经验，且成本很低，可以减少试错环节，同时避免过度竞争。在难以吸引年轻人的领域之中，抓住新的创意，是"雀魂式"营销成功的原因。

（二）日本的中国游戏产品运营平台传播分析

在日本，游戏的投放推广从整体上而言，游戏用户的获取成本非常高。中国游戏产品的运营传播，在日本主要依靠上线前预注册、KOL 营销、电视广告、IP 联动、跨游戏间联动五种方式开展。

1. 预注册

这是游戏发布前的准备工作，一般这个阶段会伴随着一些事前预约、带有奖励的宣传活动、视频和户外广告等内容。事前预约一般会有两个考虑因素：预约时长和预约人数（成就）奖励。虽然事前预约时间有长有短，但不论是 IP 游戏还是非 IP 游戏，通常不会超过 20 天，预约奖励换算成充值金额通常在 3000 日元以上。带有奖励的宣传主要是基于 SNS 进行的一些活动，一般奖励为礼品卡、带有签名的周边、游戏内道具、高价值周边（如电器等），其中多数游戏会选择一定数量的亚马逊礼品券。整体来看，设置中奖人数越多则越容易吸引用户参与。

2. 社交媒体+KOL

在日本常用社交媒体之中，Facebook 的用户数量相对较少。与此相对，Line 和 Twitter 是日本用户主要使用的社交平台。因此，在推广时很多企业会使用 Twitter 中的转发功能去举办一些抽奖活动、定期公布一些新角色的插画、为一些人气角色营造纪念话题（如生日）等，都是比较符合日本玩家喜好的运营手段。除了 Twitter 以外，YouTube 也是日本市场上必不可少的运营工具。大部分游戏都拥有自己的官方账号，不过部分账号仅限于上传 PV 等内容，而人气手游则能够巧妙地利用 YouTube 的功能来炒热游戏的人气，比如，使用账号进行直播和实况的转播等。此前，《荒野行动》就同很多有名的日本游戏网红合作，定期上传一些有趣的实况转播等内容，以此来吸引日本玩家的视线。

3. 电视广告

由于日本人口集中，电视广告、户外广告的效果也不错。许多进入日本市场的游戏公司会在年轻人聚集的秋叶原和新宿投放广告（新宿上班族居多、秋叶原则是日本游戏玩家的聚集地），但是投放成本都比较高，动辄几百上千万美金。此外，日本作为世界级的报业大国，街头巷尾的便利店设置的长货架也是投放广告的优良途径，报纸和杂志广告为游戏进行宣传推广也是十分常见且有效的传播方式。[1]

4. IP 联动

让产品快速散播知名度，IP 联动在日本也是很常见的手段。知名动漫《进击的巨人》结合汽车广告，缔造曝光效果，或者《龙族拼图》固定推出 IP 新版本，都是增加产品寿命或者推广新产品的手段。IP 在谈合作时，需要注意几个事项，例如，动漫 IP 的授权费用会受到收视率或漫画销售量以及曝光度的影

---

[1] 杨汀. 东京报刊亭：培养国民阅读习惯 [J]. 中国报业, 2015 (05): 33.

响，通常是每月调整合作的费用，所以此类广告费用经常发生不规则的浮动。

5. 跨游戏间的联动

这种联动的主要目的在于提高玩家的活跃度、互相配合来获取新玩家、互相推广等，这是一种减轻广告费用负担的双赢模式。比如，《智龙迷城》和《实况棒球》曾做过一次联动，并在日本获得了较好的成绩，在联动期间，《实况棒球》的下载量直线上升。因此，和知名度较高的游戏联动，是一种在短时间内可以获得新玩家的有效方法。

三、日本游戏玩家特点分析

（一）日本游戏玩家成长背景

日本游戏有着较为悠久的历史和深厚的市场积淀，日本玩家从低龄时期就开始受到游戏的深刻影响，这种影响伴随着日本游戏玩家人生的各个阶段。因此，日本游戏在国内民众中的渗透率极高，游戏用户基数大，已经形成了"全民游戏"的稳固格局。

仅以疫情前的2017年一年的整体数据来观察，日本游戏玩家的整体年龄分布在5~59岁，大约有7911万人的日本玩家总量，其中长期投入游戏的所谓"固定玩家"约4446万人，而非定期游戏的"流动玩家"为2461万人。因此，"固定玩家"约占56%，游戏在全日本人口之中的渗透率达87%[1]，日本是真正的"全民游戏"国度。

日本国内的游戏主要包括手机游戏、主机游戏和PC游戏，其中大多数日本玩家更热衷于便携的手机游戏和主机游戏，但需要固定场所和固定设备的PC端游戏，其玩家占比相对较少。在日本，手机端的游戏玩家约有3551万人，主机玩家约有1928万人，而PC玩家人数为1002万人。当然，在上述三个数据之中，存在着多端口的重叠用户，其中，同时使用手机和主机来进行游戏的玩家数量约有833万人，而同时覆盖手机、主机、PC三者的高重叠用户约有418万人[2]，这些重叠用户也是日本游戏玩家之中真正的核心力量。

日本玩家整体上呈现出来的最显著特征就是高活跃度和高ARPU值，这些无不造就了日本游戏市场的高盈利特性。2022年全球苹果手机端游戏收入排行

---

[1] 观研天下. 2017年日本游戏产业用户特征分析：游戏渗透率、ARPU值高、钟爱RPG、ACT类、ADV类游戏［EB/OL］. 观研报告网，2017-11-17.

[2] 观研天下. 2017年日本游戏产业用户特征分析：游戏渗透率、ARPU值高、钟爱RPG、ACT类、ADV类游戏［EB/OL］. 观研报告网，2017-11-17.

榜之中，日本玩家就创造了超过 600 指数的 ARPU 值，达到世界平均水准的 2 倍以上。① 根据这一特征，基本可预见受"宅经济"影响的日本游戏市场，未来几年仍有极大可能保持 ARPU 值的持续增长。

从日本玩家的活跃度来观察，在日本的每位用户投入游戏的年均次数达 110 次，游戏时长为 115 小时。这两个指数近乎达到了美国玩家的 3 倍，且日本游戏玩家的高活跃性有在未来持续保持的趋势。

（二）日本游戏玩家的偏好与特质

在日本玩家之中，根据年龄段和家庭结构的不同，所钟爱的游戏端口也有不同的特征。日本的儿童玩家以及家庭单位的玩家，更喜爱任天堂出品的主机游戏，而单身或独居的日本成年玩家则偏好有操纵感和一定难度的索尼主机游戏。具体而言，任天堂的 WiiU 和 3DS 面向的是儿童和家庭，而索尼的 PS4 和微软的 Xbox360 则主要是以成年人为受众主体。不论是任天堂还是索尼，都是日本玩家始终钟爱的游戏主机，可以说主机游戏是日本游戏市场中的一大主流，这与其他国家和地区更倾向于便携手机、简单易上手的手游有着显著不同。

日本建立在智能手机硬件基础之上的手游市场，大体上被划分为休闲玩家（light user）和成年人市场兼顾，PC 端游戏则以成年人市场和深度玩家（core user）为主要客户群体。② 休闲玩家与深度玩家在核心程度上有着较大的差异。

而日本玩家对于游戏类型较为挑剔，更热衷于 RPG、ACT 类和独有的 ADV 类游戏。日本玩家乐于耗费时间来追逐游戏角色慢慢成长的过程，愿意深入探索游戏剧情，RPG 类游戏和动作类游戏也是他们钟爱的游戏类型。在日本游戏市场之中，收割了最高人气的游戏类型，依次为角色扮演类（RPG）、动作类（ACT）、休闲类（Casual Game）和策略类（SLG）等。③

以中、日、韩为代表的东亚国家，大体上均以 RPG 和动作类游戏为主流，而欧美国家的玩家则偏向于战略类和休闲类游戏。在日本长盛不衰的经典游戏，也毫不例外地以 PRG 类游戏和 ACT 类游戏为主，其中较为代表性的动作类游戏包括任天堂的《超级马里奥》、世嘉游戏的《索尼克》等，较为典型的 RPG 类代表作则有史克威尔艾尼克斯公司的《最终幻想》系列和《勇者斗恶龙》等。

从 20 世纪 90 年代开始，日本国内出现了一种冒险类（ADV）游戏，作为二

---

① 观研天下. 2017 年日本游戏产业用户特征分析：游戏渗透率、ARPU 值高，钟爱 RPG、ACT 类、ADV 类游戏［EB/OL］. 观研报告网，2017-11-17.
② 观研天下. 2017 年日本游戏产业用户特征分析：游戏渗透率、ARPU 值高，钟爱 RPG、ACT 类、ADV 类游戏［EB/OL］. 观研报告网，2017-11-17.
③ 关于游戏的分类，参见刘焱彬. 电子游戏分类小知识［J］. 家庭电子，1995（02）：14.

次元游戏的代表,赢得了日本游戏玩家的热爱。1994 年,日本科乐美(KONAMI)公司首次发售了一种无分级、面向全年龄的游戏《心跳回忆》,该游戏即为 ADV 冒险类游戏,1994 年也被称为"恋爱游戏元年",在日本游戏玩家之中培养起了大一批"二次元"拥趸。此后,ADV 类游戏逐渐发展为日本游戏玩家心中二次元游戏的代表。其主要玩法为,通过输入指令,让玩家与系统进行对话,从而推动故事情节的深入发展,玩家在虚拟世界中可获得在现实世界中难以触及的感受。

在许多国家,社交、射击游戏很受玩家欢迎,但日本玩家对射击类游戏明显缺乏热情,更偏爱 RPG 游戏和超休闲游戏。在最受日本主机玩家喜爱的游戏品类中,射击游戏仅排名第六。只有大约 23% 的日本主机玩家称自己玩过至少一款射击游戏。

此外,日本游戏玩家拥有区别于世界其他国家玩家的显著特质,比如,核心用户数量少、高忠诚度与"长情"趋向、文化产权意识强、ACG 文化影响明显。

第一,核心用户数量少。虽然日本玩家的付费意识较强、活跃度高,但和想象中不同的是,日本游戏玩家中"鲸鱼用户"的比例并不高,在所有玩家中仅占 2%。这部分高付费倾向的核心用户,每月氪金数额超过 5 万日元(约合人民币 2700 元)。当然,也有个别玩家月均支付于游戏的费用超过 100 万日元(约合人民币 5.5 万元),但这部分玩家几不可见。

第二,高忠诚度与"长情"趋向。日本玩家很长情,这让日本市场多款发行多年的游戏,依然能有不错的收入水平。比如,在日本人气游戏榜单中前三位的手游,均发布于 2015 年,都属于非常长线的作品。2017 年《荒野行动》抢先在日本拿下了战术竞技类游戏市场,通过营销与运营,迅速与大量日本用户建立了纽带,形成了游戏生态圈。后期出现的噱头更大的《PUBG》手游上线日本市场以后,也并未撼动《荒野行动》在日本玩家之中的地位。

第三,文化产权意识强。日本玩家对游戏内容以及原创性的要求十分苛刻,讨厌并抵制山寨是日本玩家整体的一个明显倾向。日本是世界范围内玩家最苛刻的地区之一,玩家时常会给出差评,如果差评很多,则会非常影响游戏的推广。日本是一个极度厌恶山寨类产品的国度,只要产品内容使玩家感受到极度相似于某一类产品,玩家就会有极高的概率迅速消失。游戏产品如有独特玩法,产品成功的机会能大幅度提升,产品的故事剧情充实度在日本也是特别重要的,如产品编年史的制作以及角色故事如何演进编造,下一版剧情是否与上版剧情有冲突,都会让玩家特别关注,如果游戏的主角故事能够吸引玩家的共鸣,则会增加玩家的付费意愿。

第四，ACG 文化影响明显。由于日本长期受动漫、二次元等 ACG 文化影响，日本游戏市场一直以 RPG（角色扮演游戏）和休闲类游戏为主，这一特征也与中国手游市场相似，为中国 RPG 和休闲类的手游"出海"提供了利好条件。

四、中国游戏产品在日本传播的提升策略

对于中国游戏的海外发展，尤其是全球市场营收而言，日本市场极其重要。作为游戏大国的日本，其法规政策、文化倾向、玩家偏好都有日本式的特征，中国游戏在进入日本游戏市场之时，需要具备一定的游戏品质，做好游戏内容的本土化。

第一，做好翻译与本土化工作。中国游戏在进入日本游戏市场时，需要考虑日本玩家的文化和心理特点，在游戏故事情节、游戏人物形象等方面都需要考虑日本玩家的文化心理审美。同时，游戏内容建设也需要强大的日语支持，在语言翻译上做到精准，让玩家在理解上无文化障碍。在市场推广、运营、客户服务等方面组建本地团队，加强与日本当地游戏产业的交流合作。

第二，面向玩家的年龄结构，有针对性地进行游戏研发与投放。根据全日本最大游戏收入、游戏口碑、游戏年龄层统计网站"SP Game"调查，20 岁日本玩家更偏好休闲益智类游戏（PUZ、PZL），30 岁玩家偏好动作类游戏（ACT），40 岁玩家偏好冒险类游戏（AVG）和角色扮演类游戏（SRPG），50 岁玩家偏好策略性游戏（STG）和格斗类游戏（FTG），而几乎全日本玩家都不去问津在欧美市场爆火的射击类游戏（FPS、TPS）。[1] 同时，注重这种年龄的推移带来的市场审美取向的变化，分析各年龄层的付费意识趋向，也是十分重要且必要的。

第三，弱化 PC 端，依托手游作为主要基盘，逐渐向各大主机市场渗透。相比中国玩家和欧美玩家对 PC 端游戏的热衷，日本的 PC 端玩家受众十分稀少。索尼、任天堂、微软等盘踞的主机市场占据了日本游戏市场的极大比重。近年来，中国游戏主要着力对手游市场进行深耕，并取得了异军突起的优异表现。从市场构成上而言，弱化 PC 端的开发，做大做强手游的大本营，打通手游与主机游戏之间的账号数据互通，让玩家可以在任意设备切换账号随时登入游戏，

---

[1] 关于更多游戏类型的区分和阐释，参见王晓冬. 游戏视觉角度在游戏发展中所起的作用[J]. 技术与市场，2012, 19（12）: 169.

是向主机市场渗透的重要手段之一。

第四，加强游戏内核建设，完成从借壳"和风"到真正生产制造"中国风"的转型。无论是从《原神》的二次元日式游戏风格，还是《阴阳师》的日本妖怪文化故事内核，抑或《雀魂》的精美和风日式麻将，都是以日式游戏的外包装而反攻日本游戏市场的案例。从"和风"到"国风"之路仍然漫长且任重道远。生产制造从文化元素到游戏风格都"中国风"十足的中国游戏，并成功推广到日本市场，需要从游戏研发到产品推广都继续深耕和努力。

作者：祝力新　中国传媒大学

日本漫画在中国的接受与传播

——以中国漫画 APP 为例

一、引言

从 20 世纪 80 年代开始，日本漫画开始席卷世界，并进入中国漫画市场。中国拥有庞大的日本漫画粉丝群体，时至今日仍受到来自日本漫画的深刻影响。

日本漫画品类丰富、内容制作完善成熟，进入中国以后就培养起了众多中国的日本漫画爱好者。日本漫画为中国的漫画启蒙做出巨大贡献并培育了一大批漫画爱好者。伴随着 20 世纪末至 21 世纪网络新媒体的发展，以及中国漫画阅读人群年龄的推移，中国的漫画受众人数逐渐覆盖了更多的年龄层。在青年亚文化浸润下成长起来的"Z 世代"[1]，以及其后的几个不同年龄阶段的中国青少年，自小便受到来自日本和美国的漫画、动画片的影响，伴随着网络文化的发展，即使成长起来以后，他们仍然保留着阅读漫画的消费习惯与审美趣味。[2]

20 世纪 80 年代至 20 世纪末，日本漫画主要以无版权许可的出版物方式在中国国内广泛传播。据相关学者统计，当时的日本漫画书刊有上亿册之多，几乎覆盖了中国 90% 以上的漫画市场。[3] 此后，中国政府开始大力打击对海外动漫作品的盗版行为，这在一定程度上限制了日本漫画在中国国内市场的散播。

2000 年以后，日本漫画作为图书在中国出版，又开始从整体上呈现一种复

---

[1] Z 世代，也指新时代人群。也被称为"网生代""互联网世代""二次元世代""数媒土著"，通常是指中国在 1995—2009 年出生的一代人，他们一出生就与网络信息时代无缝对接，受数字信息技术、即时通信设备、智能手机产品等影响比较大。

[2] 梁卫. 中日漫画出版行业合作前景浅析 [J]. 中国出版，2012（16）：33-36.

[3] 李常庆，张劼圻. 日本漫画图书在中国的出版探析 [J]. 编辑之友，2017（11）：102-107.

苏态势。① 一群热爱漫画的青年，自发组成了被称为"汉化组"的民间群体，他们通过网络聚集在一起，对他们所热爱的日本国内出版的漫画进行扫描、翻译并修复扫描中模糊不清的部分，并通过网上论坛、云端网盘等网络形式免费共享，使更多的在中国国内没有机会接触日本原版漫画且不懂日语的中国读者可以读到日本漫画。②

1992 年，中国正式加入《伯尔尼公约》和《世界版权公约》，此后中国政府出台了一系列政策和措施③，鼓励中国国产漫画与动画作品的创作，从而压缩海外漫画在中国的传播空间。

在当下的中国漫画读者群体之中，中国各大漫画 APP 在线注册用户成了绝对主流。截至 2022 年 12 月，中国三大头部漫画 APP "快看""腾讯动漫""哔哩哔哩漫画"在线注册用户已超过 6.5 亿。三大 APP 在 2022 年 12 月单月的用户月均活跃指数（Monthly Active User，MAU）总计超过 7000 万人。其中，"哔哩哔哩漫画"通过购买、合作等方式，拥有了最大体量的日本原版漫画版权，形成了当下中国国内最大的日本漫画读者活跃空间。

然而，伴随着中国漫画的崛起，美国、韩国与其他国家漫画的进入，中国政府对海外漫画准入与审查制度的加强，中国漫画浓烈的出海意向等情况与条件，日本漫画在中国的传播进入了一个相对低迷的时期。

中国读者群体对日本漫画的接纳在不同时期呈现出不同的变化，一方面是互联网的发达、技术手段的进步给日本漫画在中国的传播形式带来了深刻影响；另一方面源于中日两国之间的文化接近性与文化差异性。

中日两国文化在千年之久的岁月积淀过程中，呈现出了一定的"东亚式"审美趋同性。这体现在中国读者对日本漫画的文化接受较为容易，与漫画的内容、情节、人物、审美相对容易产生共情效应。

如果只有文化接近性，日本动漫不可能在中国如此广泛地传播。几十年来，日本动漫在中国广泛传播，并非仅仅由于中日文化之间的类似性与接近性。④ 人类对于文化交融的需要，使得文化的差异性为中国漫画受众带来了新的审美情

---

① 李芙蓉，李常庆. 日本超人气动漫作品在中国传播的新特征［J］. 现代出版，2019（01）：87-90.
② 徐海龙，张文乐. 互联网读者对日本原版漫画的意义再生产［J］. 出版发行研究，2017（04）：96-98，77.
③ 徐海龙，张文乐. 互联网读者对日本原版漫画的意义再生产［J］. 出版发行研究，2017（04）：96-98，77.
④ 龚傲雪. 浅析日本动漫在中国的跨文化传播［J］. 传播与版权，2021（03）：91-95.

绪的刺激,从而促成甚至加速了日本漫画在中国的跨文化传播。中日两国文化在具有一定共性的基础上,也必然存在着各种各样的差异性,这种文化差异会使中国读者用其自身的文化背景诠释日本文化内涵的东西。有了这种差异,中国观众在理解和接受日本漫画时,能看到相互之间文化与审美存在的差距,便产生了对异种文化的向往,使其容易以一种更为积极的态度来接受日本漫画。

中日两国在历史长河之中形成的文化接近性,与二者之间适量的文化差异,是促成中日两国之间漫画实现跨文化传播的基础与前提。

二、日本漫画在中国的传播

从20世纪八九十年代开始,日本漫画开始进入中国漫画市场。当然,这也是日本漫画开始席卷世界的一个重要时期。日本漫画市场遍布全世界,除欧美等国家地区之外,亚洲漫画市场也是其主要市场之一,中国国内则拥有为数众多的日本漫画爱好者群体,是日本漫画海外市场的主要构成部分之一。[1]

中国对"漫画"的传统理解偏向于针对儿童和青少年群体,更广泛地包含绘本、彩图册、连环画等在内的出版产品。因此,20世纪中国的漫画创作与传播,其主要倾向在于寻求"教育性"。而日本、美国等国家地区的漫画,则从一开始就遵循商业性原则,旨在培养覆盖全年龄阶段的受众群体。[2] 当然,这种成熟的市场覆盖,是在二战之后至今的漫长过程中逐渐培育出来的。

作为中国漫画主要受众人群的青少年群体目前人口的总数量为3.44亿。而事实上,伴随着20世纪末至21世纪网络新媒体的发展,以及漫画阅读人群年龄的推移,漫画受众人数逐渐覆盖了更多的年龄层。在青年亚文化浸润下成长起来的"Z世代",从小看日、美漫画、动画片长大,和网络文化一起成长,成年后的他们仍然保留着消费漫画产品的习惯。

无论是对动漫的审美情趣,还是对动漫的消费惯性,日本漫画对中国新生代的影响都非常深刻。这种影响,从20世纪80年代至今,每个阶段都有不同的特征与倾向。

(一) 20世纪80年代至20世纪末

1980年以后出生的中国青年,从孩提时代就深受日本动漫的熏陶,成年以

---

[1] 李常庆,张劼圻.日本漫画图书在中国的出版探析[J].编辑之友,2017(11):102-107.

[2] 梁卫.中日漫画出版行业合作前景浅析[J].中国出版,2012(16):33-36.

后则通过网络和图书等市场渠道，长期保持对日本漫画产品的持续关注。①

1980年，中央电视台首播日本动画片《铁臂阿童木》，在动画片相对稀缺的、电视机在中国家庭刚刚开始普及的时代，该片赢得了中国观众的喜爱。天津人民美术出版社随后便出版了日本著名漫画家石森章太郎的《雨宫明历险记》，这是中国国内出版的首本日本漫画图书，开启了日本漫画作为图书在中国出版的热潮。②

1989年以后，中国出版界开始引入日本漫画名家手冢治虫、藤子不二雄、鸟山明等人的经典作品。1990年，中国国内电视台开始播放被译制成汉语的日本动画片《圣斗士星矢》。其后，《乱马1/2》《七龙珠》《灌篮高手》《北斗神拳》等日本知名动画片一刻不停地进入中国，在电视台热播，这使得这些日本动画片逐渐获得了更多的儿童、青年甚至成年人的喜爱。可以说，日本漫画与动画在中国的热潮几乎是伴生而行的。

1991—1994年是日本漫画在中国的"黄金年代"，日本漫画在杂志上刊载或作为图书出版，日本动画片的音像产品越来越丰富，各种日本漫画和动画图书的周边产品均迅速增长。1994年，中国的日本漫画出版了总计854册。据学者统计，同年日本漫画的图书和杂志，近乎覆盖了中国漫画市场的90%，有上亿册之多。③

然而到了1994年年底，中国政府开始采取限制措施，缩小日本动漫进入中国的数量与规模，日本漫画的图书杂志数量开始显著减少。1995年，在中国出版的日本漫画数量，从历史峰值的854册回落至28册，种数跌至3种，此后1997年、1998年、1999年出版的日本漫画也分别只有3种、4种、3种，卷册数则分别只有52册、48册、10册。④

20世纪80年代至20世纪末，中国国内有不少于60家出版社，总计出版过不少于300位日本漫画家的作品，其规模远超在中国国内出版的、其他国家漫画家的作品。⑤ 未经授权的盗版日本漫画作品曾一度在中国国内泛滥，从而出现

---

① 梁卫. 中日漫画出版行业合作前景浅析[J]. 中国出版，2012（16）：33-36.
② 李常庆，张劼圻. 日本漫画图书在中国的出版探析[J]. 编辑之友，2017（11）：102-107.
③ 李常庆，张劼圻. 日本漫画图书在中国的出版探析[J]. 编辑之友，2017（11）：102-107.
④ 李常庆，张劼圻. 日本漫画图书在中国的出版探析[J]. 编辑之友，2017（11）：102-107.
⑤ 上述数据根据中国《全国总书目》、中国国家图书馆馆藏目录、《漫画文献总览》等书目工具整理而成。

了多家出版社竞相出版同一部经典日本漫画作品的情况，甚至连译名都无法统一。① 如《灌篮高手》，就有《篮球飞人》和《灌篮高手》两种译名，该作品曾先后由 14 家出版社出版过，仅 1994 年一年中就有 5 家出版社出版过该漫画图书。

自 1994 年起，中国政府开始着力整顿日本漫画在中国的泛滥情况，尤其注重打击盗版海外动漫作品的行为，同时缩小海外动漫作品进入中国的规模。② 1994 年，日本对中国盗版日本漫画的情况展开专门调查，并将盗版日本漫画书刊的四川希望书店告上法庭。这一年以后，恣意盗版日本漫画作品的行为得到了清理，盗版现象逐渐消失。

（二）21 世纪前 10 年

进入 21 世纪后，中国对日本漫画的出版整体上呈现出重新增长趋势。2000—2003 年，日本漫画在中国的出版种类和册数均有所增长。2003 年，就有 61 种日本漫画作为图书在中国国内出版。然而，2003 年以后得日本漫画在中国的出版情况并未呈现出全面增长，其数量和种类均处于波动变化之中。③

较之出版数值，中国国内的出版行业开始更看中与日本漫画家的签约，2002—2006 年，中国出版界年均新增签约 15 位日本漫画家；而 2009—2012 年，年均新增签约 18.8 位日本漫画家。可见，日本漫画的中国出版，正是在这种动态的数量和种类的波动变化之中，开始倾向于注重原版创作、关注日本漫画家签约等对漫画出版的质量的追求。其间，中国出版界签约的日本漫画家的数量增加显著，但出版漫画的数量波动剧烈，且日本漫画的出版虽种类多，但连载规模小。总体而言，这些变化仍然体现了整体复苏的态势。④

也是在此期间，大量日本知名的动漫名家通过中文译制作品的图书出版而被广大的中国读者所熟知，包括手冢治虫、藤子不二雄、植田正志、高桥留美子、车田正美、鸟山明、青山刚昌、武论尊、荻野真、桂正和、井上雄彦等。这些日本漫画家成了 21 世纪第一个 10 年中中国漫画消费市场的主要创作群体，

---

① 李常庆，张劼圻. 日本漫画图书在中国的出版探析 [J]. 编辑之友，2017（11）：102-107.

② 李常庆，张劼圻. 日本漫画图书在中国的出版探析 [J]. 编辑之友，2017（11）：102-107.

③ 孟晓明，牛兴侦，郭文放. 日本漫画出版对我国的启示 [J]. 出版广角，2018（13）：22-25.

④ 上述数据根据中国《全国总书目》、中国国家图书馆馆藏目录、《漫画文献总览》等书目工具整理而成。

进而对中国漫画的发展、中国漫画读者群体的形成均产生了深远的影响。

日本漫画名家的大部头动漫作品，其中有许多甚至是终身创作一部作品，这些作品规模宏大、周期漫长，号称"史诗"级作品。日本漫画的此类名家名作在中国出版发行之时，普遍出现了大幅跨年度出版的现象，由此也引发了较为复杂的版本问题。比如，岸本齐史的《火影忍者》最早自2004年引入中国，而到了2014年，先后有三家出版社均取得了不同卷册的版权，且均出版了同名漫画；而《圣斗士星矢》的作者车田正美的多部作品，由于其年度跨度过长，从1991—2011年，甚至涉及12家出版社之多。[①] 这也从侧面印证了日本漫画名家的作品获得中国读者热爱的程度。当时日本漫画的整体水平处于世界领先地位，虽然其经典作品往往卷册数量大、出版时间跨度长，但中国读者仍然常年追捧，其热度从未衰减。

在日本国内的漫画创作和发行，一般会先在杂志上连载，在收获一定的好评、赢得大批观众以后，再出版单行本。这种方式也被中国出版界借鉴过，中国也曾尝试出版连载日本漫画的杂志，但因反响平平，不符合中国读者的阅读习惯，日本漫画杂志在中国最终昙花一现。

如前文所述，日本漫画与日本动画在中国的传播是伴生而行的。日本动画通过电视屏幕播放打开中国市场，而出版也夯实了日本漫画的读者群体。动画与漫画共同赢取了中国广大受众的持久喜爱，比如，机器猫、柯南等经典形象早已在中国家喻户晓、深入人心。而长篇漫画因为其时间跨度长，甚至拥有了许多不同年代、不同年龄层的读者群体，这是一种无法比拟的文化影响力与市场号召力。

这些漫画中时间跨度最长的当数《机器猫》，该漫画图书从1989年首次出版到最近一期的出版时间为2010年，其间跨度达21年之久。此外，出版时间跨度在10年以上的漫画图书达到了7部。但是，这些漫画图书在长时间的出版过程中并没有表现出稳定的规律性。最明显的体现就是同一种漫画图书出版中断的时间都很长，如《机器猫》在1996—2001年间就没有出版记录；而出版中断时间最长的漫画图书《阿拉蕾》在1992年首次出版以后，到2008年才第二次出版。[②]

同一种漫画图书涉及的出版社较多。同一种漫画图书只由一家出版社独家

---

① 李常庆，张劼圻. 日本漫画图书在中国的出版探析［J］. 编辑之友，2017（11）：102-107.

② 李常庆，张劼圻. 日本漫画图书在中国的出版探析［J］. 编辑之友，2017（11）：102-107.

出版的情况仅有9种，其余都存在两家以上出版社出版同一种漫画图书的情况，这种情况在2000年以前尤为普遍。例如，深受读者欢迎的《机器猫》就曾经被9家出版社出版过，出版过《灌篮高手》的出版社更是多达14家。

书名翻译不统一。如《机器猫》的译名就有3种：机器猫、机器猫小叮当、哆啦A梦；《龙珠》的译名有两种：龙珠、七龙珠；《海贼王》出现过3种不同的书名：海贼王、航海王、海盗路飞；《乱马1/2》也出现过两种不同的译名：乱马1/2，七笑拳。①

（三）灰色地带的民间读者组织"汉化组"（scanlators）

在全球互联网传播的日本漫画爱好者之中，有一个重要的群体被称为"扫描翻译者"（scanlators），它是scanning与translation的合成词，是指把原版漫画书扫描成电子版（如PDF）、保留原图，并把字幕翻译成本国文字，在网上免费分享的人或组织。

中国的scanlators也被称为"汉化组"，是由一群热爱漫画的人通过网络聚集在一起，对一些日本出版的长篇漫画进行扫描、翻译、修图，通过发布论坛、网盘等形式，分享给中国不懂日语的日本漫画读者。整个流程中汉化组成员不领取任何费用。由于未经版权方授权，他们译制的作品上均附有"仅供学习使用，请于24小时之内删除，如果您喜欢本作品请购买正版"的免责声明。②

汉化组是一种非官方、非营利、处于互联网灰色地带的民间读者组织，他们的"汉化"行为及作品，经常面临版权方和管理部门的侵权指控和网络清理。③ 从版权法和相关文化政策角度而言，汉化组显然不具备合法性，但其对于日本漫画在世界范围内的传播影响力不容忽视。

中国最早的汉化组成立至今，此种非官方的、对日本漫画的汉化活动，已经持续了近20年，他们译制的漫画题材包罗万象。在中国一些大型出版社和门户网站正式购买日本漫画版权之前，汉化组大量的翻译作品以及线下活动，潜移默化地培育了中国的二次元市场。

汉化组成员通过对日本语言文化的学习以及大量反复的阅读，会根据漫画整体的日文语境进行翻译，而不是单句直译，并且把注释性的片假名词汇和拟

---

① 李常庆，张劼圻.日本漫画图书在中国的出版探析［J］.编辑之友，2017（11）：102-107.

② 徐海龙，张文乐.互联网读者对日本原版漫画的意义再生产［J］.出版发行研究，2017（04）：96-98，77.

③ 徐海龙，张文乐.互联网读者对日本原版漫画的意义再生产［J］.出版发行研究，2017（04）：96-98，77.

声词汇也进行翻译，帮助中国读者更好地理解剧情和人物。

由于图源提供者扫描的图书画面更加模糊，汉化组会对这些扫描图进行大幅度的修图工作，一方面调整色阶并擦除纸张扫描时留下的杂点；另一方面对模糊的线条进行精描和修整，在遇到跨页时会尽量拼合衔接痕迹，嵌入的字幕也尽可能地遵循原作的字体。[1]

从内容到清晰度，从题材种类丰富性到更新速度，汉化组给中国漫画读者带来了良好的在线阅读体验。汉化组游走在互联网版权的灰色地带，没有形成图书出版正规的产业链和经济回报。汉化组本身属于深度阅读的读者群，他们一方面加工和分享自己喜爱的作品给更广泛的读者，另一方面对中国的日本漫画读者形成了信源把控和内容垄断。

日本漫画在本国是体量很大的产业，甚至能达到单本百万级别的销量，并且价格低廉，但是日本漫画商主供中国市场，海外发行量较少，再加上国家之间存在各种文化贸易壁垒，对于没有被引进版权的日本漫画，无论是线上购买还是线下购买，中国读者都需付出更多的操作成本、时间成本和关税成本。此外，跨国购买的漫画产品都是未经翻译的原版书，很多读者为了进一步了解其内涵，还需要花费时间和精力学习日语。[2] 因此对中国读者而言，日漫原版图书具有一定的稀缺性，在时空层面和文化层面都表现出距离感、陌生感。汉化组和在线阅读作为一种数字化传播形态，并没有复制纸质载体。或许对日本本国的读者而言，这个金字塔中大部分产品都是唾手可得的，只有顶端产品需要付出一定成本才能占有，但对海外读者而言，除了由 scanlators 翻译和分享的在线浏览版本之外，其他的都很难获取。

随着中日两国对网络盗版传播的打击力度加大，以及中国视频网站开始引进国外版权，作为内容产业一部分的汉化组已经逐步走上合法正版的轨道。

（四）版权正规化时代的到来与准入制度的加强

1992 年，中国加入《伯尔尼公约》和《世界版权公约》，以前未经授权而随意印制外国图书作品的情况开始大幅度减少，日本漫画图书在中国的出版情况首先发生改变。这对日本漫画图书在中国的出版波动产生了巨大影响。

从 2000 年开始，日本漫画作品在中国的出版逐渐恢复，日本漫画作品被越来越多的中国青少年所喜爱。大部分在中国受到欢迎的日本漫画，都是先通过

---

[1] 徐海龙，张文乐. 互联网读者对日本原版漫画的意义再生产 [J]. 出版发行研究，2017 (04)：96-98，77.

[2] 徐海龙，张文乐. 互联网读者对日本原版漫画的意义再生产 [J]. 出版发行研究，2017 (04)：96-98，77.

电视动画的形式进入中国的。进口动画片通过在中国中央电视台等主流媒体的播出，扩大了动漫动画形象的市场知名度，带动了进口漫画、音像图书、玩具等衍生产品的市场销售（如表4-2所示）。①

表4-2 部分漫画中文正版获得授权的年份②

漫画名	漫画连载时间	日文版第一卷（单行本）	中文简体正版授权年份	获得授权的出版社
名侦探柯南	1994年至今	1994年	2002年	长春出版社
蜡笔小新	1990—2009年	1990年	2002年	陕西师范大学出版社
龙珠	1984—1995年	1985年	2005年	中国少年儿童出版社
灌篮高手	1990—1996年	1990年	2005年	长春出版社
海贼王	1997—2021年	1997年	2007年	浙江人民美术出版社
圣斗士星矢	1985—1990年	2001年	2007年	中国少年儿童出版社
哆啦A梦	1969—1996年	1974年	2009年	吉林美术出版社
火影忍者	1999—2014年	2000年	2009年	连环画出版社

2004年后，中国政府开始陆续出台一系列限制进口动画片和鼓励国产动画片传播的政策与措施，包括《关于发展中国影视动画产业的若干意见》（2004）和《关于进一步规范电视动画片播出管理的通知》（2006）（简称"限播令"）。③受此政策的限制，进口动画作品，特别是日本动画片在电视台的播放越来越困难，这对日本漫画图书在中国的出版也产生了不小的影响。

同时，考虑到漫画的主要读者为青少年，因此中国监管部门对漫画出版的审查也开始变得严格。中国版权代理形容日本漫画在中国出版的审查制度为：

---

① 李常庆，张劼圻.日本漫画图书在中国的出版探析［J］.编辑之友，2017（11）：102-107.
② 李芙蓉，李常庆.日本超人气动漫作品在中国传播的新特征［J］.现代出版，2019（01）：87-90.
③ 汪少明，童保红.中国动画政策法规之思考［J］.学习月刊，2011（16）：43-44.

"刀尖必须从尖的改为圆的,刀上流下来的血不能超过三滴。"①

(五) ACGN 产业结构与无法独立割裂的漫画

ACGN 为英文 animation(动画)、comic(漫画)、game(游戏)、novel(小说)的合并缩写,是从 ACG 扩展而来的新词汇。由于传统的 ACG 划定的范围早已不足以覆盖现代青少年文化娱乐的相关领域,因此衍生出添加了轻小说等文学作品的 ACGN 这个词。其中,novel 在 ACGN 领域通常指网络文学以及由网络文学改编的 ACG 作品,或用来泛指 ACGN 圈内接受程度较高的文学作品。②

在日本,ACG 的产业链模式在二战之后至今,经过长期的积累已相当成熟完善(如图 4-8 所示)。中国则借由互联网的发展直接进入了 ACG 乃至 ACGN 的商业模式。③ 时至今日,不管是在中国,还是在日本、美国,ACGN 已形成巨大的商机,不断开发出动画、游戏乃至周边产品,并在全世界备受欢迎。

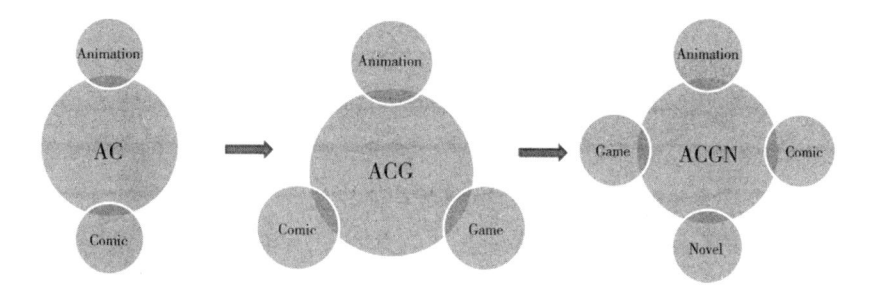

图 4-8 从 AC、ACG 到 ACGN 的产业链模式发展图

随着 ACGN 产业链在中国、日本乃至全世界范围的日趋成熟,必然导致无法独立地、割裂地去看待或考察日本漫画。日本漫画的受众,也逐渐转向与动画、游戏、周边产品等紧密结合、捆绑在一起的消费习惯和审美接纳。

三、近十年来日本漫画在中国的接受

从近十年来中国政府发布的相关产业蓝皮书与行业的年度报告之中,可以观察到日本漫画在中国传播所呈现出的整体接受趋向,主要是由纸媒出版开始

---

① 中国日报. 国家新闻出版广电局:引进日本漫画刀流下的血不能超三滴 [EB/OL]. 中国日报门户网站,2012-12-09.
② 关于 ACG 与 ACGN 等词语的阐释,参见曹瑜虹. 日本 ACG 文化背景下大学生群体网络言行特征 [J]. 国际公关,2023(16):155-157.
③ 中国对二次元产业结构的普遍性理解认为,1995 年之前的产业模式为 AC,1995 年以后形成了三位一体的 ACG 模式,进入 21 世纪以后确立了 ACGN 的格局。

转向电子发布。

中国图书在版编目（CIP）数据中的关键词中，"日本漫画"仍然是中国动漫图书高频关键词之一，"日本"关键词的图书有 159 种，"美国"有 113 种，"韩国"有 40 种。在中国动漫图书前十大关键词占比之中，"日本"为 2.5%，"美国"为 1.3%，"韩国"为 0.6%。

日本漫画在中国的传播呈现出两个态势：纸媒出版的品种数量大幅缩减，以及漫画出版加速从纸媒向网络平台迁移。①

（一）纸媒出版的品种数量大幅缩减

2017 年我国出版的漫画图书品种数量统计显示，中国原创（包含港、澳、台地区作者在内）漫画图书共出版 2120 种，约占总体的 77.18%；引进版漫画图书合计 677 种，约占总体的 22.82%。在引进版漫画图书中，以从美国、日本、英国、德国、法国、比利时等国引进的图书出版最高，以上 6 国约占总体的 21.33%，其余 17 国约占总体的 1.49%。

从国家所在地区来看，中国漫画图书第一是以亚洲作者创作的图书，合计出版图书 2243 种，约占总体的 81.67%；第二是欧洲作者创作的图书，有 252 种，约占总体的 9.16%；第三是北美洲作者创作的图书，有 238 种，约占总体的 8.66%；第四是大洋洲作者创作的图书，有 8 种，约占总体的 0.29%；第五，还有 6 种是南美洲作者创作的图书，约占总体的 0.22%。

截至疫情前的 2019 年，中国共出版漫画图书 1295 种，较之 2018 年下降 39.63%。这是自 2017 年后连续第三年下降，原因主要包括以下四方面：信息传播技术带来的媒介变化，电子图书、网络阅读等带来的冲击；受环保、进口等多种因素影响，纸张价格持续性上涨，进而导致图书定价上涨，销量下降；受 2019 年年初提出的"缩减书号总量，压缩图书品种"的出版政策调整影响；随着移动设备和互联网的快速发展，人们的阅读方式和娱乐方式日益多样化。

从国家新闻出版署发布的《2020 年新闻出版业基本情况》来看，2020 年中国共出版漫画图书 1941 种，较 2019 年仅增长 0.26%，这是自 2015 年以来出版数量连续 5 年下降之后的首次微弱回升，但漫画出版就整体而言仍颓势明显。

截至 2019 年年底，中国的漫画期刊共有 38 种。曾经以漫画为主题的纸媒出版企业，其经营状况一落千丈，不复昔日辉煌。如《漫友文化》的营业收入从 2014 年的 1.54 亿元下降到 2018 年的 0.58 亿元。《漫画会》《漫友》等漫画期刊

---

① 魏玉山，张立，王飚，等.2019—2020 年中国动漫游戏产业发展状况［J］.出版发行研究，2020（09）：5-12.

因难以继续出版,已相继停刊。① 网络动漫迅速崛起,导致中国国内那些仍然停留在传统漫画出版的发行销售模式逐渐衰落。

自2015年以来,中国动漫期刊的出版发行和经营状况每况愈下,在总体期刊中所占分量日渐式微。根据国家新闻出版署发行的《2020年新闻出版业基本情况》,2020年,全国共出版动漫期刊31种,平均期印数42万册,总印数1287万册,总印张55577千印张,占期刊总品种0.30%,总印数0.63%,总印张0.48%。与上年相比,种数降低3.13%,平均期印数降低42.23%,总印数降低45.50%,总印张降低53.37%。②

(二) 漫画出版持续加速从纸媒向网络平台迁移

随着互联网与全球化浪潮的发展,漫画网站与智能手机应用程序成为漫画传播的重要平台,并开始为中国漫画的出版发挥重要影响。③ 近年来,中国网络漫画平台已经形成相当大的产业化规模,且均拥有各平台自主的电脑端与手机端APP应用。中国网络技术的迅猛发展,推动了网络的普及以及网速的提升,给中国漫画受众群体带来了更好的漫画阅读体验。中国网络漫画的各大平台,也从提供漫画给读者阅读,发展成内容创作、整体营销、流量变现、商业拓展等多聚合业态。

以2017年为例,中国手机移动动漫市场整体活跃人数在第一季度就达到了7234.95万人,第二季度攀升至8946.66万人,第三季度达9584.52万人。这一年,年度活跃用户渗透率排名居前的两大巨头网络平台是"快看漫画"和"腾讯漫画",第二梯队包括"看漫画""咪咕圈圈""网易漫画""漫漫漫画""漫画岛""动漫之家""有妖气漫画"等。④

受疫情带来的"宅文化"风潮影响,2019年1月,中国网络漫画月均活跃用户规模为733.48万人,到了2020年1月,该数值则增长至9602.38万人,全年增长率达到30.83%。

各大网络漫画平台呈现出明显的头部效应的市场格局。其中,仅2019年,

---

① 魏玉山,张立,王飚,等.2019—2020年中国动漫游戏产业发展状况[J].出版发行研究,2020(09):5-12.
② 国家新闻出版署.2020年全国新闻出版基本情况[DB/OL].国家新闻出版署官方网站,2023-05-30.
③ 牛兴侦,宋迪莹.我国动漫产业驶入快车道:动漫产业的发展现状与趋势分析[J].出版广角,2018(18):6-9.
④ 中国动漫游戏产业年度报告课题组,张立,王飚,等.2017年中国动漫游戏全国产业年度报告(摘要版)[J].出版发行研究,2018(10):36-39.

"快看漫画"以月均活跃用户规模3504.57万人、25.9%的行业占有率而独占鳌头；"腾讯动漫"和"微博动漫"则成为行业第二梯队[①]；其他位于第三梯队的中国漫画APP仅分得了极少部分的市场占有率。

2020年是疫情影响较为明显的一年。中国网络漫画整体的月均活跃用户规模，2019年12月为6844.88万人，次年同期的2020年12月就下跌至4985.47万人，降幅27.16%。截至这一时间，以网络漫画家和个人创作者为主体的中国漫画创作平台的整体用户规模为253.85万人；而作为中国网络漫画爱好者聚集地的二次元社区，其整体用户规模为1309.45万人。

2020年，"快看漫画"仍以月活量2487.68万人盘踞榜首，其市场占有率已经攀升至49.90%；"腾讯动漫"仍凭借集团优势跻身行业第二梯队，而"哔哩哔哩漫画"在收购整合了"网易漫画"后，已在加速赶超"腾讯动漫"，同为第二梯队；第三梯队的其他漫画APP，仍只能分得较小的市场份额。在第三梯队之中，除"微博动漫"和"动漫之家"拥有较为稳定的用户群体，其他漫画APP的用户数据并不稳定，市场表现时好时坏。[②]

纸媒出版的连年下降与漫画期刊发行的全面衰落，意味着中国漫画的阅读习惯、传播途径均发生了本质上的改变。[③]

四、中国漫画APP中的日本漫画

近年来，随着互联网多媒体技术的迅猛发展，中国"Z世代"受众的接纳习惯与审美情趣的变迁，漫画的纸媒出版已经逐渐无法满足5G时代的需求。"内容为王"的数字出版时代的到来，对漫画的纸媒出版造成了极大的冲击。

数字时代的阅读方式改变了大众接触信息的渠道，尤其是移动终端网络的普及化，促使手机APP成为漫画阅读的主流渠道。以手机APP为主体的数字时代阅读，能够有效且快速地满足读者想到就有、需要就读、读就能懂的阅读需求。漫画出版物区别于以文字为主的普通出版物，漫画更仰赖于平面设计的基础、动漫设计的能力以及多媒体专业的技术。随着漫画自身的不断发展和市场化需求，数字漫画出版物在新市场环境下应运而生，快速完成了由传统纸质漫

---

① 魏玉山，张立，王飚，等.2019—2020年中国动漫游戏产业发展状况[J].出版发行研究，2020（09）：5-12.
② 本课题组，魏玉山，王飚，等.2020—2021年中国动漫游戏产业年度报告[J].出版发行研究，2021（12）：26-31.
③ 以上数据统计，部分来源于《数字经济蓝皮书》《数字创意产业蓝皮书》《中国动漫产业年度报告》《中国二次元内容行业白皮书》。

画向电子漫画的华丽转身。

数媒出版商将优秀漫画出版物重新包装后，在用户数量庞大的移动终端APP上线发布，读者通过APP Store/Android应用商店，即可下载漫画APP客户端，不受时间、地点限制，随时体验漫画带来的无限乐趣。[①]

中国漫画APP上线伊始，便着力将拥有中、日、韩、欧美漫画资源作为打开增加用户黏性之门的钥匙。同时，中国漫画各大APP也向国内外原创漫画家伸出橄榄枝，大量签约国内外漫画创作者，搜罗国内外漫画版权，抢夺热门、大IP以吸引用户，从而打造漫画的海量资源内容。[②]

（一）"快看漫画"APP

"快看漫画"APP定位为轻阅读，旨在面向互联网手机用户提供高清全彩原创漫画，在充实用户的业余时间的同时，给用户打造良好的阅读体验。"快看漫画"APP的受众群体主要聚焦在女性身上，根据相关统计，该APP的用户年龄分为在20~40岁不等，其中24岁以下占52.25%，25~30岁28.47%，31~35岁11.59%，36~40岁6.39%，40岁以上1.3%，90后年轻读者最多。[③] "快看漫画"产品定位的方向是少女风格，偏向于年轻女性，虽然也加了男生模式，但仍然还是以女性用户群体为主。

"快看漫画"APP是迄今为止中国国内最大规模、最活跃的00后ACGN社区。在"快看漫画"的用户中00后占比超过85%，聚集了漫画、cosplay、声优等00后喜欢的内容，形成了浓厚的社区氛围。

2021年8月5日，"快看漫画"在北京召开了产品升级发布会。在该发布会上，创始人陈安妮启动了"双十亿"创作扶持计划，预期耗时三年、总计投入10亿元，来扶持中国原创作者的漫画创作。[④]

"快看漫画"APP形成了漫画、漫剧、社区、动画影视、周边衍生、游戏、线下体验等领域的一站式服务体系，是中国年轻人的国漫IP平台和分享社区。主要培育创作者生态，助推扶持原创国漫。以原创漫画为核心，打造国漫创作者生态，推动漫画原创作者收入多元化。

"快看漫画"APP将漫画分为三大类别，包括国漫、韩漫、日漫。其中国漫数量最多，有8496种，其次是韩漫有507种，而日漫仅有93种。"快看漫画"

---

① 陈日月. APP应用平台下漫画出版物的数字化转型研究实践 [J]. 新媒体研究, 2015 (18): 35-36.
② 南嘉鱼. 2017漫画APP排行榜TOP30 [EB/OL]. 搜狐网, 2017-08-14.
③ 林锦燨. 条漫出版机制研究：以"快看"为例 [J]. 当代动画, 2021 (04): 114-118.
④ 林锦燨. 条漫出版机制研究：以"快看"为例 [J]. 当代动画, 2021 (04): 114-118.

APP 中的日漫人气前十为《魔卡少女樱》《还有一秒吻上你》《妖怪新娘》《千万次的初吻》《玛丽苏快滚开》《你的名字》《鬼灭之刃》《动物狂想曲》《银魂》《乌莎哈的一天》。除了《你的名字》《鬼灭之刃》《银魂》《动物狂想曲》等在日本国内也十分火热的大 IP 漫画作品之外，上榜的其他日本漫画作品仍然延续"快看漫画"APP 对少女漫画风格的定位。

（二）"腾讯动漫"APP

男性用户比例为 55%，女性用户比例为 45%，用户性别相对均衡。腾讯集团从整体上进行"泛娱乐"式布局，"腾讯动漫"APP 则成为其中的重要一环。"腾讯动漫"APP 以漫画为主体，着重培育动漫的衍生 IP，并可以将漫画进行跨领域授权，从而衍生出影视、游戏、周边等创造性作品，来为进一步漫画进行深度增值，这就为"腾讯动漫"APP 在跨领域授权改编上带来了绝对优势，漫画作品可以依托腾讯集团在游戏、动漫、文学、影业上进行多领域合作，腾讯动漫 IP 可以在腾讯内部相互授权，形成规模经济效应。① "腾讯动漫"APP 将着力点放在储备精品动漫 IP 之上。作为腾讯旗下的 IP 生产地，诞生了《狐妖小红娘》和《一人之下》等多个头部 IP 漫画。腾讯投资的漫画企业进行战略合作，累积了大量 IP 库存。

"腾讯动漫"APP 只有国漫和日漫两个分类，全平台无韩漫。其中国漫 5580 种，日漫 32 种。在仅有的 32 种日本漫画之中，以正版引进的老牌知名作品居多，如《网球王子》《排球少年》《圣斗士星矢》《龙珠》《阿拉蕾》《火影忍者》《航海王》《花样男子》《食戟之灵》《游戏王》等。

（三）"哔哩哔哩漫画"APP

哔哩哔哩旗下高质量漫画平台，为其 ACG 内容生态补充了"漫画"环节。"哔哩哔哩漫画"APP 延续哔哩哔哩的二次元定位，协同平台主站上线漫画频道，早期以优秀日漫为主，如今国漫作品影响力也逐渐提高。哔哩哔哩在陆续收购了"网易漫画""有妖气"等漫画平台后，极大程度地补充了旗下 IP 作品资源。

用户付费意愿强是"哔哩哔哩漫画"APP 的主要特点之一。哔哩哔哩漫画发展主要倚靠其早年的日漫用户，核心用户群体年龄层较高。日漫转国漫的用户普遍付费能力强、消费潜力大。

"哔哩哔哩漫画"APP 的漫画分类最为齐全和细化，主要包括中国漫画

---

① 米高峰，赵鹏. 腾讯互动娱乐的 IP 跨媒介出版策略研究 [J]. 出版广角，2017（15）：57-59.

（不包括港、澳、台漫画）、日本漫画、韩国漫画、其他国家漫画四类，其中中国漫画4411种，日本漫画数量次之，为1852种，韩国漫画为344种，其他国家漫画为86种。[①]"哔哩哔哩漫画"APP作为中国国内目前拥有正规版权的日本漫画体量最大的线上漫画平台，日本漫画的类别、各不同时期的经典名作的覆盖最为齐全，除了老牌知名漫画作品，如《航海王》《名侦探柯南》《排球少年》《精灵宝可梦》《新世纪福音战士》《钢之炼金术师》《金田一少年事件簿》，还有近年来在日本国内拥有极高热度的人气作品，如《鬼灭之刃》《咒术回战》《一拳超人》《黑执事》《文豪野犬》《终末的女武神》《乔乔的奇妙冒险》，同时紧跟日本漫画界最新流行动向，以近乎同步的速度实时转载日本国内当前人气作品，如《间谍过家家》《动物狂想曲》《测不准的阿连波同学》《虚构推理》等。

五、近年来日本漫画在中国传播低迷的原因

21世纪的最近十年，尤其是2017年以后至今的日本漫画、日本动画在中国以"Z世代"群体为主力军的动漫市场之中，不再在受众心目中占据绝对的地位，伴随着中国"二次元"受众群体的扩大，日本漫画反而呈现出低迷态势。这与中国对出版与播放的审核制度、中国漫画的发展等复杂原因关系密切。

（一）中国漫画的崛起

一方面，作为"文化软实力"，中国政府极为重视中国漫画、动画的发展，在党中央乃至各地政府的支持下，各地建立的"动漫基地"如雨后春笋，针对中国漫画的政府补贴也从未间断。另一方面，中国市场的资本开始将漫画和动画视为"朝阳产业"，不断增加大规模投资。中国漫画市场的容量、规模也在日益提高。中国漫画和动画的产业环境发展势头良好。

中国漫画已经开始尝试建立和美国同款的"宇宙"体系，比如，"魁拔宇宙""西游宇宙""封神宇宙"，再加上尖端技术的运用、IP运作模式和商业化开发能力的成熟，足以为中国漫画今后的发展提供强有力的技术、人才和资金的支持。

（二）美国漫画、韩国漫画与其他国家漫画的市场割据

在世界范围内，日本动漫的市场占有率仍然居高。但美国、欧洲、韩国的动漫已经来势汹汹地涌入中国漫画市场。

---

① 以上三大漫画APP网站拥有漫画数量统计，截至2023年6月。各大漫画APP网站对漫画的购买版权、引进、签约、下架等均处于实时的浮动变化之中。

随着中国漫画市场的快速发展，世界各国动漫公司纷纷入场中国，严重挤压了日本漫画的生存空间，动摇了日本漫画在中国受众心中的地位和根基。竞争压力变大，日本漫画在中国市场不如以往，也就在情理之中了。

（三）中国的准入与审查制度的影响

随着中国政府对出版行业、传媒行业审查机制的变化，日本漫画的出版和日本动画的播放数量都在锐减。中国国内各大漫画 APP、动漫视频网站均采用了"先审后播"制度，仅 2023 年 4 月就比去年同期下降了 50%，仅为去年同时期的一半。读者阅读渠道的变窄，日本漫画的热度也就自然下降了。

（四）中国漫画出海日本的意愿与动向

2015 年开始，中国漫画开始尝试"登陆"日本市场。2016 年，日本国内播放了中国动画连续剧《一人之下》；2019 年，日本院线上映了中国动画电影《罗小黑战记》；2020 年，日本国内播放了中国动画连续剧《魔道祖师》。在日本大热的《镖人》等，均是中国制作的动漫作品。其中《镖人》更是曾被 NHK 电视台三次报道介绍，其热度可见一斑。

《罗小黑战记》剧场版在日本的票房排到了当年前十（票房为 1000 万元左右），而《魔道祖师》的光盘销量甚至曾冲到全日本第二的位置，《一人之下》在日本也曾经做过大规模的宣发。尽管从整体上看，中国漫画、动漫在日本的成绩依然比不上日本动漫，但中国漫画与动画出海日本的意愿与热情仍然极高。

六、结语

（一）彼此借鉴与互相学习

从一定意义上而言，日本漫画为中国漫画产业的发展打下了某种基础，即为中国漫画市场的发展预先培养了一大批漫画的热爱者。与此同时，日本漫画的启蒙，也在无形之中提高了中国漫画的审美水准与市场竞争水平。

历经 50 多年的磨砺与积累，日本漫画产业从"同人志"发足，进而发展为企业化规模，产业流程成熟完善，并形成了日本漫画独特的技法与表达。截至 20 世纪 90 年代，日本漫画产业已构建了全球最完备、高效的动漫开发、人才选拔及销售体系。[①]

日本出版商在漫画杂志上寻找有潜力的作品和作者，让读者投票选出优秀作品，这个过程类似于"选秀节目"。其首要目的是发现优秀作品、吸引读者关

---

① 梁卫. 中日漫画出版行业合作前景浅析［J］. 中国出版，2012（16）：33-36.

注，而漫画杂志本身不盈利，所以漫画周刊价格便宜，但发行量大。日本出版商会对优秀的漫画作品进行包装宣传，再出版成书推向市场。日本漫画书价格较高，但也只是出版商一小部分的利润来源，其背后更大的利益来自动画片、电影、电子游戏和衍生品等。经过成熟的商业化流程的操作，日本出版商可获得巨大利润，一个成功的漫画产品的收益，可高出投入的几十甚至上百倍。在这种模式成熟以后，可不断产生热点作品，带动产业链增值。[①]

漫画产品本身的水准是市场成败的关键。以高品质要求来培养中国的漫画创作者，对故事和画面品质均采用国际一流水准去要求，能够更快将中国漫画水准提升至世界一流水平。

日本漫画制作精良、内容丰富、产品类别齐全，这养足了中国的读者群体的胃口。因此，中国读者不仅对日本动漫作品与日本漫画家如数家珍，也更倾向于去追寻质量较高的漫画产品。这也就意味着，如果中国动漫索然无味，将无法赢得消费者，也难以在市场立足。[②]

（二）关注审美趋同与审美差异

从 20 世纪 80 年代至今，中国受众对日本漫画的接纳过程呈现出了不同时期的变化，这一方面来自互联网的发达和技术手段的进步，同时给日本漫画在中国的传播形式带来了深刻的影响；另一方面源于中日两国之间的文化接近性与文化差异性。

中日两国文化在千年之久的岁月积淀过程之中，也展现出了一定的"东亚式"审美趋同性。这体现在中国读者对这日本漫画的文化接受较为容易，与漫画的内容、情节、人物、审美相对容易产生共情。但是，如果只有文化接近性，日本动漫不可能在中国如此广泛地传播，也不可能持续几十年的时间。人类对于文化交融的需要，使得文化的差异性为中国漫画受众带来了新的审美情绪的刺激，从而促成甚至加速了日本漫画在中国的跨文化传播。[③]

中日两国文化虽然具备一定的共通性，但二者之间的差异性也是显著的。

[①] 梁卫. 中日漫画出版行业合作前景浅析［J］. 中国出版，2012（16）：33-36.
[②] 梁卫. 中日漫画出版行业合作前景浅析［J］. 中国出版，2012（16）：33-36.
[③] J. 斯特劳哈尔（Joseph Straubhaar）在 1991 年首次提出文化接近性这一概念，指受众基于对本地文化、语言、风俗等的熟悉，较倾向于接受与该文化、语言、风俗接近的节目。德国社会学家希姆米尔（Simmel）等人在跨文化传播研究的最初阶段提出了"陌生人"概念，美国社会学家罗伯特·帕克（Robert Ezra Park）在此概念基础上提出了差异性概念。这种差异性指传播参与者双方的差异程度，人们虽然喜欢和自己相同的人交往，但是，最佳的沟通伙伴却是在某些变量上一致，而在某一些变量上各异，此时，信息交换效果最佳。

这种文化差异性，同时让中国读者在接纳日本漫画审美之时，有意识地去寻求和思考审美距离，这种新的文化体验，在一定程度上催生了对异文化魅力的憧憬与想象。中日两国在历史长河之中形成的文化接近性，与二者之间恰好适量的文化差异，是促成中日两国之间跨文化传播的基础与前提。因此，中日两国对于漫画审美的趋同性与差异性被同时关注，既然作为"二次元老家"的日本漫画，其日式"二次元"审美风格能够被中国受众广泛接受；那么水墨丹青风格的中国漫画"国潮"审美，走入日本漫画市场，同样也就具备了极大的可能。

（三）互惠共赢与共同繁荣

中国政府对国外文化产品采取谨慎开放的政策，尤其是在日本漫画领域。[①] 通过与日本漫画出版商的合作，我国漫画产业得以借鉴日本丰富的行业经验和管理模式，开发原创作品，进一步推动我国漫画产业的繁荣发展。在遵循国家政策的前提下，中日双方携手合作，共同为中国漫画读者带来更多优质的漫画产品。

中国政府为确保文化安全和维护文化产品质量，一直对国外文化机构及部分类别的文化产品进入中国市场采取审慎政策。在此背景下，日本漫画在中国市场的销售、出版和发行都受到严格规定。较高的准入门槛使得渴望进入中国市场的日本漫画出版商无法在华设立独立分支机构，因此，他们不得不选择与中国出版机构合作，并在遵守中国政府出版管理部门的规定下参与我国市场。

日本漫画与中国出版机构的合作形式多样，从简单的产品版权转让，到人才培训、技术支持，乃至成立中方控股的合资公司。然而，当前中国政府对日本漫画出版的审批周期较长，每年成功在中国上市的日本漫画数量有限。因此，要实现更大规模的合作，可行的途径是在中国开发原创漫画，充分利用日本的行业运作、管理经验和高技术专业人才，这也是中国业界迫切需要的。[②]

近年来，我国已成立两家中日合资漫画出版机构，包括中南出版集团与日本角川书店合资的天闻角川动漫有限公司，以及日本讲谈社与广西出版集团合资的《劲漫画》杂志社。在这两家合资机构的带领下，预计未来将有更多日本企业凭借漫画领域的专业优势和出版资源，通过合资方式进入中国市场。

在这种合作模式下，日本经验丰富的专业人才将直接参与、指导产品的开发和运营管理，甚至引入日本行业运作流程。这对于我国漫画产业的发展将产生巨大的推动力，有助于提升我国漫画作品的品质和国际竞争力。同时，这种

---

① 梁卫. 中日漫画出版行业合作前景浅析 [J]. 中国出版，2012 (16): 33-36.
② 梁卫. 中日漫画出版行业合作前景浅析 [J]. 中国出版，2012 (16): 33-36.

合作方式也有助于推动我国文化产业的发展，丰富国内文化市场，满足广大消费者的需求。①

不得不说，日本漫画在中国漫画爱好者心中始终占据着不可替代的地位，中国的漫画爱好者时刻关注日本漫画市场上的种种变化。这一特点可在中日合作中被充分利用，借日本合作方的便利条件，在日本市场上推广中国漫画的原创作者与作品；或创建中日合作机构，在日本发行中国漫画作者的优秀作品，进而"反推"中国漫画市场。这些都是可以探讨和尝试的可能。

中国漫画业界与日本开展合作、合资，创造学习和引入高效的日本漫画出版与发行机制的条件，将其应用到中国漫画市场的实际运行中去，从而推动中国原创漫画的纵深发展。互利双赢的模式能够促成中日漫画产业的共同持续发展。日本在提供经验技术的同时赢得参与中国极具潜力的巨大市场的先机，合作共赢将促使中日两国漫画行业的发展更加成熟。

（本稿系国家社科基金教育学项目"我国国际传播人才培养的现状、问题与对策研究（BGA220159）"的阶段性成果。）

作者：祝力新　中国传媒大学

---

① 梁卫. 中日漫画出版行业合作前景浅析［J］. 中国出版，2012（16）：33-36.

参考文献

一、中文文献

（一）著作

[1]《鄂伦春族简史》编写组.鄂伦春族简史[M].北京：民族出版社，2008.

[2]《鄂伦春族自治旗概况》编写组.鄂伦春族自治旗概况（修订本）[M].北京：民族出版社，2009.

[3] 鄂伦春族自治旗史志编纂委员会.鄂伦春族自治旗志[M].海拉尔：内蒙古文化出版社，2011.

[4] 关小云.大兴安岭鄂伦春[M].哈尔滨：哈尔滨出版社，2003.

[5] 何群.环境与小民族生存：鄂伦春文化的变迁[M].北京：社会科学文献出版社，2006.

[6] 何群.民族社会学和人类学应用研究[M].北京：中央民族大学出版社，2009.

[7] 白鹤.书艺珍品赏析：褚遂良[M].长沙：湖南美术出版社，2007.

[8] 钱易.南部新书[M].黄寿成，点校.北京：中华书局，2002.

[9] 荒金大琳，荒金治.唐褚遂良书雁塔圣教序[M].北京：文物出版社，2007.

[10] 陈忠凯，王其祎，李举纲，等.西安碑林博物馆藏碑刻总目提要[M].北京：线装书局，2006.

[11]《中国书画全书》编纂委员会编.中国书画全书：第三册[M]上海：上海书画出版社，2000.

[12] 经盛鸿.南京沦陷八年史[M].北京：社会科学文献出版社，2013.

[13] 石田干之助.欧人之汉学研究[M].朱滋萃，译.太原：山西人民出

版社，2015.

[14] 刘正. 图说汉学史 [M]. 桂林：广西师范大学出版社，2005.

[15] 张伯伟. 域外汉籍研究入门 [M]. 上海：复旦大学出版社，2012.

[16] 汪德迈. 新汉文化圈 [M]. 陈彦，译. 南昌：江西人民出版社，1993.

[17] 丁春梅. 清代中琉关系档案研究 [M]. 北京：中国档案出版社，2007.

[18] 李庆. 日本汉学史 [M]. 上海：上海人民出版社，2016.

[19] 何寅，许光华. 国外汉学史 [M]. 上海：上海外语教育出版社，2000.

[20] 桑兵. 国学与汉学：近代中外学界交往录 [M]. 北京：中国人民大学出版社，2010.

[21] 张西平. 欧洲藏汉籍目录丛编：1 [M]. 广州：广东人民出版社，2020.

[22] 芥川龙之介. 读本芥川龙之介 [M]. 高慧琴，等译. 北京：人民文学出版社，2011.

[23] 芥川龙之介. 芥川龙之介短篇小说选集 [M]. 郭丽，译. 上海：世界图书出版上海有限公司，2019.

[24] 盛伟. 蒲松龄全集：第一册 [M]. 上海：学林出版社，1998.

[25] 渡边照宏，宫坂宥胜. 沙门空海 [M]. 李庆保，译. 上海：东方出版社，2016.

[26] 王向远. 中国题材日本文学史 [M]. 上海：上海古籍出版社，2007.

[27] 邱雅芬. 芥川龙之介研究文集 [M]. 南京：译林出版社，2014.

[28] 西乡信纲. 日本文学史 [M]. 佩珊，译. 北京：人民文学出版社，1978.

[29] 近代日本思想史研究会. 近代日本思想史：第二卷 [M]. 北京：商务印书馆，1991.

[30] 芥川龙之介. 罗生门 [M]. 林少华，译. 上海：上海译文出版社，2010.

[31] 长泽规矩也. 中国版本目录学书籍解题 [M]. 梅宪华，译. 北京：书目文献出版社，1990.

[32] 荒金大琳. 关于《雁塔圣教序》建立经过的一点思考 [M]//法门寺唐文化国际学术讨论会论文集. 西安：陕西人民出版社，2000.

（二）期刊

[1] 李梦媛. 褚遂良《雁塔圣教序》补笔修正考 [J]. 南京艺术学院学报（美术与设计版），2014（6）.

[2] 冯玉春. 雁塔圣教序笔画异常现象管见 [J]. 青少年书法报，2010（19）.

[3] 荒金治.《雁塔圣教序》的修正线 [J]. 青少年书法，2008（4）.

[4] 荒金治. 四种《圣教序》的背景 [J]. 青少年书法，2006（9）.

[5] 朱宝琴. 藏本失踪事件与蒋汪的联合应对 [J]. 扬州大学学报（人文社会科学版），2012（3）.

[6] 石决明. 外国学者关于中国经济史之研究 [J]. 中国经济，1934（10）.

[7] 梅光迪，何惟科. 通论：中国文学在现在西洋之情形 [J]. 文哲学报，1922（2）.

[8] 王光祈. 近五十年来德国之汉学 [J]. 新中华，1933（17）.

[9] 孟承宪，虞斌麟. 欧洲之汉学 [J]. 国学界，1937（34）.

[10] 梁绳祎. 外国汉学研究概观 [J]. 国学丛刊，1941（5）.

[11] 陈梦家. 中国的汉学研究 [J]. 周论，1948（10）.

[12] 莫东寅. 日本之东洋史研究 [J]. 中国留日同学会季刊，1943（4）.

[13] 梅宪华. 日本汉籍版本目录学研究源流概述 [J]. 文献，1993（1）.

[14] 罗志欢. 日本汉籍目录知见录 [J]. 中国典籍与文化，1993（1）.

[15] 徐家齐. 中国学术在世界学术上之影响 [J]. 江苏省立南通中学校刊，1934（5）.

[16] 桑原鹭藏. 中国学研究者之任务 [J]. 新青年，1917（3）.

[17] 青木富太郎，毕殿元. 近五十年来日本人对于中国历史之研究 [J]. 北华月刊，1941，1（4）.

[18] 尹允镇. 芥川龙之介艺术之谜简析 [J]. 延边大学学报（社会科学版），1990（3）.

[19] 张后贵. 传统与现代的冲撞——论芥川龙之介小说《桔子》[J]. 盐城师范学院学报（人文社会科学版），2016（6）.

[20] 芥川龙之介，于吟梅. 舞会 [J]. 日语学习与研究，1982（6）.

[21] 王伟军，叶建梅，周锐. UGC 短视频用户持续贡献行为影响因素及作用机理研究 [J]. 图书与情报，2022（5）.

[22] 董娜. 基于用户生成内容的短视频网络舆情传播生态系统构建 [J].

图书馆，2022（4）．

［23］赵宇翔，范哲，朱庆华．用户生成内容——UGC 概念解析及研究进展［J］．中国图书馆学报，2012（5）．

［24］刘婷艳，王晰巍，贾若男，等．视频网站用户生成内容国内外发展动态及发展趋势［J］．情报科学，2020（10）．

［25］翟姗姗，弓越，查思羽，等．基于 UGC 的非遗短视频传播力测度研究［J］．现代情报，2023（1）．

［26］戴华东．跨文化视域下中国社交媒体 APP 的国际化探索与实践——以抖音海外版 TikTok 为例［J］．传媒，2022（21）．

［27］敖永春，周晓萍，马鑫．基于 TikTok 平台的中华文化国际传播创新路径［J］．传媒，2022（22）．

［28］胥杰文．《阴阳师》手游不断保持 IP 热度的策略研究［J］．声屏世界，2021（17）．

［29］付晶晶．手机游戏《阴阳师》的文化传播分析［J］．南京邮电大学学报（社会科学版），2019（4）．

［30］刘焱彬．电子游戏分类小知识［J］．家庭电子，1995（2）．

［31］王晓冬．游戏视觉角度在游戏发展中所起的作用［J］．技术与市场，2012（12）．

［32］梁卫．中日漫画出版行业合作前景浅析［J］．中国出版，2012（16）．

［33］李常庆，张劼圻．日本漫画图书在中国的出版探析［J］．编辑之友，2017（11）．

［34］李芙蓉，李常庆．日本超人气动漫作品在中国传播的新特征［J］．现代出版，2019（1）．

［35］徐海龙，张文乐．互联网读者对日本原版漫画的意义再生产［J］．出版发行研究，2017（4）．

［36］李常庆．日本现代漫画出版研究［J］．北京大学学报（哲学社会科学版），1999（5）．

［37］龚傲雪．浅析日本动漫在中国的跨文化传播［J］．传播与版权，2021（3）．

［38］孟晓明，牛兴侦，郭文放．日本漫画出版对我国的启示［J］．出版广角，2018（13）．

［39］汪少明，童保红．中国动画政策法规之思考［J］．学习月刊，2011

(16).

[40] 魏玉山, 张立, 王飚, 等. 2019—2020年中国动漫游戏产业发展状况 [J]. 出版发行研究, 2020 (9).

[41] 牛兴侦, 宋迪莹. 我国动漫产业驶入快车道——动漫产业的发展现状与趋势分析 [J]. 出版广角, 2018 (18).

[42] 陈日月. APP应用平台下漫画出版物的数字化转型研究实践 [J]. 新媒体研究, 2015 (18).

[43] 米高峰, 赵鹏. 腾讯互动娱乐的IP跨媒介出版策略研究 [J]. 出版广角, 2017 (15).

[44] 全寅初.《韩国所藏中国汉籍总目》的编纂与体例 [J]. 中国索引, 2005 (4).

(三) 其他

[1] 张贺. 海外中文古籍加速回流 [N]. 人民日报, 2020-06-26 (5).

[2] 沈津. 有多少中国古籍存藏在美国东亚图书馆 [N]. 上海《文汇报》, 2018-07-13 (2).

[3] 刈间文俊. 丝路上的音乐交响 [N]. 北京晚报, 2018-07-26 (33).

[4] 西安碑林博物馆. 第七届中国书法史论国际研讨会论文集 [C]. 北京: 文物出版社, 2009.

[5] 马伯乐. 近代"汉学"研究论 [C] // 李孝迁. 近代中国域外汉学评论萃编. 上海: 上海古籍出版社, 2014.

[6] 内蒙古鄂伦春族民族研究会. 保护与传承：鄂伦春族民族文化研讨会论文集 [C]. 呼伦贝尔: 内蒙古鄂伦春族民族研究会, 2008.

二、日文文献

(一) 著作

[1] 倉野憲司, 校注. 古事記 [M]. 東京: 岩波書店, 1991.

[2] 大津透, 桜井英治など. 岩波講座日本歴史：第二卷 [M]. 東京: 岩波書店, 1962.

[3] 石川謙. 学校の発達 [M]. 東京: 岩崎書店, 1953.

[4] 春山作樹. 日本教育史論 [M]. 東京: 国土社, 1979.

[5] 石川松太郎. 藩校と寺子屋 [M]. 東京: 教育社, 1978.

[6] 瀬川昌久. 文化のディスプレイ——東北アジア諸社会における博物

館、観光、そして民族文化の再編［M］．東京：風響社，2003．

［7］劉正愛．民族生成の歴史人類学：満洲・旗人・満族［M］．東京：風響社，2006．

［8］費孝通．中華民族の多元一体構造［M］．東京：風響社，2008．

［9］小長谷有紀，川口幸大，長沼さやか．中国における社会主義的近代化——宗教・消費・エスニシティ［M］．東京：勉誠出版，2010．

［10］田悦一．万葉集の発明—国民国家と文化装置としての古典［M］．東京：新曜社，2019．

［11］品田悦一．万葉ポピュリズムを斬る［M］．東京：短歌研究社，2020．

［12］植木行宣．山・鉾・屋台の祭り［M］．東京：白水社，2001．

［13］京町家作事組．町家再生の技と知恵：京町家のしくみと改修のてびき［M］．東京：学芸出版社，2002．

［14］高橋康夫，中川理．京まちづくり史［M］．長崎：昭和堂，2003．

［15］杉本秀太郎，中村利則．京の町家［M］．東京：淡交社，1992，．

［16］大場修．近世近代町家建築史論［M］．東京：中央公論美術出版，2004．

［17］上田篤，土屋敦夫．町家共同研究［M］．東京：鹿島出版会．1975．

［18］住生活研究所編．甦る都市：職人のまち西陣から新しい市民のまちへ［M］．東京：学芸出版社．1995．

［19］黒竹節人．よみがえる京町家くろちく［M］．京都：光村推古書院，2004．

［20］小島正子，木島始，小島徳造，等．ある京町家の100年［M］．東京：透土社，1999．

［21］長谷川滋生．漢文教育史研究［M］．東京：青葉図書，1984．

［22］石毛慎一．日本近代漢文教育の系譜［M］．神奈川：湘南社，2009．

［23］三浦叶．明治の漢学［M］．東京：汲古書院，1998．

［24］滑川道福．国語教育資料：第三巻：運動・論争史［M］．東京：東京法令，1981．

［25］文部省編輯局．日本教育史略［M］．東京：文部省，1877．

［26］増淵恒吉．国語教育資料：第五巻：教育課程史［M］．東京：東京法令，1981．

［27］四方一弥．『中学校教則大綱』の基礎的研究［M］．東京：梓出版，

2004.

[28] 幸徳秋水．中江兆民全集別巻［M］．東京：岩波書店，1986.

[29] 陆奥宗光．蹇蹇録［M］．東京：岩波書店，1983.

[30] 浅野洋．芥川龍之介作品論集成：羅生門今昔物語の世界［M］．東京：翰林書房，2000.

[31] 芥川龍之介．芥川龍之介全集：第一巻［M］．東京：岩波書店，1995.

[32] 藤田祐賢．中国古典文学全集：第二十二巻：聊斎志異解説［M］．東京：平凡社，1958.

[33] 尾崎紅葉．紅葉全集［M］．東京：岩波書店，1993.

[34] 木谷喜美枝．尾崎紅葉の研究［M］．東京：双文社，1995.

[35] 岡保生．尾崎紅葉その基礎的研究［M］．東京：日本図書センター，1983.

[36] 塩田良平．山田美妙研究［M］．東京：日本図書センター，1989.

[37] 本間久雄．明治文学史：下巻［M］．東京：東京堂，1936.

[38] 田山花袋．明治文学回顧：録集二［M］．東京：筑摩書房，1980.

[39] 平岡敏夫．明治大正文学史：集成6［M］．東京：日本図書センター，1982.

[40] 司馬遼太郎．空海の风景［M］．東京：中央公論新社，2017.

[41] 梦枕貘．沙門空海之大唐鬼宴：巻四［M］．東京：角川文庫．2018.

（二）期刊

[1] 足立重和．地域づくりに働く盆踊りのリアリティ：岐阜県郡上市八幡町の郡上おどりの事例から［J］．フォーラム現代社会学，2004（3）．

[2] 坂部晶子．中国少数民族の人類学的・社会学的研究についての一考察［J］．北東アジア研究，2011（1）．

[3] 麻国慶．狩猟民族の定住と自立［J］．人文学報，2003（338）．

[4] 宗田好史．京町家の再生とまちづくり［J］．造景，2002（35）．

[5] 荒金信治．雁塔聖教序建立の経緯［J］．別府大学紀要，1993（34）．

[6] 荒金大琳．雁塔聖教序建立の経緯と思考——「序・序記」両碑の位置の誤記を正す［J］．墨，1993（105）．

[7] 伊藤滋．『雁塔聖教序』その書道史的位置づけと背景を追う［J］．墨，1993（105）．

[8] 堀久雄．展大手本から『雁塔聖教序』の文字形態・筆法のポイント

を学ぶ［J］．墨，1993（105）．

［9］貞政研司．雁塔聖教序の『切筆』［J］．鶴見大学紀要，1995（32）．

［10］池田絵里香．『雁塔聖教序記碑』に見える複雑な刻線の考察［J］．書学書道史研究，2020（30）．

［11］日向雅之．雁塔聖教序修正線についての一考察［J］．東洋通信，2017（54）．

［12］石毛慎一．近代における前期中等漢文教育の史的展開［J］．国語科教育，2002（52）．

［13］木村淳．漢文教科書における時文教材：明治期の検定制度との関わりから［J］．中国文化：研究と教育，2012（70）．

［14］岡保生．尾崎紅葉・幸田露伴の文体：その言文一致体小説を中心として［J］．国文学：解釈と教材の研究，1960（4）．

［15］木谷喜美枝．尾崎紅葉の初期文体：言文一致への過程［J］．国文目白，1973（3）．

［16］中里理子．尾崎紅葉の言文一致文：『多情多恨』を中心に［J］．上越教育大学研究紀要，2002（2）．

［17］揚妻祐樹．尾崎紅葉『多情多恨』の語りと語法：ノデアルの文体［J］．藤女子大学国文学雑誌，2011（3）．

［18］木川あづさ．尾崎紅葉『金色夜叉』を中心とした文語体作品の文体について：文末表現を手がかりに［J］．實踐國文學，2010（2）．

［19］木川あづさ．尾崎紅葉の文体意識［J］．実践国文学会，2011（80）．

［20］山本正秀．言文一致体小説の創始者に就いて［J］．国語と国文学，1933（9）．

［21］高橋茂美．尾崎紅葉『二人女房』論：二人の女房の物語から三人の女房の物語へ［J］．清泉女子大学人文科学研究所紀要，2003（24）．

（三）其他

［1］松田元，編画．祇園祭細見［Z］．京都：京を語る会，1977．

［2］荒金大琳．雁塔聖教序の線に関する考：非正書体（行書的表現）から正書体（楷書的表現）への修正線と3.して［Z］．第11回別府大学書道部書道選抜展，1999．

［3］西岡智史．昭和戦戦前期の漢文教育に関する研究［C］．関西学院大学教職教育研究記念センター紀要，2017．

［4］白井勝美. 蔵本書記生失踪事件［C］//国史大辞典編集委具会. 国史大辞典. 京都：吉川弘文館，1984.

［5］高倉浩樹，佐々木史郎. 国立民族学博物館調査報告：ポスト社会主義人類学の射程［R］. 大阪：国立民族学博物館，2008.

［6］京都市都市計画局. 平成十五年度京町家まちづくり調査報告書［C］. 京都：京都都市計画局，2004.